SAINT LAURENT ET MOI
UNE HISTOIRE INTIME

Ouvrage dirigé par Pierre Bourdon et Franck Spengler
Recherche et documentation : Denis Messier
Conception graphique : Emmanuel Pinchon
Photos de couverture : © DR

© 2017, Éditions Hugo Doc
Département de Hugo & Cie
34-36, rue La Pérouse
75116 Paris
www.hugoetcie.fr

ISBN : 9782755636055
Dépôt légal : octobre 2017
Imprimé en France par CPI Brodard et Taupin - N° d'impression : 3025090

Fabrice Thomas
avec Aline Apostolska

SAINT LAURENT ET MOI
UNE HISTOIRE INTIME

Récit

Hugo Doc

8 septembre 2017

Au moment où ce livre doit partir bientôt à l'impression, j'apprends le décès de Pierre Bergé. Je le savais gravement malade, mais il était si résistant et il ne faisait jamais rien comme tout le monde, alors malgré tout, je ne l'imaginais peut-être pas partir si vite. Le hasard a fait que ce livre commence avec les funérailles d'Yves et se termine par celles de Pierre.

Étant donné la singularité de mes relations avec chacun d'eux, dans ce triangle particulier que nous avons vécu quelques années durant, je ne peux pas ne pas en être bouleversé. Les cendres de Pierre seront donc dispersées dans ce Jardin Majorelle que j'ai tant aimé et où celles d'Yves l'ont déjà été, il y a presque dix ans. Et dire que c'est à Madison Cox que Pierre a demandé de construire la stèle funéraire où Yves et lui seront réunis, dans la mort, comme dans la vie… Ni avec toi ni sans toi, cette phrase pourrait bien définir la teneur particulière de leur relation. Pierre Bergé a fini par épouser Madison Cox. J'ai raconté dans ce livre combien je l'avais vu malheureux, abattu, au moment où Madison l'a quitté, au milieu des années 80, parce qu'il refusait de laisser Yves, justement. Lorsque j'ai appris qu'ils s'étaient retrouvés et mariés en mars 2017, j'ai trouvé ça beau, conforme à une certaine logique amoureuse.

Et c'est donc à Madison Cox que vont aujourd'hui mes pensées.

Fabrice Thomas

Le moment me semble venu d'une confrontation avec ce frère siamois qui me précède partout depuis que je suis devenu Christian Dior. Lui et moi avons un compte à régler. Lui, c'est le couturier, Christian Dior de la maison Christian Dior [...]. Lui, c'est un millier de personnes, des robes, des photographies dans la presse, et de temps en temps une petite révolution sans effusion de sang. Moi, c'est certain, je suis né à Granville en Normandie [...]. J'aime les réunions intimes entre amis fidèles, je déteste le bruit, l'agitation mondaine et tous les changements trop soudains.

Christian Dior, *Christian Dior et moi*,
Librairie Vuibert, 1956

À force d'aller au fond des choses, on y reste.
Jean Cocteau

Prologue

Obsèques d'Yves Saint Laurent, Église Saint-Roch, Paris, 5 juin 2008

Devant l'assistance recueillie, la voix de Pierre Bergé s'élève :
« *Comme le matin de Paris était jeune et beau à la fois lorsque nous nous sommes rencontrés. Tu menais ton premier combat. Ce jour-là, tu as rencontré la gloire et depuis, elle et toi ne vous êtes plus quittés. Comment aurais-je pu imaginer que cinquante ans plus tard nous serions là, face à face, et que je m'adresserais à toi pour un dernier adieu? C'est la dernière fois que je te parle, Yves, la dernière fois que je le peux. Bientôt, tes cendres rejoindront la sépulture qui t'attend dans le Jardin Majorelle de Marrakech. C'est à toi que je m'adresse. À toi qui ne m'entends pas, qui ne me réponds pas. Tous ceux qui sont ici m'entendent, mais toi seul ne le peux. Comment ne pas se souvenir?*

Je me souviens de cette première rencontre et de celles qui ont suivi. Je me souviens du jour où nous avons décidé – mais décide-t-on dans ces cas-là? –, que nos routes allaient se rejoindre et n'en feraient plus qu'une. Je me souviens de t'avoir annoncé sur ton lit d'hôpital, au Val-de-Grâce, que tu n'étais plus à la tête de la maison de couture qui t'employait, et je me souviens de ta réaction. "Alors, m'as-tu dit, nous allons en fonder une ensemble, et tu la dirigeras." Je me souviens de la chasse à l'argent, des écueils qui surgissaient de partout, mais je le fis pour toi et j'aurais affronté plus de risques encore. Je me souviens de ta première collection sous ton nom, rue Spontini, et de tes larmes à la fin, qui témoignaient de mois de doute, de recherche, d'angoisse. Une fois de plus, la gloire était venue te frôler de son aile. Puis les années se sont succédé et, avec elles, les collections. Comme elles ont passé vite, ces années, et comme tes collections ont façonné leur époque.

De tous les couturiers, tu es le seul à avoir ouvert le livre de ta vie, à commencer au chapitre un, à l'écrire et à y inscrire le mot fin. Tu avais compris que l'époque qui s'annonçait ne demanderait ni rigueur ni exigence, et après un dernier défilé au Centre Pompidou qui demeurera dans la mémoire de la mode, tu as quitté à jamais ce métier que tu avais tant servi, que tu avais tant aimé. Tu ne t'es jamais consolé de cette séparation. Tu avais une passion pour la création de mode mais, comme cela arrive parfois dans des couples, le divorce était inéluctable, ce qui n'empêche pas de continuer d'aimer ni de souffrir. »

C'est moi que la souffrance étreint. Une tristesse profonde, bien que silencieuse, qui ne m'a pas réellement lâché depuis ce jour d'août 1992 où Yves Saint Laurent et moi nous nous sommes quittés. Je ne sais lequel a rompu avec l'autre, mais une chose est sûre, je devais sauver ma peau, de plein gré ou à contrecœur, peu importe. Je me suis reconstruit, je peux l'affirmer aujourd'hui. Mais Yves, lui ? Non. Lui, non. C'est du moins ce que je crois.

Mon regard se perd dans l'écran de télévision. La caméra s'est attardée sur les immenses gerbes de fleurs blanches ou roses, des glaïeuls, des lys et des gardénias, qui flanquent le parvis de l'église Saint-Roch ainsi que l'autel, au centre duquel trône le cercueil de mon ami de jadis, mon ami de toujours, presque mon frère d'âme. Recouvert d'un catafalque de soie safran, piqueté des mini-bouquets de fleurs séchées vertes, ce cercueil magnétise mon regard tandis qu'imperceptiblement, sans que je puisse le retenir, un étrange sourire étire le coin de mes lèvres. Voici Yves enfin libéré, me dis-je, et la compassion me submerge. Une compassion profonde, sincère, mais qui ne parvient pas à m'apporter l'apaisement. La paix intérieure n'appartenait pas encore à mon registre, et elle n'a jamais fait partie de celui d'Yves. Plus tôt dans la cérémonie, le père Roland Letteron a dit qu' « Yves Saint Laurent souffrait sur un lit de braises ». Il parlait sans doute de la maladie, mais je sais, moi, qu'Yves, qui tant de fois m'avait dit vouloir juste dormir avec la personne qu'il aimait, que ces braises brûlaient à l'intérieur de lui et que, depuis fort longtemps, elles constituaient les véritables compagnes de ses nuits, et de ses jours aussi.

Derrière le cercueil, une grande partie du Tout-Paris politique et artistique se presse dans l'église bondée, dans un silence respectueux que seuls quelques airs d'opéra sous la baguette d'un chef d'orchestre, puis une messe sobrement dite, ont rompu. La caméra s'est attardée sur le millier d'anonymes massés autour de l'église et qui, à présent, suivent la cérémonie sur un écran géant. Puis elle a zoomé sur le parterre de personnalités assises à l'intérieur : le président Nicolas Sarkozy avec son épouse, la ministre de la Culture Christine Albanel, Bernadette et Claude Chirac, et puis des amis, plus ou moins proches mais tous célèbres, de ses anciennes muses comme Betty Catroux ou Loulou de la Falaise, Claudia Schiffer ou Laetitia Casta, à Arielle Dombasle et son mari Bernard-Henri Lévy, du maire de Paris Bertrand Delanoë à l'homme d'affaires Bernard Arnault, mais aussi les confrères, et parfois jaloux, parmi lesquels Jean Paul Gaultier, John Galliano, Valentino, Alber Elbaz ou Vivienne Westwood, Christian Lacroix, Sonia Rykiel ou Kenzo Takada. Dans ce contexte, l'absence de Karl Lagerfeld, ancien ami et redoutable concurrent depuis sa nomination à la direction artistique de Chanel en 1983, a étonné et fait jaser. Au centre de l'écran, j'ai aperçu Lucienne, la mère d'Yves, âgée de 95 ans, sans vraiment pouvoir déchiffrer son air absent devant le cercueil de son fils unique, mort à 71 ans. Elle est décédée deux ans plus tard, en 2010. Je crois que seule Catherine Deneuve, l'amie intime, a pleuré avant de lire un beau poème.

J'ai fait plus que croiser la plupart de ces personnes. Je les ai fréquentées, assidûment, durant la presque décennie vécue entre Yves Saint Laurent et Pierre

Bergé. Huit ans, ça ne s'oublie pas, surtout quand l'intensité en fut si forte. Je n'oublie pas. Je n'en ai d'ailleurs pas du tout envie. En direct à la télévision, en ce début juin 2008, tandis qu'un timide printemps commence de réchauffer le Québec, je regarde une partie de ma vie qui s'enfuit.

Menant l'office, le père Letteron, ancien aumônier diocésain des artistes, a parlé de souffrances brûlantes avant d'insister sur la résurrection. Il est vrai que le catholicisme aime que l'on ait souffert dans sa chair pour prétendre à sauver son âme. Yves détesterait, j'en suis sûr. Il sera en effet plus à son aise dans le Jardin Majorelle, parmi la flore luxuriante d'un éden berbère. Il serait heureux, je veux le croire, de savoir que moi aussi, aujourd'hui, je cultive mon jardin. Tout à l'heure, j'irai voir mes rosiers, respirer à pleins poumons la nature en renaissance. Il ne se passe pas un jour sans que je pense à lui.

Pierre Bergé poursuit son hommage :

« Je veux te dire, moi qui fus ton témoin le plus proche, qu'entre toutes les qualités que j'ai le plus admirées chez toi, sont précisément l'honnêteté, la rigueur et l'exigence. Tu aurais pu parfois te couler dans la mode, mais tu n'y as jamais songé, fidèle au style qui fut le tien. Tu as eu bien raison puisque ce style est celui que l'on retrouve partout, peut-être pas sur les podiums de la mode mais dans les rues. Ta complicité avec les femmes, que tu revendiquais haut et fort et dont tu étais le plus fier, n'a jamais cessé. Avec Chanel — car si un nom doit être cité aujourd'hui, et un seul, c'est bien le sien —, avec Chanel qui t'avait désigné comme son successeur, tu auras été

le couturier le plus important de ce siècle, elle de la première moitié, toi de la seconde. Sur la plaque de marbre qui t'attend, au-dessous de ton nom, j'ai voulu que soit gravé "Couturier français". Couturier, tu l'as été, ô combien. Tu as construit une œuvre dont les échos seront longtemps audibles. Français, car tu ne pouvais rien être d'autre. Français, comme un vers de Ronsard, un parterre de Lenôtre, un air de Ravel, un tableau de Matisse. Pascal, qui ne l'aimait pas, reproche à Montaigne de préférer son œuvre avant tout. C'est Montaigne qui a raison. C'est ton œuvre qui t'a permis de vivre, de supporter l'angoisse qui fut la tienne depuis ton plus jeune âge. "L'artiste est ainsi fait qu'il ne trouve de salut, et de raison d'espérer, que dans la création", comment, à ton propos, ne pas citer Proust ? Même si le père Letteron l'a déjà fait. Mais à propos d'Yves Saint Laurent, on ne citera jamais assez Proust. Tu appartenais en effet à cette grande famille magnifique et lamentable des nerveux qui est le sel de la terre. Tout ce que nous connaissons de bien nous vient des nerveux. Ce sont eux, et pas d'autres, qui ont fondé les religions et composé les chefs-d'œuvre. Jamais le monde ne saura ce qu'il leur doit et surtout, ce qu'eux ont souffert pour le lui donner. Voilà, Yves, ce que je voulais te dire.

Il va falloir te quitter maintenant, et je ne sais comment le faire. Parce que je ne te quitterai jamais. Nous sommes-nous déjà quittés ? Même si je sais que nous ne regarderons plus le soleil se coucher derrière les jardins de l'Agdal, que nous ne partagerons plus d'émotions devant un tableau ou un objet d'art... oui, tout cela je le sais, mais je sais aussi que je n'oublierai jamais ce que je te dois, et qu'un jour, j'irai te rejoindre sous les palmiers marocains. Pour te quitter,

Yves, je veux te dire mon admiration, mon profond respect, mon amour[1]. »

Tandis que Pierre Bergé va lentement se rasseoir, l'enceinte de l'église résonne de la voix de Jacques Brel qui chante « Les vieux amants » : *Bien sûr, nous eûmes des orages / Vingt ans d'amour, c'est l'amour fol / Mille fois tu pris ton bagage / Mille fois je pris mon envol / Et chaque meuble se souvient / Dans cette chambre sans berceau / Des éclats des vieilles tempêtes / Plus rien ne ressemblait à rien / Tu avais perdu le goût de l'eau / Et moi celui de la conquête... Mais mon amour / Mon doux mon tendre mon merveilleux amour / De l'aube claire jusqu'à la fin du jour / Je t'aime encore tu sais, je t'aime...*

Je reste là. Tétanisé. Je ne sais pas si je vais fondre en larmes ou me mettre à hurler. Je voudrais me défouler sur la télé, mais je ne fais que la fermer. Reflux de fiel du fond de mes entrailles nouées. Si longtemps, j'ai eu la rate au court-bouillon, le cœur brisé, la honte collée jusque sous la peau à cause de ce que Pierre Bergé m'a infligé, à moi, à d'autres et à Yves en tout premier lieu[2]. La compassion, l'émotion et la tendresse que je ressentais en regardant le cercueil d'Yves font désormais place à un gargouillement de rage, nauséabond et aigre, qui reflue et menace mon équilibre émotif et surtout psychique, cet équilibre fragile que j'aurai mis tant d'années à acquérir et à

---

1 Discours disponible dans son intégralité sur YouTube et, également, dans *Lettres à Yves*, de Pierre Bergé (Gallimard, 2010).

2 Raconté par Pierre Bergé dans son livre *Lettres à Yves*, Gallimard, 2010, p. 27 de l'édition Folio.

stabiliser au mieux. En fuyant au Québec, mon pays d'adoption et de guérison. En épousant Natacha. En m'ancrant à sa suite dans une bâtisse centenaire, en cultivant mes fleurs. En ayant un travail manuel, stable et rassurant, dans cette nature impressionnante, au fil de sa cyclothymie saisonnière. En retrouvant mes fils, aussi, avec lesquels je privilégie la communication vraie, sans jamais éviter leurs questions ni travestir la réalité de mon passé. Mon aîné vit désormais près de moi, dans cette charmante bourgade bordée d'eau au nord de Montréal. Lachute, ainsi se nomme la petite ville où je vis depuis décembre 2007. Lachute m'aura relevé. C'est le lieu de ma renaissance.

Une colère vibrante, un dégoût âcre, que je croyais ravalés, me reviennent, intacts. En guise de funérailles, j'ai le sentiment d'avoir assisté à une mascarade, savamment orchestrée, comme Pierre Bergé sait si bien le faire, mieux que la grande majorité d'entre nous. Le contrôle, le pouvoir, absolus, durant la quasi-entièreté de l'existence d'Yves Saint Laurent et même, à présent, par-delà sa mort. J'en ai froid dans le dos. L'amour a bien des visages, mais porte-t-il encore le nom d'amour quand il a si souvent et si longtemps pris les couleurs de la domination et des humiliations ? Il était fort, Yves, pourtant. Ô combien. Une puissance physique insoupçonnable qui correspondait à une très grande force de caractère, une volonté altière. Comment aurait-il survécu, sinon, à plus de drogues et d'alcool que quiconque aurait pu supporter ? Yves était une force de la nature. Longtemps, jusqu'à la cinquantaine, la joie espiègle de sa petite enfance, l'amour de ses parents, le soleil et les couleurs de l'Algérie l'auront porté, comme une flamme en lui. Et pourtant que n'a-t-il fait pour faire vaciller cette flamme, dans une forme de défi prométhéen ? Yves se comportait en démiurge, en phénix permanent, ou plutôt en une créature hybride, improbable mélange de Prométhée, Sisyphe, Phénix et Héautontimorouménos[3]. Lui-même revendiquait ce pedigree mythologique, ça le faisait sourire, même si, à l'époque où je l'ai connu, à la fin des années 1980, ce sourire, jadis magnétique, n'était plus qu'une cicatrice. À croire que même les êtres surnaturels finissent par mourir. De chagrin. D'un cancer du cerveau et de chagrin. Jusqu'au bout, Pierre Bergé lui aura caché la vérité sur la maladie qui allait l'emporter, sans doute pour le protéger. Autour de lui, tous feront silence : son médecin qui ira jusqu'à expliquer à Yves que ses troubles et vertiges étaient dus à une chute, son entourage et ses domestiques, jusqu'à son dernier compagnon, qui a vécu la dernière décennie auprès d'Yves et qui dirige aujourd'hui la Fondation. Tous, à la demande de Pierre sans doute, auront évité à Yves la vérité sur sa maladie. L'aurais-je fait aussi, si j'avais encore été un proche ? Je ne sais pas. La protection de Pierre a toujours été réelle, bien sûr.

---

3 *L'Héautontimorouménos* est un poème de la partie « Spleen et Idéal » des *Fleurs du mal* de Charles Baudelaire. Le titre grec, qui signifie littéralement « bourreau de soi-même », reprend le titre d'une pièce du dramaturge latin Térence.

Moi aussi, j'ai voulu sauver Yves. Ma mère avait sombré dans l'alcool et la folie suite à l'abandon de mon père. Pour l'avoir bon an mal an accompagnée jusqu'au bout, je savais comment m'y prendre dans ce genre de situations extrêmes. Mais je n'avais pas réussi à sauver ma mère, et je n'ai pas sauvé Yves non plus. Pourtant, je l'aimais. Ça c'est sûr, je l'aimais. J'aimais Yves comme un ami, un frère d'âme, un oncle d'Amérique aussi, et peut-être plus encore, je ne le sais plus moi-même. Je voulais que l'on parte tous les deux ainsi que nous l'avions projeté à plusieurs reprises. « Si, Yves, viens, partons, Marrakech, New York, ailleurs, pourquoi pas, tout est possible… » Je n'ai cessé de le lui proposer. J'ai essayé. Mais Yves avait renoncé. Il n'avait plus de désir vivant en lui. Il semblait avoir opté pour le gouffre, dont il émergeait le temps d'une collection, enchaîné à la nécessité de produire pour continuer à faire tourner la machine industrielle qui portait son nom. Yves avait renoncé, oui. Tout comme moi, en définitive. Je suis parti, puis quand je suis revenu, il n'a plus voulu me revoir. Plus jamais. Jusqu'à la fin. À la vie à la mort, pas de quartiers, Yves Saint Laurent avait un caractère de général d'armée. Absolutiste.

Après notre séparation en août 1992, j'ai fui dans le Midi où six mois durant j'ai bu chaque jour. Comme lui. Comme ma mère. Saoul, stone, tous les jours. Malade. Presque inconscient, au fond d'un gouffre. J'ai tellement regretté la séparation. Combien de fois ai-je repassé le film dans ma tête, ressassant tout ce que j'aurais dû faire, dû dire. J'ai regretté la rupture, mais jamais ce que j'avais vécu avec Yves. Je n'ai pas regretté non plus ce que j'avais vécu avec Pierre, malgré son exercice d'un pouvoir sans vergogne. Non. J'ai regretté de ne pas avoir réussi à réussir. Et puis, un jour, à mon tour j'ai renoncé. Je me suis refait en réinventant ma vie.

Bien sûr que je n'oublie pas. C'est bien cela qui a présidé à l'écriture de ce livre. Ce n'est pas une contre-histoire et certainement pas un règlement de comptes. Ce livre est le récit exact, authentique et sincère des trente premières années de ma vie, qui continuent d'influencer ma vie, malgré tout. J'y ai beaucoup réfléchi, j'ai tenté de comprendre, d'en guérir et surtout de trouver un sens à tout cela. J'y suis en partie parvenu. J'ai mis des décennies à m'apaiser, quelque peu… Tous les faits relatés dans ce livre sont exacts, même si ma vision des faits demeure subjective, forcément, et je la revendique comme telle. Certains détails peuvent paraître choquants, bien qu'ils soient en vérité très édulcorés par rapport à ce que j'ai vécu. J'ai décidé de libérer ma parole, car qui peut m'empêcher de témoigner de ma vie ? Qui en a le droit ? Je ne dis rien ici qui ne soit vrai, dont je n'aie pas été témoin ou que je n'aie pas vécu personnellement.

La littérature n'est-elle pas le lieu pour parler de l'humain dans tous ses états ? Toutes les vies exposées, glorieuses, regorgent de recoins obscurs, ou du moins dissimulés, comme on aime parfois à cacher la poussière sous un beau tapis persan. Raconter ce qui suit me permet de déposer mon sac à dos, j'ai besoin de le faire et je peux désormais prendre la parole, enfin ! Je veux croire qu'Yves Saint Laurent aurait aimé que je le fasse. Pierre Bergé, lui, n'aurait pas aimé, c'est certain. Je le sais. Yves aura bâti une œuvre monumentale et profondément révolutionnaire pour la femme, et pour la notion même de mode. Il a, comme l'a souvent dit Pierre, « compris son époque mieux que quiconque, mais il ne l'aimait pas ». Mais il est certain que sans le talent et la vision de Pierre, l'empire YSL n'aurait pas existé. Eux deux se sont rencontrés dans une fabuleuse complémentarité qui a créé leur gloire, leur richesse, leur renommée et fait vivre des milliers de personnes. Certes. Yves en est sorti complètement détruit, absent à lui-même, ayant oublié de vivre et presque d'exister. Il ne parlait pas beaucoup et il a d'ailleurs parlé de moins en moins. Il est devenu une institution, un mythe, statufié de son vivant. La voix extérieure, la voix officielle de la maison YSL autant que d'Yves lui-même, c'était Pierre. À toute force, avec l'impact incommensurable qu'il possède sur l'ensemble du milieu culturel mais aussi politique et journalistique français, et même international, Pierre veille à ce que rien ne filtre, à ce que rien ne dépasse. Tout devrait rester blanc et impeccable comme les blouses qu'Yves portait dans son studio de création.

La censure exercée par Pierre a éclaté avec la polémique autour du film *Saint Laurent* de Bertrand

Bonello (2014), film non autorisé par Pierre Bergé qui, faute de parvenir à le faire interdire, a refusé de prêter les costumes et en a dit le plus grand mal partout, alors même qu'il avait non seulement autorisé et encensé mais encouragé à divers niveaux *Yves Saint Laurent*, le film de Jalil Lespert sorti la même année. On l'a vu aussi avec le documentaire *Célébration* d'Olivier Meyrou, qui retrace le crépuscule d'Yves Saint Laurent et qui n'a jamais pu être présenté en France. J'ai personnellement vu cette censure à l'œuvre pendant que je vivais avec Yves, lorsque la biographie que François-Marie Banier devait écrire à la demande d'Yves n'a pas pu voir le jour. Pierre a payé très cher pour que toutes les photos, pour le moins iconoclastes, qui devaient accompagner cette biographie, ne sortent jamais.

Alors, pourquoi écrire ce livre, néanmoins ? Je l'ai dit : parce que je n'ai rien oublié. D'Yves, j'ai tout gardé. La collection de trois cent quatre-vingts dessins qu'il m'a donnés, autant que les souvenirs de chaque jour passé à ses côtés. Yves, je l'ai gardé en moi. Contrairement à ce que dit la chanson de Ferré, avec le temps, tout ne s'en va pas. Il est des paroles et des actes que le temps n'efface pas.

Il aura suffi que je regarde ces funérailles pour que tout me revienne. Gravé dans ma chair par le scalpel du temps.

Chapitre 1
UNE HISTOIRE AVEC FABRICE

*Château Gabriel, Bénerville-sur-mer,
avril 1990*

Le Calvados compte de nombreuses demeures réputées pour avoir été conçues par des architectes de renom pour le compte de riches familles parisiennes. Le Château Gabriel, juste au sud de Deauville, que Pierre Bergé et Yves Saint Laurent avaient acquis en 1983, en constitue un fleuron. Le collectionneur d'art Paul Gallimard en a initié la construction en 1874. Son fils, l'éditeur Gaston Gallimard, y a souvent séjourné dans son enfance, puis adulte, y a invité nombre d'artistes et écrivains, notamment Marcel Proust, dont l'esprit n'a jamais cessé de flotter dans ce manoir, niché au cœur d'un bois de trente hectares et d'une gigantesque roseraie en surplomb de la Manche, auquel s'ajoutent des écuries, des dépendances, un terrain d'équitation, un héliport, mais également une datcha russe, poétique et mystérieuse, où rêvasser. Rêvasser, se reposer, s'oublier peut-être, s'isoler en tout cas pour y dessiner, comme souvent Yves l'avait fait. Pierre a, certes, toujours affirmé que le lieu était dédié à la lecture et à la promenade, et ça a dû être le cas. Pour ma part, lorsque ce matin d'avril l'hélicoptère s'est posé en retrait du parc, je n'ai pu m'empêcher de me souvenir des soirées particulières que j'y avais vécues, avec Pierre notamment. Des parties fines qui auraient plu davantage au marquis de Sade qu'au fragile Marcel Proust. En franchissant la lourde porte d'entrée, tandis qu'Yves saluait un à un les membres du personnel alignés pour l'accueillir, c'est néanmoins le calme et la sérénité du lieu qui s'imposèrent à moi.

Leur décorateur, Jacques Grange, avait recréé le rez-de-chaussée aux nuances de rose et d'indigo des *Nymphéas* de Claude Monet. C'était quelque peu chargé, mais les lumières sublimaient l'ensemble. J'ai lu quelque part que Brad Pitt et Angelina Jolie n'ont pas aimé, en plus de regretter l'absence de court de tennis et de piscine, et que c'est à cause de ça qu'ils ont opté pour un domaine provençal. Pierre est néanmoins parvenu à vendre le Château Gabriel en 2013. Il appartient aujourd'hui à une oligarque russe.

Mais, à Bénerville, Yves et Pierre avaient surtout voulu ressusciter Proust, et Jacques Grange avait transformé la plus grande partie du manoir en monumentale évocation de *À la recherche du temps perdu*. Chaque chambre avait été baptisée d'après un personnage des romans : Pierre logeait dans la suite Charlus, l'homosexuel vieillissant, pianiste sensible et fin collectionneur d'art, Yves dans la suite Swann, l'ange blond un rien neurasthénique et éthéré, conformes, finalement, à leurs rôles respectifs, et ce n'est donc pas étonnant que Pierre ait cité Proust dans son hommage funéraire. D'aucuns auraient pensé qu'au personnage de Swann, Yves aurait préféré celui de Jupien, le tailleur de Guermantes qui finit par acheter et diriger un bordel gay pour le compte de Charlus. Mais il est vrai qu'à bien y réfléchir, les lieux de débauche, Yves préférait les fréquenter et que c'est peut-être moi que Pierre-Charlus aurait plus volontiers pressenti en Jupien. Allez savoir... Nous ne le saurons jamais.

En ce clair début de printemps 1990, Yves n'était pas venu pour se reposer. Du moins, pas seulement. La quiétude du lieu lui était vitalement nécessaire, à son organisme sans doute, mais surtout à son équilibre psychique et émotif. Quelques mois plus tard, le 1er août, il aurait 54 ans. Moi, j'allais en avoir 29 le 10 novembre suivant, ma date d'anniversaire précédant de quatre jours celle de Pierre. Yves m'avait déjà offert deux montres imposantes, cette fois il m'emmènera chez Edreï, son antiquaire préféré, pour me faire cadeau de deux bronzes. Mais six mois auparavant, je n'en savais rien et n'y pensais pas du tout. Je m'inquiétais pour Yves, si fragile. Cette force de la nature, capable d'ingurgiter à la suite deux bouteilles de vodka, des lignes de cocaïne et plusieurs cachets d'amphétamines, sans oublier les omniprésents poppers, avait flanché, plus que d'habitude. L'alerte, cette fois, avait été sérieuse. C'est peu de dire que j'étais inquiet en l'accompagnant à Bénerville. Je me sentais responsable de lui. Investi d'une mission de garde du corps et de l'esprit par Pierre Bergé en personne. Garde du corps, passe encore. Le défi, cette fois, était bien plus important. Sauver l'esprit, le génie, la créativité uniques d'Yves, en serais-je capable ? Il le fallait pourtant. La collection printemps-été devait exister, il n'était pas envisageable d'y déroger. L'entreprise de luxe Yves Saint Laurent SA ou YSL était cotée en Bourse depuis juillet 1989 et tous, les actionnaires, le personnel de quelque mille employés, la clientèle internationale, les médias, les vedettes, le monde de la mode, les amis autant que les concurrents, attendaient le créateur au tournant. Pierre Bergé se débattait aussi dans tout cela, essayant d'étouffer ou de diminuer les rumeurs de la maladie dont l'écho bruissant enivrait déjà le Tout-Paris.

La réalité, néanmoins, dépassait la rumeur. Seuls quelques-uns savaient, et ceux-là partageaient mon inquiétude. Mais eux n'avaient pas été nommés sauveur en chef de celui à qui l'on demandait chaque année, depuis trente ans déjà, de se surpasser deux fois par année. Eux n'avaient pas pour mission d'affronter et de terrasser les démons d'Yves. C'était à moi qu'incombait d'accomplir ce miracle. Je me sentais prêt cependant. Avec la certitude des fous, celle des idéalistes, des amis véritables ou des amoureux transis, tout cela à la fois peut-être, j'étais certain de pouvoir me montrer à la mesure, la démesure, de la tâche.

On m'avait confié Yves et j'allais le sauver. Ne m'avait-il pas désigné lui-même ? Si. Yves m'avait nommément choisi. Je ne pouvais pas me défiler. Je n'avais, de toute façon, aucun désir de le faire.

Huit ans durant, de 1984 à 1992, ma vie auprès d'Yves Saint Laurent et de Pierre Bergé a ressemblé à un tourbillon. Mais le mois qui a précédé notre arrivée au Château Gabriel de Bénerville-sur-mer vaut à lui seul plusieurs années de cette vie pourtant déjà extraordinaire. Avec le recul, je me rends compte de ce que je ne pouvais évidemment pas imaginer sur le vif : ces années 1989-1990 auront constitué un carrefour majeur de mon existence, comme un coin de rue où l'on tourne pour ne plus jamais revenir en arrière. Ce printemps 1990 marquait déjà le début de la fin, non seulement la fin annoncée de ma relation avec Yves mais aussi mon départ définitif du groupe YSL trois ans plus tard. J'écris ces lignes au printemps 2017. Près de vingt-cinq ans auront donc été nécessaires pour que cela m'apparaisse aussi clairement qu'une évidence. En ce mois d'avril 1990, j'étais uniquement obsédé par le désir de sauver Yves, complètement inconscient que, par le fait même, j'enclenchais le mécanisme de fin.

À cette époque, par une certaine ironie de la vie, Yves et moi sortions de liaisons sexuelles torrides. Pas ensemble, non. Chacun de notre côté. Parallèlement. Lui avec Darius, moi avec Sonia. Et, bien sûr, comme dans toute forme d'addiction, chacun de nous pensait qu'il contrôlait la relation et se contrôlait lui-même au sein de la relation, alors que c'est nous, bien entendu, que cette relation tenait sous son emprise.

J'avais rencontré la sculpturale Sonia[4] à la peau noire et lustrée à l'automne 1989. Elle était mannequin pour Saint Laurent Haute Couture et était venue dépanner pour le défilé prêt-à-porter Saint Laurent rive gauche. Pendant un essayage, elle a marché sur une épingle qui s'est enfoncée profondément dans l'os de son talon. Transportée à l'hôpital, on m'a demandé d'aller lui rendre visite et de lui apporter des fleurs de la part de la maison. Ce que j'ai fait à plusieurs reprises. Un jour, elle a pris ma main et l'a mise sur son sein gauche pour que je sente battre son cœur. Le jour de sa sortie, je l'avais conduite chez ses parents. Avant d'arriver, au bois de Vincennes, nous avons fait l'amour dans la voiture. C'est ainsi qu'a commencé une liaison très intense, inoubliable. Je n'avais pas résisté au magnétisme de son physique, d'autant qu'il se présentait auréolé d'un charme totalement décomplexé. L'attraction fut immédiate, réciproque et incandescente, et dura quelque six mois. L'idylle finie, j'avais repris la vie de couple que je menais depuis déjà trois ans avec Élisa[5]. Elle connaissait Sonia et se doutait bien de ce qui se passait entre nous. De tempérament rationnel et réaliste, elle m'avait néanmoins pardonné, et cette incartade n'avait que renforcé sa décision de fermer les yeux sur mes frasques. Sans vraiment savoir,

---

4 Le prénom a été modifié.
5 Le prénom a été modifié.

elle avait également deviné la nature trouble de mes rapports extraprofessionnels avec Pierre. Peut-être préférait-elle au fond me savoir avec une belle femme qu'avec le patron de la société qui m'employait ? Le futur lui donnera raison. Peut-être aurais-je dû rester avec Sonia au lieu de voler au secours d'Yves...

Yves, quant à lui, avait rencontré Darius[6], un grand, jeune et superbe Américain, au *Boy's*, une boîte de nuit gay du 9e arrondissement, où je l'avais conduit une nuit, comme tellement d'autres innombrables nuits d'ivresse et d'oubli qu'il aimait à vivre, et à vivre intensément, peu de temps après ma rencontre avec Sonia. Je n'étais plus alors le chauffeur attitré de Pierre mais étais demeuré celui d'Yves. Historienne, la mère de Darius, en choisissant ce prénom, vouait sans doute son fils à un destin au moins aussi vaillant que celui du grand roi achéménide. Étudiant brillant, il voyait surtout dans Paris une terre libérée des prédications puritaines de sa famille baptiste, un terrain propice à toutes les expériences, malgré le sida qui à cette époque ravageait la communauté homosexuelle sans répit ni perspective de guérison. Au premier regard, Yves était resté tétanisé devant la beauté hypnotique de ce garçon de moins de la moitié de son âge. Dès qu'il l'avait aperçu au fond d'une banquette sombre du *Boy's*, il avait titubé jusqu'à sa table et... je ne les avais pas revus. Darius avait littéralement ravi Yves Saint Laurent. Inquiet, j'avais

---

6 Le prénom a été modifié.

dû attendre le lendemain pour apprendre par Albert, le majordome de l'appartement d'Yves et Pierre, situé au 55 de la rue de Babylone, que les tout nouveaux tourtereaux dormaient à poings fermés. Yves était une proie sexuelle. C'est ce qu'il aimait à être, ses préférences sexuelles le portant à une soumission immodérée. Pour tout dire, le jeune Américain démontrait en ce domaine une expertise passionnée qui avait dépassé les attentes même de son complice de jeux. Les limites n'avaient rien à faire dans la vie d'Yves, mais au bout d'un an, les excès surpassèrent non seulement toute mesure mais la notion même d'excès. Et à qui fit-on appel, pensez-vous ?

À la mi-mars 1990, le téléphone sonna dans notre appartement. « Madame Leclercq » me dit Élisa en me tendant le combiné. Son ton sec me fit présager une mauvaise nouvelle. Six ans auparavant, Danielle Leclercq, secrétaire particulière de Pierre Bergé, m'avait obtenu un rendez-vous d'embauche avec lui et je savais qu'elle pressentait généralement ce qui préoccupait son patron. Je me suis donc présenté au bureau dans les meilleurs délais, certain d'être renvoyé.

Je revois encore clairement la scène.

Le personnel de la maison YSL appelait Pierre Bergé le patron, et Yves Saint Laurent la patronne. En entrant dans son bureau, je vois immédiatement que le patron est fatigué. Je remarque son air fébrile, ses mâchoires serrées, ses sourcils froncés. Il semble surtout désarçonné, sinon déçu, voire, ce qui ne lui ressemble guère, un brin abattu. Disparu, ce grand patron parmi les grands patrons, autoritaire, sûr de lui et facilement arrogant. Il ne peut cependant pas s'empêcher de me dévêtir du regard, avant de cracher un premier paquet de fiel :

– Tu n'es qu'un ingrat, un serpent, une canaille de la pire espèce. Tu t'occupes de Saint Laurent et tu ne m'en parles pas ? Après tout ce que j'ai fait pour toi ?

Je ne sais pas de quoi il parle. Je n'ai pas vu Yves depuis trois mois. De plus, ainsi que celui-ci me l'avait demandé, je n'avais jamais dit à Pierre que je lui servais à l'occasion de chauffeur et de garde-fou – enfin... un peu –, dans ses escapades nocturnes. Je pensais que tout le monde était heureux, moi avec Élisa, Yves avec Darius et Pierre avec un certain Robert Merloz[7] qu'il fréquentait depuis quelque temps. Ce n'était manifestement pas le cas. Mais le patron n'a pas la tête à m'expliquer quoi que ce soit. Il est fatigué. Inquiet. Et surtout furieux.

– Yves est en train de se détruire, maugrée-t-il, et cette fois il entraîne la maison avec lui ! On me rapporte qu'il est malade, et complètement fou. Je l'ai fait rapatrier de Marrakech par sa sœur Brigitte. Il est revenu ce matin.

Il hésite, comme si la phrase suivante peinait à franchir ses lèvres :

– Il m'a téléphoné, dit-il enfin. Il veut une histoire avec toi. « Je veux une histoire avec Fabrice », ce sont ses termes exacts.

---

[7] Marie-Dominique Lelièvre, *Saint Laurent, Mauvais garçon* (Flammarion, 2010), p. 249.

S'ensuit un long silence pendant lequel mes pensées valsent confusément dans ma cervelle. Je vis en couple, un couple qui aurait pu prendre l'eau mille fois et qui a miraculeusement surnagé, grâce au sang-froid, et à l'amour bien sûr, de Élisa. Pour une fois, j'étais capable de l'apprécier, je me pensais tranquille et presque pépère.

— Je veux une réponse maintenant, m'intime Pierre.

Je sais qu'il a ses informateurs partout. À Paris, son majordome lui rapporte les moindres gestes d'Yves. À Marrakech, d'autres prennent le relais. Alors, pourquoi n'ont-ils donné l'alarme qu'aujourd'hui, tant de temps après le début de l'idylle avec l'Américain? Et, s'il le savait, pourquoi Pierre a-t-il laissé faire? Pour qu'il ne cherche pas à contrôler la situation, il fallait que celle-ci fût très grave. Soudain, mon cerveau m'envoie un message, incongru en la circonstance : Pierre a besoin de moi. Je ne serai donc pas congédié.

Pierre s'est assis. Il semble prendre pour acquis que j'accepterai la, ou plutôt, les missions.

— Alors, voilà ce que tu vas faire aujourd'hui même, me dit-il. Pour commencer, débarrasse le plancher de ce Darius que tu connais. Sans ménagement aucun, comme tu sais le faire. Puis tu vas t'occuper d'Yves comme si c'était ton fils, ton père ou ton conjoint. Tu dois le protéger contre lui-même et le remettre d'aplomb. On me dit qu'il est malade, qu'il aurait même un talon cassé… comment se casse-t-on un talon, je me le demande bien.

Il regarde un moment son talon, puis relève les yeux. En fait, Yves avait frôlé la gangrène, je l'apprendrais plus tard. Toujours debout devant lui, je me répète la phrase : *Yves veut une histoire avec toi. Il l'a ordonné.* Ai-je le choix ? On a toujours le choix, n'est-ce pas, mais avons-nous le choix de choisir ? Tant de nos choix sont des non-choix, et tellement de mes choix passés sont douteux. Je m'avoue que bien qu'il ait survécu à la tornade Sonia, mon couple est usé. Je dois avouer aussi que le fait d'être choisi, élu même, par Yves pour qui je nourris autant de tendresse que d'admiration, me flatte. Je sais enfin qu'une « histoire avec lui » signifie une vie de pacha. Oui, cela aussi m'importe à cet instant.

Dans l'Ancien Testament, l'Éternel demande à Caïn où est son frère, Abel. « Je ne le sais. Suis-je gardien de mon frère ? » répond alors celui-ci.

Moi, je m'entends demander à Pierre Bergé :

– Devenir le gardien d'Yves, c'est bien ce que tu me demandes ?

– Pas moi, scande-t-il d'une voix métallique, c'est Yves qui l'ordonne, je te le répète… Il veut une histoire avec toi.

Caïn avait déjà tué son frère quand il a dit n'être pas son gardien. Moi, il m'était demandé d'être plus que le gardien d'Yves. Plus que son frère, son fils, son père, son conjoint. On vient de me nommer sauveur. Et, bien sûr, j'avais déjà fait le choix de l'accepter.

Pierre précise :

— Tu as carte blanche et crédit ouvert. Fais ce que tu dois pour l'empêcher de se détruire. Fini les virées rue Sainte-Anne ou au bois de Boulogne. Plus de fugues au Maroc ou ailleurs pour le moment. Nous devons présenter une collection haute couture en juillet prochain, puis la collection prêt-à-porter en octobre, alors débrouille-toi, mais il faut qu'il soit prêt, c'est tout. Et pour ça, il doit d'abord faire une cure de désintoxication.

Lorsque je revis Yves dans son appartement de la rue de Babylone, je compris l'ampleur des dégâts. Il était plus que drogué. Il était hagard. Halluciné. Manifestement parti pour une autre galaxie. Son état physique me terrifia. Le cheveu ras, comme cramé, apparemment tondu à la va-vite par une main qui ne pouvait pas avoir été celle d'un coiffeur professionnel, et teint en rouge, il débitait des phrases discontinues et incompréhensibles. J'étais littéralement terrorisé. Comment avait-il pu se mettre dans cet état ? Et comment allait-il survivre à cet état ? Son jeune amant ne semblait pas plus conscient du gouffre dans lequel tous deux avaient sombré. Lui aussi était gelé, complètement à l'ouest. Mais il avait trente ans de moins qu'Yves, alors je m'inquiétais moins pour lui. À vrai dire, je me foutais complètement de l'état de Darius. Il fallait qu'il aille se faire soigner ailleurs, le plus loin et le plus vite possible. C'est ainsi que je le virai sans ménagement en quelques savants coups de poing, avant de conduire Yves dans la clinique spécialisée de Garches qu'il connaissait pour y avoir déjà été soigné, tout comme il avait déjà séjourné à l'Hôpital américain de Neuilly-sur-Seine. Cette fois, il serait interné un mois, sous le pseudonyme de Swann qu'il empruntait aussi lorsqu'il descendait à l'hôtel. Jamais je ne l'avais vu si mal en point et si prostré. Une loque en souffrance. Mais, une fois encore, il avait survécu. À la mi-avril 1990, après un bref passage par l'appartement parisien, nous nous étions rendus au Château Gabriel, à Bénerville, comme on fuit l'enfer en prétendant arriver directement au paradis sans passer par la case purgatoire. Peine perdue, car au purgatoire, Yves y passera des années, voire tout le reste de sa vie. Il avait certes toujours bu et pris des drogues mais s'y était véritablement adonné dans des proportions hallucinantes, littéralement suicidaires, surtout à partir de 1976, d'après ce que j'avais compris. Cela faisait donc quelque quinze ans qu'il soumettait son corps déjà usé à un régime d'autodestruction systématique.

Cet épisode avec Darius aura été la goutte ultime, celle qui avait définitivement fait déborder le vase ou plutôt le verre d'alcool, et basculer l'équilibre global. Comment son talent avait-il continué à agir pendant toutes ces années, faisant d'une certaine façon illusion le temps de sept collections annuelles – deux collections haute couture, deux collections prêt-à-porter Saint Laurent rive gauche, deux collections Homme, une collection spéciale destinée aux riches plaisanciers américains… ? Je ne sais vraiment pas.

Je n'ai jamais cessé de me le demander. En 1990, il avait lâché le prêt-à-porter Homme et confié pour ainsi dire totalement les collections prêt-à-porter à son bras droit Anne-Marie Muñoz, mais quand même. Il fallait produire. Il fallait tenir. Pierre, en me demandant de sauver Yves, me demandait de sauver la maison YSL.

Au sortir de la clinique de Garches, Yves est passé par les limbes post-sevrage, des épisodes éprouvants et sordides, des crises dissociatives indescriptibles où les ravages sur son cerveau, en plus de son corps, se sont révélés plus importants que ne le pensait le médecin lui-même, des moments où il se roulait au sol, faisait sur lui, hurlait et éructait, dangereux pour lui-même autant que pour les autres. J'étais le seul qui parvenait à le contenir physiquement, savait quoi faire. Sans réfléchir, j'avais repris les mêmes gestes, les mêmes paroles, les mêmes réflexes que j'avais eus avec ma mère lorsque de comparables crises éthyliques l'avaient assaillie et avaient fini par l'emporter. Oui, Yves avait traversé ces limbes et moi avec lui, pas à pas. Mais tout cela n'était pas encore le véritable purgatoire. Certes, il ne buvait plus d'alcool depuis la clinique et depuis que je m'occupais de lui, jour et nuit, nuit et jour. Il l'avait remplacé par des boissons sucrées et des succédanés de Ricard et pesait désormais pas loin de cent dix kilos. Il fumait des Kool menthol dès le réveil avec son café noir, mais il ne buvait plus. J'essayais de me contenter de ce premier succès.

Les marques YSL haute couture et Saint Laurent rive gauche, mais aussi les centaines de boutiques dans le monde, les centaines de licences survivraient. C'était l'essentiel.

Les jours au Château Gabriel s'égrenaient donc, merveilleux, limpides et presque sans sophistication. La magie que j'espérais en proposant de venir ici fonctionnait. Pour la première fois depuis plusieurs mois, Yves se sentait bien. Profitant des belles éclaircies d'avril, il marchait pieds nus sur la plage dégagée par la marée descendante et je devais insister, comme une mère auprès de son enfant, pour que nous retournions sur la berge avant que ne nous rattrape la marée montante. D'une insouciance presque étonnante, il s'amusait à m'éclabousser comme un gamin, courant sur le sable mouillé à en perdre le souffle, rendu parcimonieux par les cigarettes et l'embonpoint. Il courait quand même, heureux, libre pendant quelques heures, trop brèves.

Assis non loin de lui, je repensai à cette déclaration presque candide qu'il m'avait faite lors d'une balade dans le parc de la clinique de Garches – un château en vérité, racheté par Marie Bonaparte à la famille Saint-Exupéry pour y installer une clinique de psychiatrie au début du XXe siècle. Entre deux crises de quasi-démence, Yves et moi nous nous y promenions bras dessus, bras dessous.

– Tu sais, Fabrice, je voudrais ne rien faire. Plus rien du tout. Juste voyager, vivre longtemps sans rien faire. Je n'ai jamais été jeune et, maintenant, je suis presque trop vieux. Je n'aime que coudre des boutons de braguette et me faire sangler par de beaux jeunes hommes.

Je n'ai rien répondu. Je le savais. Il l'avait lui-même déjà avoué publiquement, en quelque sorte, en dessinant la BD *La vilaine Lulu,* une enfant laide, cynique, sadique et pédophile, ouvrage régulièrement réédité. Sadique, ce n'était pourtant pas son rôle. Plusieurs fois, je lui avais demandé pourquoi il avait fait cette bande dessinée, et invariablement il affichait un sourire sardonique, mi-ange mi-démon. Un aveu, la vilaine Lulu ? Un exutoire, un exorcisme ? Et puis, Lulu était le surnom de sa mère, Lucienne. Alors, de qui cette héroïne était-elle la projection ? La vilaine Lulu, un « mentir vrai » que chacun peut interpréter à sa guise.

Dans le parc de la clinique, il se montrait disert, sous l'effet, peut-être, des tranquillisants.

– Tu me fais beaucoup de bien, Fabrice, je voudrais toujours vivre avec toi.

Yves n'avait jamais vécu seul, il ne savait pas le faire et n'y voyait aucun intérêt. Il ne savait ni signer un chèque ni payer un compte, lire un contrat et encore moins faire les courses. Jadis, il avait aimé cuisiner, m'avait-on dit, mais ce n'était plus le cas. Maintenant que Darius avait disparu de sa vie et que Pierre, qui ne vivait plus avec lui depuis plus d'une décennie, fréquentait désormais quelqu'un d'autre, il ne lui restait que moi. C'est ainsi que j'interprétai ses paroles.

Il poursuivit :

– Je t'ai choisi. C'est avec toi que je veux vivre pour toujours.

Il voulait une histoire, et voilà qu'il me faisait une demande en mariage ? Me proposait-il une sorte de PACS[8] avant le PACS ? J'en ai eu des sueurs dans le dos.

– Tu me demandes de vivre sous ton toit, comme mari et femme ?

Yves hésita un moment.

– Oui, oui, me confirma-t-il, c'est bien ce que je voudrais. Je voudrais que nous vivions ensemble au 55, rue de Babylone, jusqu'à ce que je rende mon dernier souffle.

Il me reparlera plusieurs fois de « mariage ». Finalement, Pierre Bergé et Yves Saint Laurent se sont pacsés en 2008, peu de temps avant le décès d'Yves[9]. Bon an mal an, ils auront passé cinquante ans ensemble, sur le plan personnel et professionnel. Pour ma part, je me suis marié deux fois. La première fois avec Najat, mariage de courte durée sur lequel je préfère ne pas épiloguer, et la seconde fois, la bonne cette fois, avec Natacha, mon épouse actuelle. L'image de cet après-midi d'avril 1990 ne me quitte cependant pas. Ému, j'avais observé Yves courir après les vagues, comme il l'avait fait, peut-être, durant son enfance en Algérie. Nous étions à Bénerville, tout près de Trouville, or, ironie de la vie, la plage de son

---

8 Pacte civil de solidarité, voté en 1999.
9 *La Libre Belgique*, 4 juin 2008.

enfance s'appelait déjà Trouville. Trouville, station balnéaire à une soixantaine de kilomètres d'Oran, où sa famille possédait une résidence d'été, juste à côté de celle de la famille de Suzanne Tronc, son amie d'enfance. Il y a passé tous ses étés jusqu'à l'âge de seize ans. Lucienne, la belle et enjouée mère d'Yves, toujours bien mise dans ses robes confectionnées sur-mesure par la couturière de la famille, s'asseyait-elle dans le sable pour le regarder jouer ? J'en doutais fort.

Nous venions d'entamer la vie de couple qu'Yves avait exigée, l'imposant aussi bien à Pierre qu'à moi. Yves me répétait « pour la vie, c'est pour la vie, mon archange », et peut-être que je l'ai cru. En cet automne 1990, je ne pouvais savoir que cela durerait moins de trois ans. Quelqu'un n'a-t-il pas déjà prévenu, pourtant, que l'amour dure trois ans ?

Avons-nous vécu une histoire d'amour, en vérité ? Et sinon, quoi ? Comment nommer ce que nous avons partagé ? Je me suis inlassablement posé la question.

Chapitre 2
UNE ENFANCE EN ENFER

Je ne dirais pas que je ne suis pas né de l'amour réciproque de mes parents, car je les ai vus sinon heureux, du moins sereins ensemble. J'en ai encore le souvenir gravé dans la rétine, certains dimanches, certains Noëls, certaines plages de quiétude estivale, en famille, certains gestes complices aussi, dans une atmosphère de calme. J'avoue m'y accrocher encore, parfois, tout comme je m'y suis désespérément cramponné à de nombreuses reprises dès lors que leur amour a commencé de sombrer dans la plus terrifiante, la plus abjecte des violences conjugales, et qu'il a finalement coulé au fond d'un océan de coups, de larmes et de destruction qu'est devenu leur couple jusqu'à ce que mon père décide de divorcer. J'ai cette chance, j'en suis persuadé, d'avoir connu Renée et Michel, mes parents, un tant soit peu unis, capables d'avoir une vraie vie familiale. Lysiane, ma sœur aînée, et moi-même partageons ce vécu, car ni Claude, né quatre ans après moi, et encore moins Hervé, de dix ans mon cadet, né dans des conditions épouvantables peu avant le divorce, n'ont eu cette chance. Eux sont nés alors que le couple parental n'était plus que drames et déchirures. Lysiane et moi avons eu un peu plus de chance, ayant connu quelques années de calme avant l'ouragan. Cela fait toute la différence. Je ne parle plus avec ma sœur depuis très longtemps et communique à peine avec mes frères, mais je sais que, même si nous restons tous les quatre profondément marqués par notre enfance plus que dysfonctionnelle, seuls ma sœur et moi sommes parvenus à nous reconstruire quelque peu avec le temps.

Je suis né le 10 novembre 1961 à Corbeil-Essonnes, au sud-est de Paris, mais j'ai grandi plus à l'ouest, dans les Hauts-de-Seine, à Sèvres. De ma petite enfance, je ne garde pas de grands souvenirs, sauf celui d'une vie plutôt indigente dans ce petit appartement de banlieue. Mon quotidien n'était pas tellement différent de celui des autres enfants de mon milieu social en ces années soixante. Quelques moments de bonheur parvenaient à se glisser dans l'ambiance délétère de notre foyer : mon père nous rapportait quelques sucreries et, bien souvent, m'emmenait avec lui au bistrot. Lui, bel homme d'un mètre quatre-vingt-cinq, se montrait fier de moi, je le ressentais quand il me soulevait pour que je donne la main à ses potes. La plupart du temps, il était autoritaire et violent, prompt à m'humilier parce que j'étais un mauvais élève en m'infligeant des fessées déculottées devant ma mère, ma sœur et mon jeune frère. Il inscrivait au feutre le nombre de mes fautes en dictée sur ma peau nue et m'administrait un nombre de coups de martinet équivalent. Alors, lorsqu'il lui arrivait de s'enorgueillir de moi devant ses potes, je me persuadais qu'il se montrait exigeant afin que j'atteigne des sommets scolaires auxquels il aurait désiré accéder lui-même. Tous les enfants cherchent des excuses à leurs parents, non ? Plus tard, j'ai compris que mon père développait ainsi chez moi une propension à me soumettre à nombre de situations logiquement inadmissibles. D'autant que sa sévérité s'avérait inefficace, ne servant pas du tout à améliorer mes notes. Au bistrot, il lui arrivait souvent d'être désagréable avec les autres. Je l'ai déjà vu battre deux lascars qui avaient, il faut le dire, insulté le patron du lieu. S'il n'avait pas réagi, j'aurais été déçu, je crois, car ces deux hommes se moquaient de l'infirmité de son ami, or mon père avait un code d'honneur auquel il ne dérogeait pas. C'était un code bien singulier, selon lequel il se permettait de battre comme plâtre sa femme et ses enfants, mais n'admettait pas de laisser outrager un ami en public. Il s'agissait pour Michel de paraître viril et intransigeant, de se montrer fier de son fils aîné, de passer pour un bon ami et un bon père.

Rien de tout cela n'améliorait ma scolarité. Au fur et à mesure des années, j'accusais de plus en plus de retard à l'école. Les coups pleuvaient sur nous tous, mais la police, lorsqu'elle est venue quelquefois suite aux hurlements de ma mère, est repartie sans conséquences graves pour mon père.

Il n'avait jamais été un enfant facile, ni travailleur ni équilibré. Sa mère travaillant beaucoup, il avait été élevé par son frère et sa sœur plus âgés, ce qui ne l'avait certainement pas aidé à se discipliner. Alcoolique dès l'adolescence, il se démarquait déjà, répétait-on dans la famille – comme pour l'excuser ? –, par sa violence. Comme bien des hommes de sa génération, il avait fait la guerre d'Algérie et en était revenu pire qu'avant, disait sa mère, encore plus certain que la loi du plus fort était forcément la meilleure. En vérité, mon père était homosexuel, mais la morale de l'époque l'empêchant de vivre son orientation sexuelle ouvertement, il avait préféré épouser ma mère. Sa famille, en tout cas sa mère, le savait depuis l'adolescence, et nos voisins, pour ne pas dire tout notre quartier, savaient que Michel avait un amant, que d'ailleurs mon frère et moi connaissions. Je me souviens encore du visage de cet homme chez qui je suis allé à quelques reprises dès l'âge de quatre ans. Je crois que mon inconscient a compris la situation avant ma raison. Ainsi, tous savaient, sauf ma mère qui continuait, je le crois sincèrement, de l'ignorer. Cette liaison homosexuelle a pourtant été longue et suivie même si Michel avait aussi une maîtresse, une prostituée que nous connaissions aussi et avec laquelle il a d'ailleurs fini par se mettre en ménage après avoir quitté femme et enfants. Car, comble d'ironie, c'est bien lui qui a finalement demandé le divorce. Les circonstances précipitées dans lesquelles cela s'est fait sont restées gravées au fer rouge dans mon cœur.

À partir de quand la violence et les coups ont-ils été le seul type de relation qui existât entre mes parents ? Je ne sais trop, mais je ne pense pas les avoir vus autrement que dans ce genre de drame après mes six ans. Mon père rentrait de plus en plus tard, puis ne rentrait que sporadiquement, partagé qu'il était entre son travail accaparant et ses autres vies tout aussi prenantes. Je voyais ma mère boire de plus en plus, la larme constamment à l'œil. Quand d'aventure mon père finissait par franchir le seuil de l'appartement, mes parents étaient tous les deux dans un état d'ébriété avancée. Je me réfugiais sous mon lit d'où, paupières fermées, j'entendais le bruit sec des gifles et des coups de poing que ma mère se prenait en cadence. Elle sanglotait en se protégeant vainement, et parfois s'évanouissait. Sous le lit, je tentais de calmer mon frère mais ressentais dans ma chair chacun des coups reçus par Renée. Ma sœur restait généralement réfugiée dans sa chambre. Il m'est souvent arrivé de m'endormir sous le sommier sans que nul ne s'en inquiétât.

Et puis, un soir, a eu lieu la scène la plus violente de toutes.

J'avais dix ans. Ma mère en était au neuvième mois de sa dernière grossesse. Cette nuit-là, je dormais quand de violents éclats de voix m'ont réveillé. Des cris et des bruits de meubles renversés se sont succédé. J'entendis le bruit des coups que recevait ma mère dans la pièce adjacente. D'un coup, la porte s'est ouverte et ma mère s'est précipitée dans mon lit et s'est blottie contre moi en protégeant son gros ventre. Mon père l'a suivie, la saisissant par le bras pour la sortir du lit. Comme elle s'accrochait à tout ce qui était à sa portée, il a fini par la tirer par les pieds vers la salle à manger où les coups ont redoublé de force et les sanglots de puissance. Tétanisé sous les draps, le cerveau à l'arrêt, j'entendis soudain mon père tourner les talons en raclant le plancher. Il est parti. Oui, comme ça. Il a claqué la porte et n'est plus revenu. Peu de temps après, il a demandé le divorce et l'a obtenu dans la foulée, avec pour seule obligation parentale de verser une maigre pension alimentaire. C'est ce soir-là, peu après le départ précipité de mon père, que ma mère a accouché de mon frère Hervé. Elle n'a même pas eu le temps de retirer son collant souillé. La concierge, que j'avais alertée, a appelé le Samu. Mon frère Hervé avait fait une entrée fracassante dans la vie. Mon père n'en a jamais été inquiété. Il s'est installé avec sa maîtresse, et nous ne le reverrions dès lors que très rarement. Je me souviens d'avoir rencontré cette femme bien des années plus tard. Larguée, c'était une femme détruite, et j'en avais presque eu pitié. Mon père a été violent avec tout le monde, au fond, mais particulièrement avec les femmes, avec lesquelles il défoulait, peut-être, son agressivité d'homosexuel qui ne s'est jamais ouvertement assumé. Seule la dernière compagne de sa vie, qui était beaucoup plus jeune que lui et avait deux filles de son côté, a échappé à la maltraitance, sans doute parce qu'il s'était quelque peu calmé en vieillissant. Il est cependant demeuré alcoolique jusqu'à son dernier jour. Je me rappelle l'avoir accompagné à sa maison de campagne quelques années avant son décès. À midi, il avait déjà avalé quatorze Ricard. Cette malédiction de la dépendance à l'alcool, celle de mon père puis celle d'Yves Saint Laurent, aura longtemps marqué ma vie. Ma mère n'y aura pas survécu non plus.

Renée, ma mère, avait été élevée à la campagne. Son père était mort durant la Seconde Guerre mondiale, et sa mère s'était remariée alors qu'elle était jeune. Son beau-père l'aimait beaucoup et l'a aidée jusqu'à la fin de sa vie. Elle était si naïve, ma mère, et si amoureuse de cet homme, le seul de sa vie, sous l'emprise duquel elle est demeurée après le divorce. Elle ne l'a pas vécu comme une libération, au contraire. Elle a regretté son homme et l'a pleuré jusqu'à en sombrer totalement dans l'alcool, ingurgitant du mauvais vin dès le matin mais aussi, quand elle en manquait, de l'eau de Cologne. La mère de mon père soutenant son fils, elle nous a tourné le dos et les parents de ma mère soutenant leur fille, les deux familles se sont complètement éloignées.

La situation économique était devenue dramatique. Grâce à l'intervention du service social de la mairie alarmé par notre précarité, ma mère s'est vu proposer un emploi de gardienne du cimetière de Sèvres. Au maigre salaire s'ajoutait un logement, une pauvre maison aux abords des tombes. L'image est saisissante de symbolisme, mais le quotidien, lui, n'avait rien d'une allégorie. Il était sordide. Mon grand-père maternel venait faire le potager, mais cela ne suffisait pas. Ma mère était continuellement épuisée et triste, mais je dois bien dire que pour ma sœur, mes frères et moi, la vie fut néanmoins plus joyeuse, libérée de la peur continuelle de voir notre père débarquer et frapper sur tout le monde. Les années ont passé, mais ma mère, elle, dépérissait sans que personne, pas même nous, ne lui demandions comment elle allait. J'avais quinze ans quand ma sœur Lysiane, la plus dégourdie d'entre nous, ne voulant plus rien savoir de cette famille, s'en alla faire sa vie. Quant à moi, je fus admis, grâce à l'aide du maire de Sèvres, au pensionnat Saint-Philippe, aussi appelé les Apprentis Orphelins d'Auteuil. Je ne vivais plus avec ma famille durant la semaine. D'un côté, j'étais soulagé de cet éloignement mais, de l'autre, je m'inquiétais continuellement pour ma mère. Nous avions toujours nourri une relation fusionnelle. J'étais son fils aîné, son « fils à maman » et, surtout, son seul soutien psychologique. Lorsque je rentrais le week-end, je constatais les dégâts de son état manifestement dépressif et autodestructeur. Et puis, l'inéluctable est arrivé. J'avais dix-sept ans. Un week-end, je suis rentré du pensionnat et j'ai trouvé ma mère à moitié inconsciente, prostrée au pied de l'escalier du cimetière. Complètement saoule, elle était tombée et s'était fracassé le crâne. Elle était restée si longtemps ainsi que le sang avait coagulé dans ses cheveux qui collaient au ciment. Une vision d'horreur qui m'a poursuivi pendant les années suivantes et, en réalité, ne m'a jamais vraiment quitté. À l'hôpital, j'ai bien vu qu'il n'y avait plus rien à faire. J'ai dû retourner au pensionnat, certain qu'on m'annoncerait bientôt son décès. C'est précisément ce qui est arrivé. Elle s'est tout bonnement laissée mourir. Nous étions en 1979, elle n'avait que quarante ans. Mes deux frères sont allés vivre avec mon père. Lui, j'aurais voulu le tuer, mais j'allais tout de même rendre visite à Claude et Hervé.

Je ne raconte pas ceci simplement pour parler de mes origines. Je le raconte surtout, car la destinée de mon père, Michel, et la mienne sont non seulement liées mais comparables. En tout cas pour ce qui a trait à notre lien avec la société YSL, Pierre Bergé et Yves Saint Laurent.

Michel était entré au service de Pierre Bergé en 1958. Il avait dix-huit ans. Par la suite, il était demeuré son chauffeur particulier lorsque la société YSL avait été fondée, fier de conduire une Rolls-Royce et de jouir d'un appartement de fonction. C'était la partie glamour de sa vie. Nous, sa famille officielle, nous incarnions sa honte, surtout ma mère pour tout dire. Il bénéficiait également d'un bon salaire, dont nous ne voyions pas la couleur. Pierre Bergé avait embauché mon père, parce que ma grand-mère paternelle travaillait déjà pour lui. Elle faisait le ménage dans son appartement, puis elle le fit dans les bureaux de la rue Spontini. Je suis sûr que Pierre Bergé a aussi embauché mon père parce qu'il était beau, bien qu'il fût souvent aviné. En quelque quarante ans de service, Michel aura commis bien des frasques, et pourtant Pierre Bergé les a non seulement couverte, mais pardonnées.

Chauffeur de maître, mon père a été rétrogradé pour conduite dangereuse. Un jour qu'il avait trop bu, il s'était endormi au volant, et la Bentley, avec à son bord Pierre et Yves, avait fini dans les pâturages. Pierre l'avait néanmoins nommé métayer du Château Gabriel de Bénerville-sur-mer. Là, il avait tiré avec un fusil de chasse sur sa compagne du moment qui fuyait, nue, sa fille, ma demi-sœur, dans les bras, jusqu'à ce que la police mette fin à cette inénarrable chasse à courre. Pierre Bergé ne l'a pas renvoyé non plus. Il l'a plutôt rapatrié sur Paris, avenue Marceau, au siège de la société YSL, où il a été nommé gérant de la cantine d'entreprise, poste qu'il a occupé jusqu'à la retraite. Grande protection de la part de Pierre Bergé, que j'ai connu autrement plus intransigeant. Y avait-il eu une histoire entre mon père et Pierre Bergé comme il y eut une histoire entre Pierre et moi ?

Il l'aura sous-entendu, mais jamais exprimé ouvertement. Décédé en 2001 à soixante et un ans, aucun de ses enfants n'a été prévenu et n'est allé à ses funérailles. Pourtant, je m'étais rapproché de mon père dans la dernière décennie, après mon départ de la société YSL. J'avais entrepris un grand travail de compréhension et de pardon, et nos rapports étaient devenus presque normaux. Mais je n'avais pas su qu'il était mort pour autant. Pierre Bergé, quant à lui, avait assisté aux funérailles. Lui et moi nous sommes revus en 2002 à propos des croquis qu'Yves m'avait donnés et dont je parlerai plus loin.

Je me suis aussi demandé pourquoi mon père avait toujours refusé de me pistonner pour que j'entre au service de la société YSL, alors que je le lui avais demandé à de nombreuses reprises et qu'il lui était si facile de le faire. Je suis néanmoins parvenu à mes fins. À mon tour, je suis devenu le chauffeur livreur de la société YSL à vingt-trois ans, en 1984, puis le chauffeur particulier de Pierre de 1988 à 1990.

En fouillant dans ma mémoire, je me suis souvenu que je savais, intuitivement au moins, que tel était mon chemin.

C'était en 1968. J'avais sept ans. Ma grand-mère paternelle faisait des ménages rue Spontini, alors quartier général de la société YSL. L'espace était vaste et je pouvais librement foncer sur ma trottinette. Quand j'ai soudain heurté un obstacle. Un genou. Le genou d'Yves Saint Laurent. À trente-deux ans, il était déjà mondialement connu.

En se frottant le genou, il m'a examiné puis s'est tourné vers ma grand-mère :

– C'est le fils de Michel ? Quel âge a-t-il ?

– Sept ans, bredouilla ma grand-mère.

Avec un air indéchiffrable, Yves s'est penché vers moi :

– Tu es né en 1961. C'est l'année de la création de ma maison de haute couture, ça te portera bonheur.

Puis il m'a tapoté la tête comme l'aurait fait un parent éloigné. Étonné par son propre geste, il eut un mouvement de recul avant de s'éclipser.

Gravés dans ma mémoire olfactive, je retrouverai plus tard ces mêmes relents de citron mélangés aux effluves mentholés de la cigarette qu'il tenait à la main et ceux, plus subtils, du parfum *Eau Sauvage* qu'il portera encore à l'occasion lorsque, quelque vingt ans plus tard, nous vivrons ensemble.

J'étais entré en collision avec Yves Saint Laurent. Son charisme mystérieux m'avait déjà conquis.

Chapitre 3
UN PARFAIT PETIT COUPLE

*Château Gabriel, Bénerville-sur-mer,
avril 1990*

En arrivant au manoir, Yves m'avait proposé de m'installer dans la chambre de Pierre, la suite Charlus, mais le décor austère de celle-ci, avec ses meubles Empire et son tableau aux tons sombres représentant un soldat nord-africain – une sobriété que l'on retrouvait dans toutes les chambres où il séjournait, aussi bien dans leur appartement de la rue de Babylone que, même, dans les suites qu'il a successivement occupées dans des palaces parisiens –, ne m'attirait pas. À cette époque, ma détestation de Pierre Bergé avait atteint un paroxysme. J'avais supporté toutes ses séances d'humiliation sexuelle jusqu'à cette soirée où je m'étais révolté et où j'avais violemment mis fin à notre liaison, par ailleurs fort sporadique, et depuis lors, il respectait mon choix. Nous nous contentions de communiquer pour les raisons professionnelles qui nous liaient. Et à présent que je partageais la vie d'Yves, je n'allais certainement pas m'installer dans la chambre de Pierre, laquelle était, de plus, située au second étage. Afin de rester près d'Yves, je choisis plutôt le premier et optai pour la suite Madeleine Lemaire, du nom de cette peintre et aquarelliste de la fin du XIXe siècle qui tenait salon à Paris et avait lancé de nombreux talents, dont Marcel Proust. Mais, par un des hasards ironiques de la vie, la suite Charlus fut néanmoins bientôt occupée.

La nouvelle de la venue d'Yves Saint Laurent s'étant vite répandue parmi la foule de riches désœuvrés qui séjournent fréquemment sur la côte normande, le téléphone s'était mis à sonner peu de jours après notre arrivée. Ainsi, une « bonne amie » et le fils de celle-ci sont-ils rapidement venus lui rendre visite. Yves avait la critique acerbe. Il aimait observer son entourage pour s'en moquer sous cape, avec un cynisme cinglant, caustique et facilement méprisant, et très peu échappaient à son radar. Il m'avait souvent dit combien il jugeait ladite « bonne amie » insignifiante, ajoutant que la vue de son fils sidéen le repoussait. Or, à la fin de leur première visite, pour le thé, il les avait priés de revenir bientôt, ce qu'ils avaient fait. Le lendemain de cette seconde visite, Yves s'était levé, l'œil vitreux et l'humeur agressive. J'ai d'abord soupçonné un des majordomes que mes reproches avaient mis en colère. Depuis sa cure, Yves se levait amorphe et embrumé par les puissants somnifères. Je demeurais donc certain qu'il avait trouvé le moyen de se procurer d'autres substances. Affolé, je fis le tour de la maison et finis par trouver une plaquette sous son lit. Du Fenozolone, une puissante amphétamine dont je détruisis aussitôt les six cachets restants. La « bonne amie » ne nia même pas lorsque je l'appelai. Elle affirma que ces cachets lui faisaient le plus grand bien, à elle, et qu'elle avait été persuadée que cela stimulerait Yves. Comme l'ours de La Fontaine, qui tue une mouche posée sur le front de son ami fermier avec un lourd pavé, son action se voulait empreinte d'empathie. « J'adore Yves » me répéta-t-elle, mais celui-ci, comprenant qu'elle ne lui apporterait plus de drogue, ne l'invita plus.

Cet épisode réveilla néanmoins mon inquiétude. Étant donné que la plupart des amis et connaissances d'Yves carburaient eux-mêmes aux narcotiques, il m'apparut évident qu'une quantité considérable et trop facilement accessible de drogues diverses se trouvait dans les alentours immédiats. Après y avoir réfléchi toute une nuit, j'appelai à l'aide le psychiatre en chef de la clinique de Garches. Et quelques jours plus tard, deux infirmiers spécialisés, chargés de contrôler la médication et, au besoin, de gérer Yves, vinrent s'installer au Château Gabriel. Il s'agissait en fait d'une infirmière, une petite boulotte aux lunettes pointues, et d'un infirmier, un superbe grand Noir pour lequel Yves afficha immédiatement son appétence. Il était pourtant très mécontent de l'intrusion de ces deux sbires qu'il pensait à la solde de Pierre Bergé. J'eus beau lui expliquer que c'était moi qui avais fait appel au docteur Benoît, il décida de se venger en les installant dans la chambre attitrée de

Pierre, la suite Charlus. Imaginer la tête de Pierre, quand il apprendrait que ce couple hétérosexuel et mal assorti avait dormi dans son lit, le ravissait. Car, à vrai dire, le couple dormait peu. Toute la nuit, les bruits de leurs ébats envahissaient le manoir. Même Yves en entendait une partie avant de sombrer dans un sommeil de plomb. Au matin, il les observait, goguenard. Voyeur avéré, il était partagé entre l'excitation et la jalousie de constater qu'une femme si peu dotée de sex-appeal parvenait à ensorceler un si beau jeune homme. Pendant la journée, il ne s'accommodait pas plus de leur présence, en ne leur adressant pas la parole ou, à l'inverse, en déployant tout le sarcasme dont il était capable. La cocasserie de ces scènes me revient. Plus Yves multipliait les piques verbales, plus les deux y répondaient en souriant automatiquement à l'unisson, appliquant sans doute une parade apprise durant leurs études d'infirmiers en psychiatrie, ce qui agaçait d'autant plus Yves qui les imitait alors comme un élève effronté imite les tics du professeur. Ils tinrent bon, néanmoins, durant toute la durée de notre séjour à Bénerville, se défoulant la nuit de la tension vécue dans la journée. Même si l'atmosphère au manoir était surchargée d'électricité, je me félicitai d'avoir mis des professionnels entre Yves et les sirènes de la rechute. Chacun devait rester dans sa spécialité, et c'est avec cet état d'esprit que j'avais également fait venir un physiothérapeute qui possédait une salle de sport et d'arts martiaux non loin de là, à Conflans-Sainte-Honorine.

Pour contrecarrer le désir de drogue et d'alcool, Yves menaçait de développer une dépendance aux boissons sucrées, et il grossissait à vue d'œil. « Il faudrait vous mettre au sport, Monsieur Saint Laurent » répétait le physiothérapeute jusqu'à finir par renoncer car, l'équitation mise à part – et nous en ferions ensemble lors de ce mois en Normandie, terre du cheval s'il en est –, Yves ne voulait rien savoir. Lui n'aimait qu'une chose : que nous allions nous promener ensemble, en voiture.

Rolls, Bentley, Daimler... dans le garage du manoir, l'embarras du choix. Yves préférait alterner. Nous prîmes une journée complète pour visiter le Mont Saint-Michel, puis traînerons dans la campagne saisissante du Cotentin et ses magnifiques demeures anglo-normandes. Nous irons à Conflans – mais pas pour la salle de sport ! – et à Honfleur. Lui qui ne conduisait plus aimait rouler, s'imprégner de la route et des paysages, revoir ou découvrir et laisser aller son imaginaire. Il adorait s'arrêter dans les bistrots du cru, notamment sur la route entre Deauville et Honfleur, pour y déguster ce qu'il prétendait être les meilleures moules au monde. « C'est bien les seules moules que j'aime » répétait-il, l'œil grivois.

Il aimait manger parmi les « petites gens », comme il les appelait. Cela l'amusait et l'inspirait aussi, un peu comme un chanteur de rock ou un politicien se complaît dans un bain de foule. On le reconnaissait. « N'êtes-vous pas Yves Saint Laurent ? » lui demanda une serveuse à laquelle il dessina une robe paysanne en guise d'autographe. Profitant de sa renommée, il savourait ces moments, mangeant de tout, pas seulement des moules, du boudin noir aux pommes aussi. Il n'en aimait pas moins le restaurant du *Normandy*, à Deauville, précisément aux antipodes des restaurants populaires, même s'il ne pouvait plus s'intéresser aux cent vingt-trois sortes de whisky que proposait la carte, me laissant le faire à sa place.

C'est au *Normandy* qu'un midi nous rencontrâmes Régine, rayonnante au début de la soixantaine et accompagnée de plusieurs gigolos. Elle revenait de New York. Elle, l'oiseau de nuit qui fuyait la lumière du jour, depuis quand venait-elle déjeuner ? Apercevant Yves, elle se dirigea droit sur nous, les jeunes hommes sur ses talons. Galant, Yves se leva et lui fit la bise tout en admirant ouvertement sa suite. Elle nous invita à la prochaine ouverture du *Régine's*, sa nouvelle boîte à Trouville. Yves lui dit combien il était heureux qu'elle ait racheté le *Pavillon Ledoyen*, le célèbre restaurant situé dans le carré Ledoyen des jardins en bas des Champs-Élysées qui, avec *L'Orangerie* de Jean-Claude Brialy, situé sur l'île Saint-Louis, constituait l'une des cantines de Saint Laurent et Bergé, et de leurs nombreux invités.

C'est précisément de ce restaurant qu'Yves et Régine se mirent à parler.

– Pierre a tout fait pour m'empêcher de le reprendre, mais tu as vu ça, j'ai eu le dernier mot ! dit-elle avec un clin d'œil.

Et Yves d'éclater de rire, ravi. Je les entendis souhaiter que tous les diables de l'enfer s'amusent à griller lentement les testicules de Pierre Bergé, se réjouissant qu'il ait récemment souffert d'un zona et déplorant que ça ne l'ait pas tué. Propos peu tendres s'il en est.

Yves fut ravi de m'expliquer la situation. Régine négociait l'achat du restaurant avec un groupe japonais quand Pierre, désireux de faire du *Pavillon Ledoyen* le siège de la Fondation Pierre Bergé-Yves Saint Laurent, s'était interposé. Il n'aura que partiellement gain de cause, parvenant à conserver uniquement la cave à vin tandis que le *Pavillon Ledoyen*, classé au patrimoine national, fut déclaré devoir conserver sa vocation initiale de restaurant. Dépité, Jack Lang avait dû annoncer à son ami qu'il devrait remettre les lieux en état avant de les céder. Ainsi, deux ans plus tôt, en 1988, Régine était devenue propriétaire du *Ledoyen*, comme de plusieurs autres lieux célèbres, de New York à Saint-Tropez. Ce midi-là, au *Normandy*, Yves me dit combien il admirait cette femme. Chanteuse populaire, comédienne à ses heures et femme d'affaires aguerrie, l'infatigable Régine brassait beaucoup d'affaires. « Quelle santé ! dit-il en souriant, pensant aussi aux jeunes hommes qui l'accompagnaient. Et elle fait l'Olympia bientôt, en plus ! » Régine nous invitera d'ailleurs à l'Olympia, où Yves reverra avec joie Johnny Halliday, dont il fut si proche dans les années 1970 et pour qui il signa certains costumes de scène, de même que pour Sylvie Vartan. Ces années folles, de salles de spectacle en restaurants et boîtes de nuit parisiennes et new-yorkaises, manquaient énormément à Yves. Elles restaient gravées en lui, avec tous ceux qui les avaient peuplées, comme des onirismes évaporés dont il continuait de percevoir, et certainement d'entretenir, les contours qui se confondaient avec ceux de son altière beauté flamboyante et magnétique d'antan.

Nous avions croisé Régine, alors incontestable reine de la nuit, à Paris, quelques semaines auparavant. Justement au *Pavillon Ledoyen*, où nous avions dîné la veille de notre départ pour Bénerville-sur-mer. Régine m'avait d'ailleurs glissé qu'elle trouvait Yves « très fatigué ». En fait, c'était moi qui l'étais.

Au *Normandy*, Yves flirtait ouvertement avec l'un des serveurs, un beau jeune homme bien élevé qui ne répondait évidemment pas à ses avances. Je savais qu'Yves faisait ça pour me rendre jaloux, ce que je jugeais pathétique. Mon nouveau couple ne faisait que commencer que je me sentais déjà éreinté. D'un coup, il se leva et, comme un coq devant une poule, entreprit de se pavaner devant le serveur, stupéfait, tout en me lançant des œillades. Dans le restaurant, tous nous fixaient, interdits, et j'étais extrêmement mal à l'aise. Pas Yves.

— Je me ferais bien ce jeune homme, me lança-t-il en revenant à mes côtés, au cas où je n'aurais pas compris.

Il jouait à me provoquer. Et moi, j'étais là pour jouer le jeu, précisément.

– Ne compte pas sur moi pour t'en empêcher, lui dis-je sur un ton résolument courroucé. Tu vas voir la punition que tu vas te prendre tout à l'heure.

Ravi, il étala un large sourire. C'est ce qu'il attendait.

En rentrant, je lui administrai une violente correction à l'aide de sa badine en bambou préférée, celle qui cinglait fort au point de fendre ses chairs, ainsi qu'il le souhaitait, ainsi qu'il en avait besoin en vérité.

Regardant ses fesses dans le miroir, il n'était d'ailleurs pas satisfait.

– Frappe encore plus fort, exigea-t-il, je veux voir plus de marques.

Je repris donc la tige et n'arrêtai, mes propres muscles de bras endoloris, que lorsque son fessier fut aussi rouge et bleu que le drapeau français. Il tituba alors vers le miroir et, cette fois, apprécia en frissonnant, satisfait.

Je savais en acceptant ce rôle de compagnon attitré qu'il en serait ainsi tous les jours. J'aimais vivre avec Yves et voulais profondément lui être utile. Mais ces séances de sadomasochisme me faisaient néanmoins hésiter. Je n'appréciais pas plus la passion masochiste d'Yves que je n'avais apprécié la passion sadique de Pierre. Mais, l'appel de la vie dorée avait emporté mon adhésion. Vivre avec lui la vie de millionnaire qui était la sienne : chaussures et costumes sur-mesure, les meilleures tables, les vins les plus fins, l'opéra aussi... Qui eût imaginé, dans mon enfance, que j'aimerais un jour l'opéra, l'architecture, la peinture, la littérature, le théâtre ?

Quand nous fûmes de retour du *Normandy* en cet après-midi d'avril 1990, le maître d'hôtel nous tendit un carton. Nous étions invités chez Marguerite Duras le lendemain à seize heures. Une allégresse véritable, improbable, revint soudain à Yves. Il aimait sincèrement Marguerite Duras, la femme ainsi que son œuvre, et se réjouissait de la revoir. En se couchant ce soir-là – ou plutôt en se laissant coucher par les deux infirmiers qui veillaient à ce qu'il prenne la dose adéquate de Rohypnol avant de littéralement le border dans son lit –, il lira un extrait de *L'amant de Lady Chatterley*, son roman de chevet qui l'accompagnait partout.

Au petit déjeuner, le lendemain, la magie opérait encore. Il affichait un sourire. La matinée traîna en longueur entre un long bain et une brève promenade dans le parc. Nous déjeunâmes sur place, puis allâmes flâner du côté de Trouville jusqu'à l'heure du rendez-vous. Yves m'expliqua que Marguerite Duras avait acheté cet appartement à *l'Hôtel des Roches Noires* en 1963 et y résidait tous les étés depuis lors, préférant le reste de l'année son appartement parisien ou sa maison de Neauphle-le-Château dans les Yvelines. Bâti en 1866, *l'Hôtel des Roches Noires* avait longtemps été l'un des plus beaux palaces de Trouville-sur-mer, et n'avait cessé son activité hôtelière qu'en 1959, pour être reconverti en immeuble d'habitation. Duras avait déjà parlé à Yves de son coup de cœur pour cet édifice de briques rouge et ocre, érigé en bord de plage, et raconté comment elle s'était précipitée dès qu'elle avait appris qu'un appartement était à vendre.

À seize heures tapantes, nous fûmes devant la porte de l'appartement 105, au premier étage de cet hôtel où Proust avait séjourné soixante-dix ans plus tôt. « Toujours du côté de chez Proust » me glissa Yves avec un clin d'œil. Un homme dans la trentaine nous ouvrit et nous accueillit avec un enthousiasme non feint. C'était Yann Andréa, le compagnon de Marguerite Duras depuis 1980. Yves m'en avait parlé dans la Daimler. Subjugué par le roman *Les petits chevaux de Tarquinia* découvert à dix-huit ans, Yann Andréa avait lu toute l'œuvre de Duras avant d'oser aller la rencontrer, dix ans plus tard, à Trouville justement. Le coup de foudre fut réciproque entre ces deux êtres, deux écrivains aussi, et ils ne se quittèrent plus, malgré leur grande différence d'âge. En ce printemps 1990, Duras avait soixante-seize ans et son compagnon trente-huit. Yves parlait de leur histoire comme d'un conte de fées moderne, le romantisme dans la voix. « Cette histoire pourrait être la nôtre, tu ne crois pas ? » me demanda-t-il alors que je conduisais. Duras avait connu des problèmes de consommation d'alcool et avait fait plusieurs cures de désintoxication durant sa vie. Cela aussi la rendait chère aux yeux d'Yves qui admirait la manière dont son compagnon s'occupait d'elle, de sa santé et de ses affaires, et il me voyait très bien dans ce rôle.

L'appartement des Roches Noires était petit – deux chambres, un séjour, une salle de bains, une toute petite cuisine qui communiquait avec le séjour –, mais vraiment exceptionnel. Bien que situé à l'arrière gauche de l'immeuble, du balcon on apercevait la plage sur laquelle, à quinze ans, Flaubert avait vu une femme qui le pousserait à écrire *Les mémoires d'un fou*. Duras n'avait-elle pas dit que « sans l'amour et la mer, personne n'écrirait des romans » ? Et elle en avait écrit toute sa vie. En 1990, elle était malade, fatiguée, mais alerte, impériale et absolue comme dans ses livres. Elle était venue à Trouville dès le printemps, contrairement à ses habitudes. Besoin de grand air, sans doute. J'étais impressionné et ne me sentais pas vraiment à ma place. Yves était là en ami, et moi je n'étais que son ombre. Mais l'atmosphère fut joviale. Nous écoutions l'écrivaine parler de son travail en cours, Yves souriait et répondait sporadiquement. Yann nous offrit un thé. Pas de boissons gazeuses sucrées chez nos hôtes. Je savais qu'Yves avait beaucoup aimé *L'amant*, le roman qui avait valu à Duras de recevoir le prix Goncourt en 1984, ainsi que plusieurs de ses films. Je savais aussi, Yves m'avait prévenu, qu'il ne fallait pas parler d'autres écrivains à Duras, ni de Françoise Sagan qui possédait une maison à douze kilomètres de là, à Équemauville, ni de l'autre Marguerite, la Yourcenar, qui fut la première femme à entrer à l'Académie française tant convoitée par Duras. D'elle, je ne connaissais pour ma part que son premier roman, *Un barrage sur le Pacifique*, et le lui avouai. Soudain pensive, comme si la seule évocation de ce roman propédeutique l'avait remuée, elle posa sa petite main fripée sur mon avant-bras, et ce fut à mon tour d'être submergé par l'émotion.

La visite fut néanmoins de courte durée. Yves avait de plus en plus de mal à soutenir une conversation suivie et, pour tout dire, du mal à rester éveillé douze heures d'affilée. Marguerite Duras était fatiguée elle aussi et ne nous retint pas. Elle décédera six ans plus tard, ayant écrit presque jusqu'à la fin. Aujourd'hui, la Fondation Pierre Bergé-Yves Saint Laurent finance en partie le prix littéraire Marguerite Duras créé en 2001.

De Trouville, nous roulâmes jusqu'à Honfleur, et plus exactement jusqu'à Équemauville, mais sans rendre visite à Sagan.
– Françoise n'est pas là, de toute façon, précisa Yves, renfrogné. Peggy [Roche] se meurt d'un cancer et je ne sais même pas si Françoise va jamais s'en remettre. Elles vivaient ensemble depuis vingt-cinq ans, tu sais...
Je le savais. Je connaissais Peggy Roche, mannequin et styliste mythique, pour lui avoir souvent livré des tenues, du temps où j'étais livreur de Saint Laurent rive gauche. J'aimais beaucoup cette femme délicate et déterminée à la fois, qui dirigeait tout dans la vie quotidienne qu'elle partageait avec Françoise Sagan, que je n'avais que rarement aperçue dans leur maison parisienne. Comment la fantasque et immatérielle Sagan allait-elle se débrouiller sans celle qui fut son ange gardien, ni Yves ni moi ne le savions. Au départ, Sagan avait été l'amie de Pierre qui la connaissait déjà du temps où il vivait avec Bernard

Buffet, puis elle était devenue l'amie d'Yves. Avec Pierre Bergé, Françoise Sagan parlait politique et société, questions qui indifféraient Yves, lequel ne l'entretenait que de littérature. Françoise et Yves avaient surtout beaucoup fréquenté les mêmes endroits nocturnes, avec des faunes identiques, avaient autant bu et pris des amphétamines et de la coke l'un que l'autre, et Sagan portait régulièrement ses créations. Ils nourrissaient une complicité peu affichée mais tacite, et je voyais dans le regard attristé d'Yves, ce jour-là à Équemauville, qu'il avait plus d'empathie pour elle qu'il ne voulait bien le dire.

Nous étions à Équemauville parce qu'il voulait visiter, revoir plutôt, la chapelle Notre-Dame-de-Grâce, dite chapelle des Marins, un bijou architectural qui, disait-il, l'incitait au recueillement et à la prière. Je lus sur le dépliant de présentation que la chapelle avait été reconstruite en 1607 après un éboulement de la falaise à l'emplacement de la précédente, érigée au XIe siècle.

Yves déambulait lentement à l'intérieur de cette construction de pierre et de mortier austère et basse de plafond, mais capable de résister aux vents mauvais. Il s'arrêtait pour examiner une pierre ou un banc. Un nouvel orgue venait d'être installé, mais ce n'était pas ce qui fascinait Yves. Il s'était statufié devant une représentation de la passion de Jésus, la scène où le centurion perce le flanc gauche avec la Sainte Lance. Peu amateur de la célébration de la souffrance reliée à la religion, je restai en arrière. À l'inverse,

Yves manifestait une fascination certaine pour le martyre de Jésus. Élevé dans la religion catholique, je ne saurais dire s'il était vraiment croyant, mais il allait tous les dimanches à l'église Saint-François-Xavier, près de chez lui, pour prier la Vierge Marie.

Il m'observa un moment, puis se rapprocha.

– Tu vois, me dit-il, j'aime ce lieu. J'aimerais que nous nous épousions ici, dans cette chapelle. Tu deviendrais ainsi mon héritier.

Il n'était évidemment pas question de mariage homosexuel à cette époque.

– En fait, il serait plus facile de t'adopter, se reprit-il après réflexion.

Il semblait néanmoins déçu. Un brin. Je ne répondis pas. Je voulais quitter l'endroit et rentrer avant la tombée de la nuit. Yves n'était pas de cet avis. Il se rapprocha et entreprit de me caresser. Il ne pouvait s'empêcher de me toucher, me peloter, tout le temps. Mais le lieu ne me semblait pas propice au sexe et je me défilai en proposant d'aller marcher jusqu'au Mont Joly pour admirer la vue de Trouville et de la rade. C'est là qu'il me raconta ses étés d'enfance à Trouville, en Algérie. Un kilomètre plus loin, nous restâmes ébaubis devant le spectacle qui s'ouvrait devant nous, dans le halo rougeoyant du coucher de soleil. L'ambiance romantique rendait Yves plus insistant encore.

Nous rentrâmes au Château Gabriel et après un léger dîner, je passai le relais aux deux infirmiers préposés à son coucher. Je ne dormais pas avec Yves de toute façon. J'étais jeune et avais besoin de bouger. Je n'avais aucune obligation, pas plus que l'envie, de me coucher moi aussi avec les poules. J'avais besoin d'évasion.

Le soir, à Bénerville, je ne restais pas au manoir à regarder la télévision ou à écouter de la musique, j'allais marcher dans le parc, rêvant que j'étais un riche aristocrate arpentant son domaine. Parfois, je roulais jusqu'à Clairefontaine ou jusqu'au casino où je faisais quelques rencontres. J'en profitais aussi pour rendre visite à mon frère Claude et boire un verre avec lui. Après le divorce de mes parents, mes frères Claude et Hervé avaient d'abord habité avec mon père quand celui-ci était le métayer du manoir, mais, à seize ans, après moult violentes disputes, Claude en était parti. Sa compagne habitant le logement de fonction de ses parents, gardiens d'une maison de retraite située non loin du manoir, il y vivait lui aussi.

Un soir, les choses tournèrent mal.

Revenant du casino où j'avais, pour la première et unique fois de ma vie, gagné à la roulette, je vis de la lumière dans le salon. Yves m'attendait en robe de chambre, et dès qu'il me vit, chargea comme un sanglier blessé :

– T'es allé te payer une de ces salopes ! me jeta-t-il à la figure.

Il m'effrayait. Ses lèvres étaient bleues et, aux commissures de ses lèvres, une coulée blanchâtre lui donnait un air de mort vivant. J'arguai être allé au casino et lui montrai la liasse de billets et le seau de pièces de cinq francs. Rien n'y faisait. Déboussolé par les neuroleptiques qui le rendaient agressif, il continua de m'injurier tout en se rapprochant sournoisement, les yeux fous. Je me souvins qu'il m'avait raconté, bizarrement assez content de lui, qu'il avait tenté d'assassiner Pierre Bergé avec un bronze de dix kilos. Je restais donc sur mes gardes car, s'il n'était pas en grande forme physique, Yves demeurait costaud, sans oublier qu'il fallait compter avec ses cent dix kilos. Parvenu près de moi, il s'élança pour me frapper, la main brandie. Je l'évitai de justesse et le poussai sur le côté. Yves tomba lourdement à la renverse.

Le sang gicla et inonda rapidement ses cheveux. Geignant à terre, il ne bougea plus, durant ce qui me sembla être une éternité. Paniqué, je l'aidai à se relever puis entourai sa tête avec une serviette de bain. Il pleurait comme un enfant en bredouillant qu'il s'excusait de se montrer aussi jaloux. Après avoir épongé autant de sang que possible, je le transportai aux urgences de l'hôpital. La serviette en turban, sa robe de chambre blanche tachée, ses galoches marocaines et ses yeux de lunatique, il avait l'allure fantastique d'un samouraï éclopé. Aucune chance qu'on le reconnût. À l'hôpital de Deauville, je donnai donc le nom de Swann plutôt que le sien. Son allure évoquait une scène de vaudeville qui aurait mal tourné. En s'apercevant dans un miroir, Yves hurla soudain de rire. Cinq points de suture plus tard, nous fûmes de retour au manoir à trois heures du matin. Les deux infirmiers, tirés de leurs ébats par le vacarme, nous accueillirent sur le perron et, sans autre commentaire, le prirent en main.

Avant de monter, Yves se retourna et me sourit timidement :

— Il faudra remettre ça, me glissa-t-il, j'ai bien aimé.

Ces crises de jalousie seront de plus en plus fréquentes. On dit les homosexuels plus infidèles que les hétéros. Je ne saurais l'affirmer, mais Yves, lui, utilisait la jalousie comme thème de réconciliation. Ainsi lorgnait-il sans vergogne l'infirmier noir, faisant sans cesse des commentaires sur « son cul superbe », mais il ne tolérait pas que je puisse regarder une fille plus de quelques secondes. Il opérait de la même manière avec Pierre du temps de leur vie commune. Il s'esquivait par la fenêtre de sa chambre pour aller s'encanailler sur les quais et dans les parcs où il « recousait des boutons[10] » à quelques Marocains ou Algériens qui ne demandaient pas mieux que de recevoir quelques francs pour ce service pour lequel ils auraient eux-mêmes payé.

Le lendemain matin au petit déjeuner, il fut fier d'arborer son crâne recousu et continua, d'humeur fort joyeuse, à insister sur la beauté et la carrure du grand infirmier noir. Le jeu de la jalousie recommençait, comme si de rien n'était. Je lui annonçai pour ma part

---

10 Expression d'André Gide, citée par Marie-Dominique Lelièvre (p.43, op.cité.)

que j'avais loué un cheval, et que nous allions pouvoir monter ensemble. Pour moi, la scène de l'aristocrate dans son domaine n'allait pas sans l'inévitable séance d'équitation. Dans les écuries du Château Gabriel se trouvaient déjà plusieurs chevaux, mais ils appartenaient à Pierre, et Yves avait déjà annoncé qu'il refusait d'y toucher. Mais la perspective de monter tout court, même un autre cheval que ceux du lieu, ne l'enchantait guère. Il faisait la gueule.

– Un cheval ? Quel cheval ? ronchonna-t-il.

– Il t'attend déjà dans l'écurie, lui dis-je, faussement jovial.

Il haussa les épaules. Lorsque je lui annonçai, faisant référence à son excès de poids, qu'il faudrait au moins un percheron pour le porter, il fut carrément vexé. Pourtant, c'était bien pour qu'il fasse un peu d'exercice que j'avais organisé cette sortie équestre. Mais Yves ne céda pas. L'après-midi, nous nous rendîmes aux écuries et c'est moi qui dus monter le bai de taille moyenne qui nous y attendait. Yves me regardait, goguenard.

La bête n'était pas du genre fougueux. Habituée à tourner en rond à l'intérieur d'un manège, la seule vue du monde extérieur l'effrayait. Après m'être péniblement hissé sur la selle trop petite et sans pommeau, je déambulai au petit pas dans le parc magnifique qui entoure la demeure, ce qui ne semblait pas déplaire à ma monture. Prenant de l'assurance, je tapotai l'encolure d'un geste qui se voulait amical, mais qui ne fut pas du tout du goût de l'animal. Je n'insistai donc pas. Notre balade dans les allées du parc se passait bien, mais je décidai de revenir sur nos pas. Un retour qui s'avéra beaucoup moins tranquille.

 Le château était protégé par une clôture dont la porte était électrifiée. Le cheval prit le bruit sec de l'ouverture de la porte pour une menace. Il se cabra aussitôt, les pattes de devant dressées à la verticale. Je m'accrochai à son cou, vainement, il me jeta au sol, heureusement sans que mes pieds restent coincés dans les étriers. J'en fus quitte pour une blessure d'orgueil. Mais le cheval, lui, ne se calma pas. Après avoir galopé quelque temps, il fit demi-tour et reprit sa course aveugle, piétinant sans merci le magnifique jardin japonais qu'un paysagiste de renom avait dessiné et aménagé avec amour pour Pierre Bergé. Yves hurlait de rire, absolument ravi. Je me serais attendu à ce que le saccage le rende furieux, mais c'est l'inverse qui se produisait. Yves courut se poster sur un petit pont pour ne rien manquer du spectacle. À croire qu'il voulait que le cheval fasse encore plus de dégâts. Mais le canasson finit par se fatiguer. Le palefrenier le rattrapa. Yves et moi rentrâmes vers le manoir, moi atterré, Yves toujours hilare.

 Il m'annonça alors que le Château Gabriel était « surtout celui de Pierre », que « Pierre voulait s'occuper de tout, des jardins comme de la déco ». Il fulminait parce que, se mit-il bientôt à hurler, c'était « lui l'artiste et Pierre le comptable ». Et de conclure que « de toute façon, Pierre avait des goûts de chiotte ». Ce n'était pas la première fois que je l'entendais dire cela.

Mais un autre grief semblait surtout lui rester sur le cœur :

— Le manoir est le lieu où Pierre amenait ses minets, cracha-t-il, rancunier.

Pourtant, l'infidélité avait été récurrente de part et d'autre, peut-être pas au début, je ne saurais dire, mais je savais qu'Yves n'était certainement pas en reste. Il avait cumulé les aventures, n'admettant pas que Pierre eût pu en faire de même. Ils étaient ensemble depuis 1958, date à laquelle Pierre n'avait pas hésité à quitter son premier grand amour, le peintre Bernard Buffet, pour Yves, pas plus qu'il n'avait hésité à vendre tout ce qu'il possédait pour lancer la maison Saint Laurent. Yves considérait qu'il pouvait se comporter de manière insupportable, mais n'imaginait pas l'inverse. Pour beaucoup de raisons, leur couple s'était délité. En 1990, leur relation, sur tous les plans, était au fond du plus profond des abîmes.

— Demain, nous dormirons dans ma datcha, conclut-il. Je l'ai fait reconstruire avec des matériaux que j'ai fait venir de Russie, et ça c'est un lieu dont j'ai tout décidé, et qui n'est pas souillé par le foutu paysagiste de Monsieur Bergé !

C'était donc là l'explication de son hilarité et même, de sa satisfaction de voir détruit le jardin japonais.

— Tout de même, je suis propriétaire de ce lieu, moi aussi ! insista-t-il, en ponctuant ses mots d'un coup de pied rageur.

Je me gardai de tout commentaire, laissant passer quelques minutes.

— Puisque tu dis détester Pierre, osai-je enfin, tu ne devrais pas te soucier de sa vie amoureuse ou sexuelle. Mais tu ne le détestes pas. Moi, je crois que tu l'aimes toujours.

Yves feignit de n'avoir rien entendu, puis disparut dans sa chambre. J'avais raison, bien sûr. Je savais qu'entre Pierre et Yves, la sexualité avait représenté le ciment premier, le liant fondateur. Pierre l'évoque dans le livre qu'il a écrit pour Yves après la mort de celui-ci[11]. Initié à la sexualité sadomasochiste, Yves en était devenu dépendant. Une dépendance de plus. Dans ce même livre, Pierre Bergé a lui-même écrit que tout ce qu'ils ont bâti ensemble – un empire ! –, reposait sur la concordance de leurs désirs sexuels. (Mais n'en est-il pas ainsi pour toute relation ?) Aussi ne pouvais-je croire aux velléités d'affranchissement d'Yves ni à son prétendu détachement, pas plus que je ne croyais, d'ailleurs, à ceux de Pierre. Perdurait entre eux une histoire d'amour, avec ses mille facettes lumineuses et sombres, ses reflets iridescents et ses turpitudes. Je n'étais pas dupe. Il y avait également de l'amour entre Yves et moi à ce moment-là, une forme d'amour, oui, je le croyais sincèrement, mais l'un n'empêchait pas l'autre. En revanche, là où je savais Yves insincère, et d'abord avec lui-même, c'était que le « minet » évoqué n'en avait pas été un, loin s'en fallait. Madison Cox, ce célèbre paysagiste pour milliardaires internationaux qui avait décoré les jardins

---

11 *Lettres à Yves*, Gallimard, 2010.

de leurs maisons en France ainsi qu'au Maroc, avait été un grand amour de Pierre Bergé. Yves le savait pertinemment. Lui-même avait bien aimé Cox, du moins avant qu'il ne redoute que Pierre le quittât pour lui. À la crise de jalousie incontrôlée qu'il venait de piquer, je mesurai donc, une fois encore, son immense fragilité. Je ne sais pas si Yves et Cox se sont réconciliés par la suite, mais je ne peux m'empêcher de me demander ce que penserait Yves du fait que Cox, à la demande de Pierre, a conçu son mémorial, en forme de colonne grecque dressée dans le Jardin Majorelle qui jouxte la villa Oasis et que lui et Pierre avaient acheté pour en faire un jardin public, visité chaque année par des centaines de milliers de visiteurs qui ainsi, devant le mémorial, penseront encore à lui[12]. La loi coranique interdisant que des cendres soient enterrées dans un lieu public, les cendres d'Yves ont été dispersées dans le jardin de leur villa Oasis. Le grand parfumeur Serge Lutens, qui connaissait Yves depuis que tous deux avaient travaillé chez Dior, et qui lui aussi possède une maison à Marrakech, a confié à la journaliste Marie-Dominique Lelièvre[13] que même sa mort lui aura été volée, car après les funérailles parfaitement orchestrées, Pierre Bergé avait embarqué quelques amis qui avaient dispersé les cendres d'Yves dans le jardin de la Villa Oasis. « Des amis de Pierre, précise Lutens, et non des

---

12 Relaté par Pierre Bergé, magazine *Stupéfiant!* France 2, 23 novembre 2016.
13 *Saint Laurent, Mauvais garçon*, Marie-Dominique Lelièvre, op.cité.

amis d'Yves. » Pierre Bergé a prévu que son propre mémorial se dresse dans le Jardin Majorelle derrière celui d'Yves[14]. Ils seront ainsi réunis pour l'éternité à moins que son récent mariage avec Madison Cox, le 31 mars 2017, ne change désormais la donne. Cox demeure vice-président de la Fondation Pierre Bergé-Yves Saint Laurent et il a conçu les jardins des musées Yves Saint Laurent de Paris et de Marrakech qui seront inaugurés en octobre 2017. Fervent, puissant, voire violent détracteur des opposants au mariage pour tous et à la procréation pour autrui, Pierre Bergé a voulu régulariser sa situation, et sans doute, à mon avis, sa succession privée, avant son décès, surtout maintenant qu'il est malade. Outre les mémoriaux du Jardin Majorelle, Cox a également créé le jardin de la Villa Léon l'Africain que Pierre et Yves ont acquise en 2007, toujours au Maroc, mais cette fois sur le détroit de Gibraltar, à Tanger.

Revenons à Bénerville. Le lendemain de cette tentative équestre, Yves et moi nous nous installions dans la datcha, moins confortable que le manoir mais néanmoins parfaitement aménagée. Cette datcha était le lieu privilégié d'Yves qui avait l'habitude de s'y enfermer pour lire, chercher l'inspiration ou dessiner. Lors des presque trois années que durera notre histoire, nous vivrons en alternance entre le manoir et la datcha à chacun de nos séjours à Bénerville.

---

14 Magazine *Stupéfiant!* France 2, 23 novembre 2016, « Pierre Bergé à Marrakech. »

Nous y recevrons des amis chers à Yves, comme Zizi Jeanmaire et Roland Petit, les frères David et Édouard de Rothschild, Fernando Sanchez, son copain d'enfance qui lui avait présenté Loulou de la Falaise, et puis Alberto Pinto, un complice de bacchanales avec lequel Yves avait jadis passé des nuits à échanger des gigolos que je leur procurais durant mon service comme chauffeur de nuit. Ils s'amusaient à noter les performances des uns et des autres, jamais vraiment repus et, entre deux extases, ils parlaient cul le temps d'une pause... de cul. Ces soirées d'ivresse et de sexe débridé ont complètement disparu pendant nos années de vie commune, et pour cause : Yves ne buvait plus, n'était plus vraiment capable de tenir un tel rythme, et puis il m'avait moi, comme centre de son univers affectif et sexuel. Alberto Pinto restera néanmoins son fidèle ami et son fervent soutien durant ces années de post-désintoxication, si fragiles. Après des années de débauche, Pinto avait lui aussi dû se désintoxiquer. Il connaissait donc le chemin de souffrance que représente une telle réhabilitation. Son écoute, son attention, son encouragement ont été précieux pour Yves. C'était un homme bien pour lequel j'avais beaucoup de respect, tout comme j'en avais eu pour un autre grand ami d'Yves, Jean-Claude Brialy.

Durant mes années en couple avec Yves, ces personnes formeront son entourage régulier. Je n'oublie pas François-Marie Banier, qui faisait, dirait-on, partie des meubles, à Paris, à Bénerville ou à Marrakech. Il se présentait partout sans s'annoncer, restait pour dîner ou coucher, seul ou avec Pascal Greggory avec lequel il partageait un loft. Pierre Bergé se méfiait terriblement de celui qu'il appelait le « parasite Banier » et me demandait de garder un œil sur lui. C'est que la marque de commerce de Banier lui pendait au cou : son appareil photo qu'il utilisait sans vergogne ni discrétion, prenant de préférence des photos désobligeantes. Yves endormi sur un divan, bavant la bouche ouverte, Yves se grattant les couilles, Yves avec un suçon très bleu dans le cou, un souvenir qu'il m'avait demandé de lui faire pour qu'il pense à moi. Il avait réuni d'innombrables photos de ce genre, ainsi que des heures d'interviews avec Yves, des documents divers, dans le but d'en faire une biographie, autorisée, sinon demandée par Yves. Pierre, outré, lui a racheté le tout au début des années 2000.

Nous verrons assez peu François-Marie Banier pendant notre vie commune. Yves lui préférait Brialy et Régine, sans doute les plus fidèles et les plus sincères de ses soutiens, avec Alberto Pinto et Zizi Jeanmaire. Il aimait également la compagnie du couple de peintres et graveurs François-Xavier Lalanne et sa femme Claude, chez qui nous pouvions à notre tour débarquer sans prévenir à Barbizon, joli endroit où nous aimions fréquemment déjeuner, visiter d'autres peintres ou simplement nous promener dans la forêt domaniale.

Ces années aux côtés d'Yves ont cependant été très particulières. Loin de la vie complètement débridée, nocturne, voire périlleuse, dont Yves avait tant aimé abuser, il était devenu casanier et aimait l'intimité. Je ne dirai pas qu'il était devenu tendre, car la tendresse n'était pas exactement sa caractéristique première. J'avais souvent l'impression, plutôt, qu'il avait remplacé sa dépendance à l'alcool et aux drogues par une forme de dépendance à moi. Il faut dire qu'il vivait sous administration massive de neuroleptiques, autre toile de fond récurrente de cette période. Je ne saurai jamais si toutes ces drogues étaient finalement nécessaires, en tout cas à une telle dose. Je serais tenté de croire que la moitié aurait suffi et que d'autres thérapies auraient pu être essayées : je pense à la psychothérapie, voire la psychanalyse, l'hypnose, la méditation…

Avec l'excès mortifère d'alcool et de drogues, de sexe aussi, Yves me donnait l'impression d'anesthésier « quelque chose » en lui, et avec les doses massives de neuroleptiques, on continuait d'anesthésier ce « quelque chose » au plus profond de lui. J'en suis venu à penser que le but recherché était de rendre Yves inoffensif, mais toujours créatif. Que serait-il advenu de la société, de ce millier de personnes qui vivaient grâce à lui, de tous ces gens qui auraient tant perdu sans lui, et je ne parle pas que de Pierre, loin de là ? Que serait-il arrivé si Yves s'était libéré, s'il avait, comme il l'avait déjà si souvent dit, fui, voyagé des années durant sans autre but que de respirer, vivre et découvrir des horizons, des choses et des êtres inconnus, sans plus dessiner de robes, juste pour, enfin, vivre la jeunesse dont il avait été complètement privé en se chargeant de bien lourdes responsabilités dès l'âge de dix-huit ans, quand il avait pris la succession de Christian Dior ? S'il avait décidé de vivre sa vie, celle qu'il voulait vivre par-delà celle qu'il avait déjà accomplie, celle du couturier génial devenu vedette internationale ? Plusieurs fois, il me proposera de nous enfuir puis y renoncera, et quand moi-même, je le lui proposerai, insistant auprès de lui, le persuadant qu'il avait les moyens légitimes de choisir une nouvelle vie, quel qu'en fût le prix, il me sourira, dépité, sans forces, soumis en définitive à ce qui devait être. Je continue de penser que les médicaments l'ont maintenu dans cet état de renoncement. Peut-être ai-je raison, peut-être ai-je tort, comment le savoir ? Choisit-on vraiment notre vie ou bien est-ce elle qui nous choisit ? Moi, quand notre histoire a été finie, j'ai choisi une nouvelle vie, et je l'ai reconstruite. De cela seulement je suis sûr.

Je n'ai pas pu éviter de m'interroger sur mes propres motivations. Me regarder en face, entre quatre yeux, non pas pour m'admirer mais plutôt, comme Narcisse, pour plonger derrière le miroir et accéder à l'envers de son image de façade. D'abord, étais-je hétéro ou homosexuel ? Plutôt bisexuel, tout comme l'était d'ailleurs mon père. Avec un penchant majoritairement hétérosexuel pour ma part, et sans violence refoulée, et donc destructrice, à l'égard des femmes. Étais-je pour autant sincère dans ma relation avec Yves, ou simplement intéressé ? Oui, deux fois oui. Sincère, très certainement, et intéressé aussi. Mais y a-t-il des relations totalement éthérées, «pures» et sans aucun intérêt terre à terre? Pas dans ce monde, me semble-t-il. Yves et moi partagions une complicité, une vraie entente, nonobstant son côté obsessionnel qui d'ailleurs répondait à ma propre obsession, plus ou moins claire pour moi à cette époque, de le sauver. Avec le recul des années, je sais que j'aurais voulu demeurer avec lui jusqu'au bout du parcours.

N'ai-je été qu'un opportuniste qui a utilisé mon corps pour «réussir»? Cela renvoie à l'inévitable question du bien et du mal, de l'éthique personnelle. Une phrase de Spinoza, que je découvrirai bien des années après la fin de mon histoire avec Yves, m'a frappé par son apparente simplicité et sa concision. «J'entendrai par bien ce que nous savons certainement nous être utile[15]» a-t-il écrit. J'ai donc fait ce qui était utile et bien pour moi à ce moment-là, quelle que soit l'appréciation morale que d'aucuns nourriraient. J'essaie dans ce livre d'avoir la franchise, l'honnêteté, le courage aussi, de reconnaître sincèrement ce que j'ai fait et vécu, sans rien cacher. Il n'est pas question pour moi de me montrer «meilleur» que je ne suis.

Vers la mi-mai 1990, nous reprenions l'hélicoptère pour quitter Bénerville. Nous y reviendrions plus tard, dans l'été. Pour l'heure, Yves devait dessiner sa

---

15 Spinoza, *Éthique* IV, D1.

prochaine collection automne-hiver qui serait présentée en juillet. Et, bien qu'il ait été en meilleur état, ce n'était pas gagné.

Chapitre 4
TEL PÈRE, TEL FILS

Entendre Maria Callas chanter un Aria de Puccini au creux de votre oreille, ça vous prend de court. Surtout quelqu'un de mon milieu qui n'avait jamais fréquenté l'opéra. J'étais littéralement stupéfait. Mais les crescendos cristallins de la diva avaient beau déferler dans mon système auditif, ils ne parvenaient pas à apaiser la peur qui m'avait ravi dès que, ce mardi matin-là, à neuf heures tapantes, j'avais pris mon courage à deux mains, et même à deux bras, pour tenter de parler avec le responsable du personnel. Cinq fois de suite, la secrétaire m'avait demandé de ne pas quitter avant de me laisser en compagnie de la Callas. Vous étiez à la société YSL, on n'allait tout de même pas vous faire patienter au téléphone sur une musique de supermarché ni même sur un air de France Gall ou de Jean-Jacques Goldman dont les tubes passaient sur les radios libres qui ne cessaient de se multiplier alors que le très populaire ministre de la Culture venait d'annoncer, parmi une cascade d'initiatives, la création d'une fête de la musique qui coïnciderait désormais avec le premier jour de l'été. J'en étais là de mes réflexions quand soudain, au milieu d'une envolée périlleuse, la voix un brin agacée du chef du personnel a coupé celle de la cantatrice.

D'une oreille distraite, il me laissa me présenter.
– Êtes-vous le fils de Michel ?
– Oui, bredouillai-je d'une voix mal assurée.

J'avais toujours été certain que mon père constituerait un sésame pour ce qui à mes yeux représentait la caverne d'Ali Baba où lui avait eu l'incommensurable chance de travailler depuis sa fondation. Je savais même que mon père et ce chef du personnel avaient été les deux premiers employés de la vénérable maison. Ça créait forcément des liens, même si je soupçonnais qu'il s'agissait plus de liaisons délétères qu'amicales. L'effet escompté se produisit néanmoins. Il me fixa rendez-vous pour le lendemain même.

Depuis mon enfance, je m'imaginais intégrer un jour la maison Saint Laurent. Je me persuadais que tel était mon destin, en droite ligne de l'atavisme familial. Après mon père, et avant lui sa mère, c'était mon tour. Je ne pouvais pas avoir incidemment rencontré Yves Saint Laurent, ou plutôt son genou, à l'âge de sept ans, juste comme ça, pour rien. Avec les années, cette intuition s'était muée en obsession. Plus encore depuis la visite à laquelle mon père m'avait convié alors que j'avais quinze ans. Durant quelques heures inoubliables, j'avais goûté à la réalité quotidienne et à l'activité trépidante de cette ruche de la haute couture. J'avais observé, pétri d'admiration, les petites mains en blouse immaculée penchées sur leur ouvrage, admiré les mannequins, quelques-unes m'ayant caressé la joue de leurs doigts soignés, je m'étais ébahi devant le luxe feutré, fascinant et enveloppant, les bronzes, les tableaux, les meubles hors de prix. La beauté existait donc en ce monde. Les plaisirs de la table aussi. À la cantine, dont mon père deviendrait plus tard l'intendant, j'avais dégusté des mets que ma famille ne mangeait qu'à Noël, et encore ! De plus, mon père m'avait promené dans une Rolls dont je ne pouvais même pas imaginer le prix. Ce jour-là, j'avais entrevu ce que pouvait être la vie, la belle vie, celle dont jouissait mon père à l'insu de notre famille, comme si lui et nous, ses enfants et la mère de ceux-ci, ne vivions pas dans la même galaxie. Et moi, je refusais de me résigner à habiter cette galaxie indigente et ténébreuse à laquelle tout semblait vouloir me contraindre. Il se trouve que mon père fut tout à la fois le responsable de la misère de ma vie familiale – il aurait pu nous assurer un bien meilleur confort matériel et, surtout, aurait pu nous éviter le malheur âcre de sa violence mortifère –, et celui qui m'ouvrait la porte de secours de la vie qu'il m'avait infligée. Je lui en voulais terriblement, et je l'enviais tout aussi terriblement. Je me doutais cependant que l'accès à cette galaxie devait avoir un prix, forcément. Je pensais le savoir, mais le savais-je vraiment ?

Jusqu'à quinze ans, j'ai vécu dans le cimetière dont ma mère avait dû accepter la garde pour pourvoir à sa survie et à celle de ses quatre enfants. À dix-sept ans, profondément traumatisé par les conditions innommables de son décès, j'avais néanmoins achevé ma formation de mécanicien au pensionnat Saint-Philippe. À dix-huit ans, mon diplôme professionnel en poche, j'avais occulté les attouchements exploratoires entre garçons, quasi inévitables entre adolescents frustrés, pour plonger tête la première dans une grande passion amoureuse avec Karina, une amie de ma sœur Lysiane. Karina avait deux ans de plus que moi, mais était infiniment plus dégourdie et entreprenante. Elle m'avait littéralement envoûté, et cela n'avait sans doute pas été sorcier d'y parvenir, au vu de mon immense fragilité intérieure, de mes carences affectives, de ma quête identitaire et de mon incommensurable aspiration à la consolation. Longtemps, je l'ai haïe de m'avoir manipulé comme une proie facile et malléable. À dix-huit ans, elle m'avait fait père une première fois, puis une seconde deux ans plus tard. En tout, nous nous étions fréquentés à peu près cinq ans, sporadiquement, avant de nous installer ensemble avec nos bébés. Puis elle m'avait trompé et planté là, partant faire une vie meilleure ailleurs. Elle aussi aspirait à une autre existence, il fallait le croire, et elle ne la trouverait pas à mes côtés. Nous avions eu deux fils, que je verrais trop peu au fil des années. À présent que mon fils aîné vit tout près de moi au Québec avec sa famille, et que mon cadet s'apprête lui aussi à nous rejoindre avec la sienne, je suis immensément heureux de les avoir eus, et même, en définitive, de les avoir eus si jeune. J'ai appris à devenir leur père et eux à devenir mes fils, et être grand-père est un incroyable bonheur.

L'honorable métier de mécanicien pour lequel j'avais été formé ne me motivait cependant pas du tout. Après mon divorce, avec la certitude des fous, j'attendais le moment où j'allais entrer dans la maison YSL, mais avant de me décider à sauter à pieds joints dans ce rêve, je tergiversais. Sans relâche, je pensais à partir vers cette autre galaxie, là où tout, comme dans le poème de Baudelaire, n'était « *qu'ordre et beauté, luxe, calme et volupté* »… mais je ne faisais rien, ou pas grand-chose pour que cela arrive. J'appris à chiner chez les antiquaires, les brocantes et les marchés aux puces. Je me documentai, devins habile et réalisai même quelques bonnes affaires, tout en fréquentant une faune bigarrée qui vivait en marge de la bonne société. Cet univers mal famé eut le mérite de m'aguerrir, voire de me dégrossir et de me rendre astucieux. Une fois, je réussis à acquérir pour sept mille francs une pendule en bronze en forme de portique de l'époque de la Restauration, une belle pièce de quarante centimètres que j'avais estimée valoir quarante mille francs. Je m'en souviens parce qu'en même temps que moi, Catherine Deneuve avait misé sur l'objet pour finalement se désister au profit d'un service en argent massif. Je le lui rappellerais à Marrakech en novembre 1991, alors qu'Yves l'y avait invitée pour célébrer mon trentième anniversaire. Ces petites astuces ne durèrent qu'un temps et se révélèrent aléatoires.

Je me dégotai donc un travail d'ambulancier pour une entreprise à Deauville. J'y repenserais plus tard en allant vivre à Bénerville avec Yves. Ambulancier, moi ? Le salaire n'était pas mirobolant, mais j'avais de bonnes relations avec le reste de l'équipe. Une employée de la société me rendait le travail notablement agréable, les nombreux temps morts entre deux missions nous permettant de pratiquer le sport national des gens désœuvrés, parfois sur l'un des brancards à l'intérieur du véhicule ou même, par beau temps, sur le capot avant. Quant au propriétaire de la société, lui et moi nous entendions comme larrons en foire. Je me souviens de la mission fort incongrue qui nous fut un jour confiée, et largement rétribuée sous le manteau à cause de son caractère illégal, par un fils de bonne famille désireux d'épargner à sa mère le choc et la honte d'apprendre que son mari était mort dans les bras de sa maîtresse à Trouville. Nous avions transporté le cadavre déjà bien froid du Calvados à Paris où le médecin de famille, complaisant lui aussi, avait constaté le décès.

Ces jobs meublèrent le désœuvrement désinvolte de mes vingt ans, d'autant que mon physique ne passait pas inaperçu et qu'après avoir été jeté par Karina, je souhaitais papillonner sur tous les plans. Et puis, j'entrai dans ma vingt-troisième année, et allez savoir pourquoi, une sorte d'urgence s'est soudain imposée à moi. Je me levai un matin avec l'inéluctable envie de me frotter à ma vie rêvée, ou plutôt à mon rêve de vie.

Je pensai à demander à mon père Michel de m'aider à intégrer la société Saint Laurent. Il me semblait évident qu'il allait le faire. Il était alors devenu intendant de la cantine et rien ne lui serait plus simple que de me pistonner, d'autant qu'il m'avait déjà présenté à presque tout le monde quelques années auparavant, en plus de connaître bien entendu le chef du personnel depuis leur entrée conjointe dans l'entreprise. Non sans difficultés, je me décidai à me rendre chez Michel. Je ne le fréquentais plus, rongé que j'étais par la haine depuis la mort de ma mère. Lui ne souhaitait pas plus me revoir et m'avait raccroché au nez à plusieurs reprises. Mais j'avais persévéré et avais fini par me rendre chez lui. Il vivait alors avec celle qui serait sa dernière compagne, dans leur appartement situé en banlieue parisienne.

Lorsque j'entrai dans le boudoir qui lui servait de bureau, la réception de mon père fut glaciale.

– Ne t'imagine surtout pas que je vais t'aider, m'annonça-t-il d'un ton odieux. Tu n'as pas ce qu'il faut. On ne prend pas de vaurien dans ton genre chez Yves Saint Laurent. Je t'interdis de me faire honte.

Il avait parlé de honte, lui qui s'était discrédité au-delà même de la honte. Finalement, sa vie aura été une telle honte, justement, que j'ai presque eu envie, à ce moment-là, d'abord de le frapper comme lui le faisait durant mon enfance, puis de le plaindre. Il ne voulait pas partager sa galaxie et la belle vie qui allait avec. Malgré tout, j'en restai étonné, comme quoi les espoirs que l'on nourrit, par-delà toute forme de lucidité et de raison, restent profondément ancrés en soi. Je n'ai pas imaginé alors que Michel ait pu, en me disant cela, avoir honte de lui-même, et encore moins qu'il ait voulu, même inconsciemment, me protéger. Le salaud parvint juste à me tirer quelques larmes, de déception et de dépit confondus.

– Je me ferai embaucher dans cette société, que ça te plaise ou non! lui lançai-je d'un ton mauvais en quittant les lieux.

Le cœur gros durant plusieurs jours, la colère finit par l'emporter et j'en vins à remercier intérieurement mon père pour cette ultime claque sur laquelle j'allais rebondir par défi. Je me jurai d'appeler moi-même le chef du personnel et d'obtenir un rendez-vous. Au moins ça.

J'avais donc obtenu ce premier rendez-vous. Le matin du jour convenu, je débarquai à la gare Saint-Lazare en provenance de Deauville, laissant mes derniers francs dans un taxi qui me conduisit au 5 de l'avenue Marceau. Hélas, arrivé dix minutes à l'avance, on me fit patienter pendant deux heures – et sans la compagnie de Maria Callas –, avant de me demander de partir. Comment? Partir sans avoir vu le chef du personnel?

– On n'embauche pas aujourd'hui, me dit la jeune secrétaire, visiblement embarrassée d'avoir été mandatée pour m'annoncer la mauvaise nouvelle et, en l'occurrence, pour mentir.

– Mais, Mademoiselle, je viens de Deauville, tentai-je néanmoins, voyant l'accès de la galaxie enchantée se refermer devant moi.

– Je n'y peux rien, chuchota-t-elle alors, les yeux baissés. Pourtant, si, on embauche...

Six mois durant, je rongerai mon frein. Mon frère Claude m'épaulera en me conseillant de ne pas m'avouer vaincu par Michel et son comparse, deux grands malades qui voulaient m'interdire de m'acheminer vers ce que je savais être mon avenir. Je finis par ravaler cette nouvelle claque et relevai ce nouveau défi. Mon petit doigt me disait que si le chef du personnel connaissait mon père depuis plus de vingt ans, il devait le détester, sinon le mépriser. J'en conclus qu'il n'était pas de mèche avec lui, comme je l'avais d'abord supputé, mais plutôt qu'il se vengeait sur moi de la haine qu'il vouait, comme tellement d'autres, à ce Michel dépravé, alcoolique et violent, dont il devait se demander pourquoi la maison s'obstinait à le garder. J'en conclus qu'il ne fallait pas passer par lui, mais directement par... le boss. Ne valait-il pas toujours mieux parler à Dieu qu'à ses saints ? Dès lors, c'était décidé, je parlerais à Pierre Bergé.

– Vous avez dit Thomas ? me demanda sa secrétaire personnelle.

Sans attendre ma réponse, elle me passa Pierre Bergé. Dieu en personne.

– Je suis le fils de Michel Thomas, me lançai-je, pris de court. J'aimerais travailler pour la maison Bergé.

Par mon lapsus, je venais de brosser son ego dans le sens du poil, et aussi de révéler ma candeur.

– Je suis le fils de Michel, ai-je répété, je cherche du travail...

– Je sais qui tu es, m'a-t-il répondu, après un silence qui me sembla durer une éternité. Dis-moi tout.

Je lui racontai par le détail mon premier rendez-vous infructueux.

– J'ai compris, me dit-il. Danielle te fixera un rendez-vous.

Il raccrocha, mais deux minutes plus tard, sa secrétaire me fixait un rendez-vous. Cette fois, je ne ferais pas que parler à Dieu. Je le verrais. Je téléphonai aussitôt à mon père pour lui annoncer la nouvelle. En fait, juste pour le narguer. Mais c'est plutôt lui qui le fit :

– Tu devras passer par le « petit manège » lâcha-t-il.

– De quoi tu parles ? Quel manège ?

Je l'entendis glousser au bout du fil.

– Tu l'auras cherché, glissa-t-il avant de raccrocher.

Le jour dit, je pris le premier train pour Paris. Mon père m'attendait devant la gare, sans doute briefé à cet effet par Pierre Bergé. Interloqué, je me laissai conduire au siège de la société. Comment faire autrement, de toute manière ?

Bientôt, je me retrouvai à l'étage affecté à l'exécutif de la société YSL, le centre névralgique de l'illustre compagnie, avec l'impression de me trouver devant la porte de saint Pierre. Tout n'y était que bois précieux, tableaux de maîtres, sculptures, draperies et plafonniers en cristal. Les bruits de fond y étaient minutieusement contrôlés, contribuant à l'atmosphère théologale de ce temple de la haute couture. *Ordre et beauté, luxe, calme et volupté...*

— Monsieur Thomas ?

La secrétaire personnelle m'invitait à entrer. J'ai aimé qu'elle m'appelle monsieur. À pas comptés, je rentrai dans ce lieu si convoité et me retrouvai enfin face à Dieu.

La dimension du lieu me sidéra littéralement. Derrière son bureau aussi solide que lui, Pierre Bergé régnait sur cet empire qui, sans doute, n'aurait pas existé sans lui. Je l'ai souvent entendu dire, en privé ou dans les médias, que si ce n'avait pas été avec lui, Yves Saint Laurent aurait fait autrement, qu'il aurait créé, de toute manière, avec d'autres personnes, « car le génie, c'est lui » n'aura-t-il cessé de répéter. Oui, mais voilà. Yves Saint Laurent, aussi talentueux fût-il, n'a jamais rien fait avec d'autres, et Pierre Bergé s'est bien organisé pour que cette éventualité n'existât jamais. Évidemment, ce matin-là, j'étais bien trop impressionné pour réfléchir à cet aspect des choses.

Assise devant le bureau de Bergé se trouvait une autre personne, dont la voix ne m'était pas inconnue, celle du chef du personnel, celui-là même qui m'avait éconduit comme un minable. Allait-il me renvoyer une seconde fois ? Peu probable. Avachi dans le fauteuil, l'homme était visiblement mal à l'aise. Son physique ne l'aidait certainement pas. Tête trop petite, épaules trop étroites, derrière trop gros, jambes trop courtes, moustache opulente. Chevelure raréfiée collée par la sueur sur le haut du crâne, au-dessus de gros sourcils ébouriffés. Ses yeux globuleux me fixaient presque avec crainte. Méchante ambiance. Pierre Bergé, lui, me dévisagea ostensiblement de haut en bas puis de bas en haut, avant de se lever pour me serrer la main, ce qu'il ne fera plus jamais par la suite.

Se retournant vers le chef du personnel, il déversa aussitôt son fiel, sur ce ton péremptoire et acéré que j'apprendrais à connaître, et aussi à subir à l'occasion, tout comme l'ensemble de ceux qui travaillaient dans la société YSL, jusqu'à Yves Saint Laurent lui-même.

– C'est le fils de Michel, commença alors Pierre Bergé d'une voix incisive. Le fils de l'un de nos plus anciens employés. J'ai appris qu'il avait été éconduit comme un voyou. J'ignore pourquoi tu as cru pouvoir te venger de Michel en humiliant son fils, mais ne t'avise plus de me faire cet affront.

Assister à cette scène me gênait, même si elle était orchestrée en ma faveur. Le chef du personnel fixait le tapis, pensant sans doute à disparaître dans son épaisseur.

– Tu lui trouves un emploi convenable dès aujourd'hui, n'est-ce pas ? finit par conclure le patron. J'espère qu'on se comprend.

L'homme avait compris, bien évidemment. Il hocha la tête pour confirmer. Bientôt retraité, un savon de plus ou de moins ne devait pas le bouleverser plus que ça. À présent que Pierre Bergé – qui avait pourtant voté Giscard en 1981 – murmurait à l'oreille du ministre de la Culture de l'époque, Jack Lang, dans le but de se rapprocher du président de la République, qui donc songerait à le contredire ? Le chef du personnel s'est levé pour me tendre la main. Pour lui, un Thomas c'était déjà trop, alors en engager un second devait lui sembler une pure folie, mais puisque Dieu en avait décidé ainsi...

— Bienvenue chez YSL, Monsieur Thomas, m'annonça-t-il. Vous commencerez dans quelques jours, comme chauffeur-livreur pour Saint Laurent rive gauche. Voyez ma secrétaire pour les détails.

Après l'avoir renvoyé d'un revers de la main, Pierre Bergé me demanda de rester un moment. La porte du bureau refermée, il me posa quelques questions sur ma vie et mes aspirations, puis en vint à ce qui l'intéressait. Un rendez-vous le soir même au Plaza Athénée.

— Vers 19 heures, précisa-t-il sans le moindre sourire. Pour mieux nous connaître.

Interloqué mais pas vraiment étonné, je pensai aussitôt aux paroles sarcastiques de mon père : « Tu l'auras cherché. » Je l'avais trouvé.

Le personnel des grands hôtels se doit d'être très discret, au vu de tout ce qui se passe et se joue sous ces ors pour privilégiés de la planète. J'arrivai à l'heure en ce lieu mythique de l'avenue Montaigne et demandai au concierge de m'annoncer à la suite 3467.

— Bien, Monsieur Bergé, acquiesça simplement celui-ci au téléphone, en m'indiquant la direction d'un geste blasé.

Tout juste m'avait-il adressé un regard. Néanmoins, en attendant l'ascenseur, je l'aperçus qui disait quelque chose à son collègue avant que tous deux ne s'esclaffent en se tournant vers moi. Nos regards à cet instant se sont croisés, et j'ai clairement lu dans les leurs condescendance et dédain. Moi, j'ai avalé un pastis cul sec pour m'encourager à ouvrir la porte de la galaxie rêvée. Et en effet, lorsque je parvins devant la suite indiquée, la porte était ouverte.

Pierre Bergé me servit un vieux whisky, puis continua de siroter sa flûte de champagne. Je l'observai. Un homme au milieu de la cinquantaine, pas grand ni vraiment beau mais une présence et une prestance magnétiques, inévitables, fascinantes à bien des égards. Et une élégance étudiée. Il portait un costume gris à fines rayures, une veste mauve assortie d'une cravate et d'une pochette du même ton. Le matin, dans son bureau, je n'avais vu que son regard, un harpon bien singulier, hypnotique. Nous nous jaugeâmes en silence tout en vidant nos verres, comme deux animaux se reniflant avant une joute. Je me sentis détaillé comme un usufruit évalué avant d'être acquis. Il ne trahissait pas la moindre gêne et moi, j'essayais d'en faire autant alors que mon cœur et jusqu'aux plus infimes fibres de mon individu tressaillaient. La belle vie avait un prix, à présent je le savais. Qu'avions-nous en commun, en vérité ? Mon père, ce lien pour ainsi dire prédestiné entre nous et dont la présence me semblait palpable dans la pièce. Pierre Bergé y pensait aussi, forcément, puisqu'il l'évoqua au moment même où j'y pensais, déplorant son ivrognerie ainsi que ses insupportables excès et ne manquant pas de me faire remarquer que sans son immense mansuétude, Michel serait à la rue. Je n'en doutais pas, je le savais déjà mais, à cet instant, je compris exactement pourquoi.

– Je suis fidèle à ceux qui me sont fidèles, me dit-il, les yeux dans les yeux. Tu pourrais avoir ce travail à vie, comme Michel.

À bon entendeur, salut.

Ayant vidé sa coupe de champagne, il se tut. J'avais bien saisi les termes du contrat que j'avais tacitement signé, avant même d'avoir reçu celui que me ferait bientôt parvenir le chef du personnel. Et d'ailleurs, si je n'avais accepté cet addenda non écrit, aurais-je été engagé, vraiment ? Pourquoi l'aurais-je été, en vérité ? N'importe quel autre jeune homme sachant conduire aurait pu devenir chauffeur pour la société. Ils n'avaient même pas besoin de personnel. Mais aucun autre n'était le fils de Michel et ne bénéficiait de mon physique de l'époque. Quelque chose en moi savait cela, sans doute depuis très longtemps déjà.

En y repensant aujourd'hui, je pense que c'est à ce moment-là, dans cette chambre d'hôtel et alors que je venais d'intégrer la maison YSL au prix d'une extraordinaire détermination, que je suis véritablement devenu le fils de mon père.

– Nous nous reverrons très bientôt, me dit Pierre en me raccompagnant à la porte de la suite.

Je le savais déjà.

Sur le trottoir de l'avenue Montaigne, l'air exhalait de doux parfums printaniers, cet air de Paris tellement unique. J'ai marché un long moment, l'esprit embrouillé mais envahi par un calme impérieux, improbable. Nous étions en avril 1984. L'état de grâce qu'avait connu la France après l'élection de François Mitterrand trois ans plus tôt était tout à fait fini. La France était redescendue du petit nuage rose socialiste qui l'avait vue exaltée, créative, libre-pensante et tout simplement libre, sinon libertaire, croyant en son avenir et en l'initiative optimiste, débridée et novatrice qui avait caractérisé ces premières années-là. Le premier bébé éprouvette, Amandine, était né. Les Français travaillaient désormais trente-neuf heures hebdomadaires au lieu de quarante, et jouissaient d'une cinquième semaine de congés payés. Certains devaient payer un nouvel impôt sur la fortune – Pierre Bergé et Yves Saint Laurent notamment –, mais Pierre a toujours été d'accord pour mettre à contribution leur fortune afin de soutenir de très nombreuses et d'ailleurs fort nobles causes, par réel goût du mécénat artistique. D'ailleurs, c'est en 1984 qu'il a rencontré Mitterrand grâce à Jack Lang, flamboyant et avisé ministre de la Culture, et il lui restera fidèle et ira jusqu'à financer un journal[16] pour soutenir sa seconde campagne. En 1984, cependant, la France s'était décentralisée, signant progressivement la fin du règne

---

16 *Globe*, fondé en novembre 1985 par Georges-Marc Benamou. Le mensuel perdurera jusqu'en 1992 puis deviendra un hebdomadaire de 1993 à 1994. GLOBE, *Les Années Tournantes, le meilleur du journal 1985-1992*, Paris, Seuil, 1992.

politico-culturel de Paris. Les lois anti-homosexuelles avaient été abandonnées dès 1981 en même temps que la majorité sexuelle était abaissée à l'âge de quinze ans. La France s'était dotée du Minitel et avait aboli la mainmise de l'État sur l'audiovisuel. Et surtout, la peine de mort avait été abolie, elle aussi, en 1981. Mais il y avait aussi eu des attentats violents, dont le premier attentat antisémite au cœur du quartier du Marais, et des manifestations sociales à répétition. Un total revirement économique bouleversait depuis 1983 les convictions des partisans de gauche, et ce n'était qu'un début. Un doute récurrent envers la gauche désormais désunie affleurait de plus en plus clairement en 1984, et il ne cesserait de s'étendre au profit d'une droite de plus en plus influente et d'une gauche de plus en plus sociale-démocrate. Et puis le sida était là, vraiment. Michel Foucault, le philosophe, en était officiellement mort en janvier 1984 et nul ne pouvait plus ignorer cette « peste rose » qui allait rapidement décimer une génération, en commençant par les homosexuels. Pierre Bergé endossera cette cause et il y engagera toute son influence, ses contacts, son argent, et il le fait toujours, en plus de plusieurs autres causes humanitaires.

En ce printemps 1984, la France se tenait au bord d'un désenchantement annoncé que, de toutes ses forces, elle voulait ignorer.

Il en était de même pour moi.

Chapitre 5
FABRICE DE JOUR ET DE NUIT

En ce printemps 1984, mon statut de salarié de la société Saint Laurent avait donc été entériné par deux contrats : l'un officiel, signé en bonne et due forme devant le chef du personnel de la société, l'autre officieux, mutuellement avalisé par Pierre Bergé et moi dans le secret de sa chambre du Plaza Athénée. Par le contrat officiel, j'étais engagé comme chauffeur-livreur pour la marque de prêt-à-porter, pour une durée indéterminée assortie d'une habituelle période d'essai. Le contrat officieux ajoutait, quant à lui, une clause secrète au premier, commuant cette durée indéterminée en une durée à vie, à la condition tacite de l'accepter. Les deux parties de mon contrat renvoyaient à deux types de tâches distinctes, celle visible et celle invisible, l'une diurne, l'autre nocturne. J'avais de facto accepté les deux. Du moins au début, car arrivera le moment, vers la fin de l'année 1989, où je dénoncerai la clause secrète. Fair-play, Pierre ne me renverra pas pour autant.

Je me souviens des mois qui suivirent mon entrée dans la maison comme d'un véritable enchantement. Le monde féerique qui m'avait ravi dès ma première visite avec mon père à l'âge de quinze ans se révélait encore plus magique que je ne le pressentais. Tout en ces lieux était exactement beau. Recherche d'harmonie et de perfection et surtout, surtout, jamais de toc. Du vrai marbre, de véritables tableaux de maîtres, des tissus vraiment uniques, des objets d'une valeur inestimable, le tout dans une ambiance feutrée, quasi monacale, qui promettait l'accès à une sorte de fruit défendu. La veille, j'étais sans emploi ni stabilité aucune, et le lendemain, j'avais acquis une place, comme si toute ma vie précédente n'avait été qu'un galop d'essai, une longue expédition périlleuse pour parvenir à cet éden. Je pensais avoir enfin touché terre. Jamais je n'imaginais qu'il pouvait ne s'agir que d'une escale. Enfant détruit, compagnon et père viré de ses fonctions, j'étais un affamé affectif. Me sentir enfin appartenir à un lieu et à un groupe, une sorte de famille choisie qui, de toute manière, vaudrait toujours mieux que ma famille de sang, me faisait un bien immense. J'étais prêt à tout pour ne jamais en être chassé.

En tant que chauffeur-livreur pour Rive Gauche, on m'avait attribué un petit bureau. J'y recevais les commandes et les instructions de la journée et je partais, roulant pas mal des mécaniques, dans ma Peugeot 205 de service. Me lever le matin faisait enfin sens, tandis que je n'étais jamais pressé, la nuit venue, de retrouver mon petit chez-moi. Mon père, lui, avait jadis bénéficié d'un appartement de fonction mis à sa disposition par la société. Ce n'était pas mon cas. Avec mon salaire tout à fait convenable, je m'étais loué un appartement dont j'étais satisfait, mais je retardais toujours le moment d'y retourner seul. Enfin, seul... façon de parler, parce qu'en vérité j'y faisais souvent monter des jeunes femmes, en passant.

Maurice Cau dirigeait la marque Rive Gauche. Cet homme délicieux, aimable et attentif, me témoignait une vraie affection. Je lui servais également de chauffeur, le conduisant à ses rendez-vous ou d'un restaurant à l'autre, mais je travaillais principalement pour le service de presse dirigé par la flamboyante Clara Saint. Selon ma feuille de route journalière, je chargeais des tenues plus superbes les unes que les autres dans la voiture de livraison et me rendais de studios de magazines féminins, où photographes de renom, mannequins de rêve et équipes hyper-allumées les attendaient, à des plateaux de télévision pour les présentatrices et leurs invités, mais également chez des artistes connus, sinon des stars que je n'aurais jamais imaginé rencontrer. Je frémissais de pouvoir monter jusqu'à l'appartement de Catherine Deneuve, même si je ne la rencontrais pas, ou d'attendre dans le salon de telle ou telle vedette du grand ou petit écran. Ma préférence allait à la couturière Peggy Roche, styliste fétiche du magazine *Elle* et compagne secrète de

Françoise Sagan, qui me recevait dans sa cuisine pour fumer et boire un verre comme des copains. Travail de rêve. J'en frémis encore de plaisir en y repensant aujourd'hui. Mes journées s'écoulaient à sillonner les plus beaux quartiers de Paris pour représenter un fleuron du savoir-faire et du luxe français. Je me pinçais pour croire que j'étais parvenu à m'organiser une telle vie, grâce à mon obstination visionnaire.

Il me restait du temps pour draguer et être dragué. Ni mon physique ni le sex-appeal qui allait avec ne passaient inaperçus, et je faisais tout, de toute façon, pour qu'il n'en fût jamais ainsi. Je ne ratais aucune occasion de panser mes béantes plaies narcissiques, et les occasions pullulaient. Pour le jeune coq que j'étais, la maison constituait un extraordinaire poulailler. L'ironie de cette phrase n'est destinée qu'à moi-même, car elle dénote mon état d'esprit de l'époque, et je n'y mets rien de désobligeant pour les employées du lieu. Jeunes et moins jeunes, elles étaient toutes délicieuses. À croire que travailler dans un temple du goût et de la proportion rend forcément beau, belle en l'occurrence. Travaillaient là quelque deux cents petites mains au savoir-faire exceptionnel, sans lesquelles aucune des robes de rêve imaginées par Yves Saint Laurent n'aurait pu se matérialiser. Couturières, patronnières, caméristes, repasseuses, finisseuses – expertes en doublures, poches, broderies, surpiqûres –, retoucheuses qui régnaient sans partage sur les ourlets, ajustements et autre changement de fermeture Éclair à la demande du couturier ou des clientes... autant d'ouvrières hautement qualifiées qui, tout comme les abeilles ouvrières, vaquaient à mille tâches pour assurer l'équilibre de la ruche. Je les admirais et les désirais. Et puis il y avait les mannequins, bien sûr, la plupart du temps en petite tenue, sinon sans aucune tenue entre deux essayages. La chasse était ouverte en toute saison. Il n'était pas rare que je voie débouler dans mon minuscule bureau l'une ou l'autre de ces jolies dames en quête urgente d'une affection que je ne refusais jamais, car j'en avais tout autant envie et besoin. Je ne voulais surtout pas m'attacher et ne recherchais aucune liaison suivie et encore moins sérieuse. La brûlure de l'abandon de Karina qui avait la garde de nos fils était encore très vive, et je ne me sentais pas du tout prêt à m'attacher de nouveau. Pourquoi diable aurais-je choisi une seule fleur de ce jardin ? C'est pourtant ce qui allait m'arriver, deux ans plus tard, mais entre 1984 et 1986, je préférais butiner de calice en calice, d'autant que la plupart du temps, ils s'ouvraient eux-mêmes. Je ne savais pas me refuser à quiconque me désirait.

Je me souviens néanmoins de deux confrontations déterminantes, qui auront constitué des rites de passage et achevé mon intronisation dans les lieux. Il y eut d'abord une confrontation violente avec mon père qui était manifestement venu me chercher des noises sur ce lieu de travail que nous partagions désormais, et où il n'avait jamais accepté de me voir pénétrer. Comme l'ensemble du personnel m'aimait bien, je m'étais confié sur la véritable personnalité de Michel et sur la vie d'horreur qu'il nous avait fait vivre à ma mère, ma sœur, mes frères et moi. L'aveu que j'avais fini mon adolescence dans un cimetière, puis dans un orphelinat, avait durablement terni l'image brillante de lui-même que Michel avait construite. Mes révélations le firent chuter du piédestal de bon père de famille sur lequel il s'était hissé à coups de mensonges depuis des décennies. Ayant appris cela, un midi que je déjeunais à la cantine dont il était l'intendant, il vint publiquement me reprocher ce qu'il vivait comme une trahison inadmissible. L'altercation entre nous fut entendue de tous. À cette époque, Michel pesait facilement cent vingt kilos, fumait quatre paquets de cigarettes et buvait au moins quatre litres de spiritueux et de vin rouge par jour. Il se rua sur moi pour me frapper comme il l'avait fait durant toute mon enfance. Mais j'avais grandi et je n'attendais que cela. Je me levai pour lui faire face. Poings dressés et mâchoires serrées, j'étais prêt à le réduire en bouillie, comme je l'avais vu faire, non seulement avec ma mère mais avec des inconnus qui ne lui plaisaient pas. Il a dû voir ma détermination, car il a finalement renoncé, battant en retraite devant les nombreux témoins qui retenaient leur souffle. J'avais gagné. Plus jamais il ne s'attaquerait à moi. J'avais marqué mon territoire, inaugurant ainsi une nouvelle ère entre nous. À compter de ce jour, mon père me témoigna un respect non feint, qui remplaça le mépris qu'il avait pour le baltringue qu'il me pensait être jusqu'alors.

Une seconde confrontation se présenta peu de temps après. Dans l'immeuble occupé par les bureaux de Saint Laurent rive gauche, avenue George V, se trouvaient également, au dernier étage, ceux de l'économiste et conseiller politique Alain Minc. Lequel avait, bien sûr, un chauffeur. Un jour que je voulais garer la voiture de fonction de Maurice Cau à sa place réservée dans la cour, je ne pus le faire, car ce chauffeur s'y était installé et refusait tout bonnement de bouger, me snobant littéralement par la fenêtre de la Mercedes de son patron. Comme c'est malheureusement souvent le cas, il s'affichait supérieur par procuration. J'avais dû régler l'affaire à coups de poing, jusqu'à ce que le voyou aille garer le véhicule ailleurs. Fier de moi, je récupérai ma place quand, venant des fenêtres des étages, j'entendis des éclats de voix. Penchées aux fenêtres, mes admiratrices me souriaient à pleines dents. J'en aurais poussé un cocorico ! L'incident se propagea à la vitesse de l'éclair et j'y acquis une réputation de dur à cuire qui ne se laisse pas marcher sur les pieds, ce qui, inévitablement, augmenta d'autant mon succès auprès de la gent féminine. En peu de temps, j'avais ainsi réussi à me faire embaucher dans le milieu de mes rêves, à discréditer mon indigne de père, à rosser un usurpateur. J'avais marqué mon territoire. Trois rites de passage, trois affirmations, sans oublier toutes mes conquêtes. J'étais devenu grand.

Mon travail diurne était donc gratifiant. Mais il y avait aussi mon travail nocturne, qui l'était beaucoup moins. Mes succès ne me permettaient pas de me refuser à Pierre Bergé, et en avais-je d'ailleurs vraiment envie ? Je devins formellement son chauffeur du soir à partir de 1988, mais durant les quatre années qui ont précédé, je l'accompagnais sporadiquement à ses rendez-vous, d'un restaurant à un rendez-vous, d'un spectacle à un appartement privé. Durant ces premières années, Yves Saint Laurent vivait donc seul – en tout cas pas avec Pierre –, rue de Babylone, et il sortait tous les soirs, mais moi je n'en savais rien. À cette époque, il conduisait encore lui-même, de préférence sa Coccinelle noire. Il menait de son côté sa vie secrète, dont nous n'entendions parler au bureau que parce qu'il avait cassé une voiture, encore !, qu'il était rentré dans un poteau, un trottoir ou un véhicule garé ou même en marche. Il consommait de plus en plus de tout, et la situation devenait de plus en plus préoccupante. Je n'ai jamais conduit Yves avant 1989, et quand j'ai commencé à le faire, c'était en cachette de Pierre. Pendant les premières années, je voyais peu Yves, ne le croisant qu'au bureau et admirant avant tout son talent, son perfectionnisme et l'amour inconditionnel qu'il portait à tous ses collaborateurs et ouvriers qu'il respectait plus que tout. Lorsque nous serons ensemble, il me parlera souvent du fait qu'il se préoccupait beaucoup de leur avenir, et qu'il escomptait bien continuer d'assumer ses responsabilités envers eux. Si ce n'avait été d'eux, il n'aurait peut-être pas supporté aussi longtemps l'engrenage de devoirs et d'obligations qui représentaient l'envers de la médaille de sa création. Avec la société internationale qui portait son nom, Yves Saint Laurent possédait un château aussi spectaculaire que le château de Louis II de Bavière qu'il admirait tant. Un château international que Pierre Bergé avait bâti pour lui à sa demande, qui le protégeait et lui permettait d'exister, en même temps qu'il l'enfermait inexorablement. Mais un matin – ce devait être en 1985 ou 1986 –, l'annonce d'un incident significatif se répandit dans les bureaux comme une traînée de poudre : avec la clé de sa propre voiture, Yves avait gravé *Fumier* sur le capot de la voiture de Pierre, qui dut alors abandonner sa Jaguar pour une Rover Sterling. Personne ne commenta ni ne rit. La guerre larvée, que nul n'ignorait, éclatait sporadiquement au vu et au su de tous, comme une soudaine coulée de lave.

Je n'ai donc jamais ignoré la haine diffuse qui sourdait entre Yves et Pierre, en tout cas celle que nourrissait Yves pour Pierre à cette époque-là. Je me gardais loin de leur relation pernicieuse, qui néanmoins continuait de fonctionner professionnellement. Plus tard, lorsque je deviendrais l'amant officiel d'Yves, je me garderais aussi de lui avouer le type de relation que j'avais entretenue avec Pierre entre 1984 et 1989. S'il l'avait su, Yves n'aurait sans doute jamais voulu être avec moi. Au final, j'aurais donc conduit Yves en secret de Pierre, et j'aurais couché avec Pierre en secret d'Yves. Ma vie ressemblait à ces icebergs dont seuls dix pour cent émergent à la surface. À l'évidence, ces ténèbres menaçaient de m'engloutir un jour ou l'autre, aussi sûrement qu'elles exerçaient sur moi un fort pouvoir d'attraction, tout à la fois terrifiant et délicieux.

Mes relations sexuelles avec Pierre existaient pourtant bel et bien. Lorsque je le conduisais le soir, arrivait toujours le moment où il me faisait monter dans sa suite du Plaza Athénée, qu'il occupait depuis ce 3 mars 1976 où il avait quitté l'appartement commun de la rue de Babylone après qu'Yves Saint Laurent avait vraiment failli le tuer. Dans la chambre d'hôtel, nous nous adonnions à la double fellation qui avait débuté dès le premier soir et se reproduisait depuis lors, plusieurs fois par mois sinon, en certaines périodes, plusieurs fois par semaine. Je savais bien qu'il avait d'autres amants, et je m'en félicitais car, sinon, je n'aurais pas eu une journée à moi. Si je ne le conduisais pas le soir, il m'appelait plutôt à son bureau et nous faisions ça là, vite, sans même fermer la porte à clé. Cela se faisait mécaniquement, sans plaisir de mon côté. Je ne savais que penser de ma double sexualité, ma double vie, ma double conscience en quelque sorte, entre ce que je voulais réussir de ma vie et ce que je laissais advenir de moi. Je n'y trouvais rien à redire. Je ne pense pas qu'à cette époque je me posais ces questions en ces termes. Il me semble que j'avais tout bonnement entériné cette bipolarité qui, comme toutes les bipolarités, était périlleuse.

D'autant plus qu'un jour apparut Élisa. Elle était l'une des rares qui m'ignorait. J'avais évidemment essayé de la séduire mais, timide et raisonnable, elle ne succombait pas. Je l'appelais « le fruit défendu », ne comprenant pas exactement pourquoi elle me plaisait plus que toutes. Je finis par renoncer à l'épingler sur mon tableau de chasse. Quand, par une belle fin d'après-midi de septembre 1986, une petite voix m'interpella au moment où je quittais le bureau.

– Alors, tu ne t'occupes plus de moi ? T'aurais-je vexé ?

Je m'en occuperais désormais. Les soirs suivants, nous ne fîmes que discuter. Cette dérogation à ma ligne de conduite habituelle dura deux semaines. En arrivant le matin, je la cherchais dans les étages et lui souriais. Tous avaient compris que la petite Élisa comptait pour moi. Deux semaines plus tard, j'étais invité à rencontrer ses parents. De belles personnes, simples et honnêtes, avec lesquelles nous passerons de bons moments. Des gens normaux, vivant dans une maisonnette normale, ne parlant pas en énarque, des gens différents des surhommes que je fréquentais durant la semaine. Ce n'est qu'après m'avoir présenté à ses parents que nous fîmes l'amour. Je n'avais jamais attendu autant. Quant à elle, elle avait 26 ans et elle était vierge. Consterné, je compris qu'elle s'était donnée à moi après une longue et mûre réflexion. Élisa était une sorte de Martienne dans la planète que j'habitais. Elle habitait un trois-pièces à Chaville, près de Sèvres. Au moment où mon bail vint à échéance, je décidai de tenter à nouveau la vie commune. Elle fut étonnée de me voir arriver avec les six pendules que je réparais à ce moment-là, des pendules qui sonnaient à différentes heures du jour et de la nuit. Elle ignorait ma passion pour tout ce qui était horlogerie et le petit business de réparateur que je continuais à mener, par goût plus que par nécessité.

 Élisa connaissait pourtant ma nature débridée. Depuis deux ans, elle m'épiait, comptabilisait mes conquêtes et devait aussi connaître la rumeur au sujet de mes relations avec Pierre Bergé. Elle ne nourrissait donc aucune illusion. Elle ne me reprocha jamais de devoir travailler le soir et crut en moi tout comme j'avais moi-même confiance en elle. Je fus heureux avec Élisa et, malgré les quelques tempêtes, le souvenir des années vécues ensemble m'est resté comme celles d'un vrai bonheur. Alors, lorsqu'en mars 1990, Yves exigera que je vive avec lui, et que je choisis de la quitter, par téléphone, j'étais vraiment déchiré. Elle aussi, sans doute, mais elle s'y est résignée avec rationalité, sinon avec lassitude. On s'est tous demandé ce qu'aurait été notre vie si, à tel moment, nous avions tourné à gauche plutôt qu'à droite. Je me suis aussi posé la question, bien sûr, pour Élisa comme pour d'autres choix, ou non-choix, de ma vie. Je pense pour ma part que l'on tourne toujours du côté où l'on doit tourner, pour le meilleur ou pour le pire, mais on suit son chemin, de toute manière. J'avais voulu, en rencontrant Élisa et en m'installant avec elle, vivre une vie plus douce, plus tranquille, plus normale si possible. Je lui fus fidèle, du moins pendant les trois premières années.

 Un jour, Pierre Bergé me dit de rouler jusqu'à

l'héliport, où nous nous installâmes dans son hélicoptère qu'il allait piloter lui-même.

– Nous allons passer deux jours en Normandie, dans mon château de Bénerville, m'annonça-t-il sans broncher en s'installant aux commandes. Ça va nous changer les idées.

Je pensai instantanément au fait que je n'avais même pas eu le temps de prévenir Élisa. Mais que lui aurais-je dit, d'ailleurs, puisque je ne savais pas ce qui m'attendait. Je ne l'aurais jamais imaginé, même dans mes pires cauchemars.

Chapitre 6
TRIANGLE SEXUEL PEU ORDINAIRE

Après avoir habité quelques années au Plaza Athénée, Pierre Bergé s'était installé au Lutetia. À sa demande, Jacques Grange avait fait effectuer des travaux afin de relier les deux chambres qu'il occupait, de manière à en faire un appartement particulier qu'il occuperait près d'une dizaine d'années avant de s'acheter un appartement rue Bonaparte. Il n'habiterait plus jamais avec Yves Saint Laurent qui, pour sa part, conserverait l'appartement de la rue de Babylone jusqu'à sa mort.

Nous étions en automne 1989, j'allais avoir 28 ans, et cela faisait cinq ans et demi que j'étais au service de la compagnie. Je me partageais toujours entre mon travail diurne de chauffeur-livreur et mon travail nocturne, pour ne pas dire occulte, de chauffeur du soir et amant occasionnel de Pierre. À cette époque, après avoir traversé le profond chagrin consécutif au départ de Madison Cox – combien de fois l'ai-je vu au plus mal, complètement abattu et prostré à mes côtés tandis que je conduisais tout en l'épiant du coin de l'œil ? –, Pierre entretenait une nouvelle liaison avec un jeune styliste de 25 ans, qu'il pressentira d'ailleurs pour remplacer Yves Saint Laurent peu de temps après.

Il me faut expliquer comment j'ai rencontré Yves, et je ne parle évidemment pas de notre première rencontre en 1968, anecdote qui avait beaucoup fait rire Yves quand je la lui racontai. Lui et moi n'avions pas de véritables raisons de nous croiser au quotidien, puisque nous ne travaillions pas à la même adresse et que, de toute façon, Yves se tenait dans son studio de création avec ses complices les plus proches et ne fréquentait aucun autre membre du personnel. Notre rencontre eut donc lieu à la cantine de la société, un midi. Encore là, Yves ne mangeait évidemment pas à la cantine, son chauffeur l'emmenait déjeuner chez lui et le ramenait dans l'après-midi. Le hasard a donc fait qu'un jour nous nous sommes croisés devant l'entrée du 5, avenue Marceau, alors que j'y entrais pour aller à la cantine et que lui sortait de l'immeuble. Il m'a dit plus tard avoir eu une sorte de coup de foudre immédiat. J'incarnais à ses yeux le type « séduisant voyou » par excellence, le genre qu'il préférait, alors que Pierre recherchait plutôt de grands garçons fins et efféminés. J'arborais en effet une dégaine de pur titi parisien à la gouaille de Gavroche, un brin frondeur et rouleur de mécaniques, séducteur de femmes en veux-tu en voilà. Yves, en introverti qui attendait d'être sous l'effet de substances de toutes sortes pour exprimer ses émotions, surtout la nuit, nourrissait une forme de fascination pour ma liberté affichée et mon apparence d'insoumis. Même ma livrée était différente de celles des autres chauffeurs. J'avais fait tailler mon uniforme près du corps, la veste cintrée avec des épaulettes selon la mode des années 80, avec de gros boutons argent, le pantalon souple mais ajusté. Il m'avait trouvé une sacrée allure, et je lui avais clairement tapé dans l'œil. À compter de ce jour, il m'attendit ostensiblement sur le trottoir devant l'entrée de la cantine, au grand étonnement des autres employés qui se demandaient ce qu'il venait faire en un lieu qu'il ne fréquentait jamais. Il voulait me voir, me dire bonjour et dès qu'il l'avait fait, il baissait les yeux et partait. Je ne savais que penser de son comportement pour le moins troublant.

Un jour, il osa. Il me tendit un papier puis le fourra vivement dans ma poche en balbutiant « appelle-moi ». Ce que j'ai fait le jour même, en cachette de Pierre Bergé, évidemment. Yves avait déjà suivi plusieurs cures de désintoxication, mais il rechutait. Il ne conduisait plus lui-même. Au téléphone, il ne me dit rien de sexuel, et j'avoue en avoir été étonné. Il me proposa que nous sortions ensemble, la nuit. « On va bien s'amuser » me dit-il, alors que je savais, on le disait, qu'il était très seul, extrêmement isolé, taciturne et désenchanté, ayant perdu l'humour et la légèreté qui l'avaient jadis caractérisé. La cinquantaine ne lui allait pas du tout. J'acceptai sa proposition.

Dès lors, plusieurs fois par semaine, après avoir déposé Pierre ou avoir baisé avec lui en première partie de soirée, je filais me doucher et me changer avant d'aller rejoindre Yves en seconde partie de soirée, pour une bonne partie de la nuit. À cette époque, il aimait s'habiller en total look de cuir, manifestant ainsi ses préférences sexuelles masochistes. Nous errions, plus que nous n'allions, d'une boîte à une autre – chez *Castel*, au *Palace*, au *Sept*, au *Boy's*. Mais en parallèle à ces lieux connus, magnifiques et chics, Yves aimait fréquenter d'autres lieux, immondes, glauques, indescriptibles de puanteur, de pisse, de merde et de sperme accumulés et séchés, avec des backrooms douteuses sinon dangereuses où Yves adorait se faufiler pour s'adonner à sa passion avouée pour le fouet et le *fist-fucking* le plus trash. Je l'attendais au bar, ou dans la voiture, les tripes retournées. S'il tardait trop, j'allais le chercher, m'aventurant dans les couloirs sombres et malodorants, le trouvais accroupi, le cul exposé au travers d'une fente, offert à la pénétration de quiconque passait par là, ou bien attaché à un crochet, à moitié dénudé et violemment assailli par une ou deux silhouettes de gros musclés bardés de cuir dont on ne voyait pas le visage. Juste des queues, des muscles, des gémissements et des cris, des déjections de toutes sortes, dans une chaleur étouffante et littéralement irrespirable. Je le portais plus que je ne le raccompagnais jusqu'à la voiture, mais cela ne lui suffisait pas. Il voulait aller au bois de Boulogne lorgner les travestis, surtout les Brésiliens, adorait leur allure, leur audace, leur entregent qui le faisait vraiment rire et qui l'excitait, parfois même l'inspirait pour une couleur, un tissu, un mélange vestimentaire et qui, plus tard, sans que quiconque, peut-être pas même lui, ne sache comment, lui donnait des idées pour ses propres créations. Je sais qu'on a beaucoup dit qu'Yves Saint Laurent avait « pris puis rendu la mode à la rue », mais c'était plus que la rue en tant que telle, ça pouvait être toutes sortes de lieux incongrus. Parfois, alors que nous prenions le thé l'après-midi au bar d'un grand hôtel, il observait une douairière dont le chapeau semblait l'hypnotiser, tout comme il pouvait, à l'extrême, rester médusé, au cœur de la nuit, par le savant déhanché d'un travesti qui traversait le Bois, le poing au creux de la hanche. Lorsque je voyais les mannequins, sublimes Métisses, Noires ou Asiatiques, déambuler lors des défilés, la main dans la poche d'un tailleur d'homme qui les rendait encore plus sexy, il me semblait parfois les voir surgir d'un fourré, comme ces altières amazones de nuit androgynes qu'Yves admirait tant, parce qu'il aimait moins les femmes que les succédanés de femmes, surgis de la nuit telles des effigies de l'époque. Assis à mes côtés dans la voiture, il observait ce monde quasi fantasmagorique soudain éclairé, révélé par les phares, fourmillant de mille turpitudes qui n'en constituaient pas moins à ses yeux des promesses d'oubli, sinon de liberté. Rentrant du Bois, il lui arrivait de vouloir s'arrêter près de la Madeleine, chez un Chinois qui tenait un sex-shop où Yves allait se ravitailler en drogues mystérieuses, des flacons à sniffer dont les effluves agressifs empuantissaient la voiture et me faisaient tourner la tête à moi aussi, et cela après toute la coke qu'il s'était déjà enfilée, en plus des cachets, ces tablettes de cachets dont je n'ai jamais su ce qu'ils étaient exactement et qu'il avalait un par un avec des gorgées d'alcool, jusqu'à la moitié d'une tablette à la fois. En début de soirée, il avait déjà ingurgité deux bouteilles de vodka achetées chez Caviar Kaspia. Que ressentait-il de si violent qu'il veuille tout aussi violemment l'oublier, si totalement se noyer, se perdre, voire s'effacer ? Il se détruisait à une vitesse affolante, effarante. Mais pourquoi donc, ça... J'avoue n'avoir jamais cessé de me questionner.

Durant toute l'année 1989, je l'ai ainsi accompagné, sans être son amant. Il avait certes flashé sur moi, mais je pense qu'il voulait aussi pouvoir compter sur quelqu'un qui ne le dénoncerait pas à Pierre, et c'est sans doute pour cela que celui-ci me qualifiera de traître lorsqu'il m'annoncera qu'Yves voulait vivre avec moi, l'année suivante.

Une nuit, donc, alors que nous buvions des verres au *Boy's*, Yves a rencontré Darius, son ange noir. Il en est tombé littéralement amoureux fou, englouti dans un précipice de stupre et de débauche dont il n'aurait peut-être jamais émergé si Pierre Bergé ne m'avait chargé de virer l'amant américain avant de conduire Yves à Garches, puis si Yves et moi n'avions vécu ensemble par la suite. En y repensant, je me dis qu'Yves collait parfaitement au délitement général de cette fin des années 80 décadentes, cyniques, narcissiques et superficielles, des années très créatives aussi mais comme suspendues au sommet d'un toboggan vertigineux, hantées d'excès et de sida, de crise économique et sociale, dans une ambiance cathartique qui ne s'avouait pas comme telle, mais pourtant annonçait une débandade générale.

Pendant les années où nous avons vécu ensemble, nous n'avons eu des relations sexuelles disons régulières, que très rarement, peut-être quatre ou cinq fois en deux ans et demi. Lorsque c'est arrivé, j'en ai presque été étonné moi-même, car Yves se trouvait trop gros, se sentait mal dans son corps, ne voulait pas se déshabiller ni laisser contempler sa nudité. Lui, l'esthète intransigeant, vivait mal son délabrement physique. Il voulait que je joue à le punir, que je lui fasse mal, et là sans jouer. Il n'en avait jamais assez. Il s'enfonçait lui-même d'innombrables objets aux proportions ahurissantes dans l'anus ou me demandait de le faire pour lui. Jamais je ne l'ai vu éjaculer. Jamais. Sa libido incontrôlable trouvait d'autres voies d'expression et de satisfaction.

Entre Pierre, Yves et moi, au fil des ans, s'installa une relation triangulaire peu ordinaire, ce que moi seul savais. Leur puissance libidinale était comparable, fortement cérébrale et fantasmagorique. Mais là où Yves affichait timidité et soumission, Pierre imposait séduction et virilité. Le savoir était une chose, le vivre en était une tout autre. Je suis convaincu que leur entente, et toute l'immensité de ce qu'ils ont bâti l'un grâce à l'autre, s'est cristallisée autour d'un coup de foudre hors-normes et d'une attraction sexuelle tout aussi hors-proportions, et que cette fascination a duré longtemps, alors même qu'ils ne vivaient plus ensemble. Il y avait eu et il était demeuré entre eux quelque chose de foudroyant, je n'en ai personnellement jamais douté. Pierre et moi avons pleuré ensemble ce jour où il m'a chargé de contraindre Yves à entrer en cure à Garches. Nous nous sentions complètement dépassés par l'ampleur de l'autodestruction que nous n'avions pu que constater. J'avais raconté à Pierre que je m'étais littéralement battu avec Yves qui se défendait de toutes ses forces, jusqu'à me blesser physiquement, pour finalement parvenir à le conduire chez un médecin qui lui avait administré un fort sédatif avant de le faire transporter à la clinique. Yves enfin parti en ambulance, je suis allé voir Pierre dans son bureau pour lui annoncer que j'avais accompli ma double mission : virer Darius et faire hospitaliser Yves. J'étais complètement ébranlé, je tremblais et me suis mis à pleurer, et Pierre a éclaté en sanglots à son tour. Tous savaient que Pierre ferait toujours tout pour tenir Yves à bout de bras, quitte à sembler l'étouffer[17]. Pierre savait qu'il aurait fallu vendre, tout vendre, et libérer Yves, et moi aussi je pensais ça et l'ai proposé plusieurs fois, comme je l'ai

---

17 Catherine Schwaab, *Paris-Match*, 7 janvier 2014.

déjà écrit. Mais cela aurait-il suffi à le guérir ? Pas sûr. Quoi qu'il en soit, je garde un souvenir très fort de ce moment qui témoigne de la forme de complicité complexe et claire-obscure que j'ai entretenue avec Pierre.

Cette scène témoigne aussi de l'immense complexité qui caractérisait la relation inclassable et paradoxale qui aura finalement lié Yves et Pierre cinquante ans durant. Il s'agissait bien d'une relation exceptionnelle qui impliquait deux êtres exceptionnels. Or, il est rare que les deux parties se sortent également bien de ce genre de relation. Dans ce fracas de forces incommensurables, Yves n'aura-t-il pas en définitive retourné sa force contre lui-même ? Ou bien est-ce la force de Pierre qui aura détruit la sienne ? Je ne sais trop. Ce que je sais, pour en avoir été témoin, c'est que pendant la dernière cure d'Yves en 1990, puis pendant les années que j'ai partagées avec lui, le médecin de la clinique de Garches m'a répété à de multiples reprises qu'il fallait tenir Yves le plus éloigné possible de ses habitudes. D'autres le pensaient aussi, notamment sa mère Lucienne ainsi que plusieurs amis d'Yves. J'ai tenté de remplir ma mission, j'ai tenté de le protéger, non seulement de Pierre mais de tout, et surtout de lui-même, lui proposant de tout recommencer à sa guise. Et puis, un jour, j'ai renoncé. J'ai compris qu'il ne le ferait jamais. Les liens qui l'auront uni à Pierre, même glauques – ou parce qu'ils l'étaient –, auront perduré jusqu'à la mort d'Yves.

Coté sexuel, le moins que l'on puisse dire est que Pierre n'était pas en reste, comme il ne l'a d'ailleurs jamais caché. Sa puissance libidinale était impressionnante. J'en ai bien connu, pour ma part, la face destructrice. Elle a profondément atteint Yves. Cette libido singulière s'exposait clairement à travers ses pratiques sexuelles, même si ce n'était pas là sa seule portée.

Entre 1984 et 1986, mes relations sexuelles avec Pierre s'étaient résumées à des fellations mutuelles jusqu'à cette première fois où il m'a emmené au Château Gabriel de Bénerville. À partir de là, j'ai rejoint sa cohorte d'amants soumis à des séances de dressage qui sont ensuite devenues la norme entre nous, jusqu'en 1989 où j'y ai mis fin. Je choisis de raconter ici l'avant-dernière de ces cérémonies, parce qu'elle est représentative de toutes les autres et parce qu'elle annonce déjà la suivante, la dernière qui atteindra un insupportable degré de souffrance et de dégradation. En effet, d'une séance à l'autre, l'intensité des sévices augmentait, Pierre et son assistant veillant à dépasser les limites une par une, de manière à ce que tout aussi graduellement je les accepte. C'était calculé, ritualisé.

Un soir de l'automne 1989, j'ai ramené Pierre de l'Opéra Bastille, qu'il présidait depuis 1988 et où il avait travaillé tout l'après-midi. En descendant devant le Lutetia, il m'a dit de le rejoindre dans sa chambre à dix-neuf heures. J'ai tourné avec la Rover, l'ai garée et j'ai bu quelques verres au bar de l'hôtel pour me donner du courage et retarder le moment de monter. Du coup, je suis arrivé en retard. Un peu. Dix minutes. Chambre 608, son assistant m'attendait. Un beau Maghrébin, les traits réguliers, la peau lisse et brillante, musclé, bien monté.

— Tu es en retard, salope, m'a dit l'assistant d'emblée, Monsieur va être mécontent.

Il m'a fait déshabiller puis m'agenouiller, la croupe en l'air, dans la baignoire pour la séance de lavage préliminaire. J'ai collé ma joue contre le marbre froid. C'était le moment que je détestais le plus, où je ne pouvais m'empêcher de frémir de peur. Pendant ce temps, j'entendais les sons du film porno que Monsieur regardait dans la chambre, en attendant que je lui sois livré, en laisse, à quatre pattes. Monsieur. Dans la journée, je l'appelais Pierre et le tutoyais, mais lors de ces séances, il devenait Monsieur. Oui Monsieur, merci Monsieur. Dès que je suis arrivé au pied de son lit, Monsieur m'a giflé.

— Tu te permets de me faire attendre, flaquasse ?

Que des mots en asse. Flaquasse. Pétasse. Putasse. Feumasse. Molasse. Chiennasse. Pas connasse, non, trop banal. Il commença par me fesser du plat de la main, jusqu'à ce que ma peau rougisse, puis continua au martinet, longuement. L'assistant observait les marques ensanglantées et me passait de la pommade cicatrisante pour que la séance puisse se poursuivre. Les coups ont redoublé, cette fois avec une sorte de tapette à mouches, sur les fesses et les flancs, jusqu'à ce que j'aie très mal. Mais je n'ai pas bougé, subissant mon sort avec obéissance. L'assistant veillait. Pommade puis poppers, très à la mode dans ces années-là. Il m'enfonçait le bout du flacon dans les narines pour que je respire le produit euphorisant. Le poppers vous fait décoller aussitôt, vous fait planer un petit moment puis redescendre, et ainsi de suite, en montagnes russes. Au bout d'un moment, je ne savais plus trop où j'étais, mais j'y étais. Ma peur s'était envolée. Monsieur a pris les pinces à molettes, les a fixées sur mes tétons puis m'a injurié parce que j'avais crié. Avant de m'infliger la pire les punitions : des coups de règle sur le bout des trois doigts de la main droite présentés ensemble, comme on le faisait à l'école pour punir les cancres. Nouveaux cris, nouveaux coups de règle sur tout le corps.

L'assistant a emprisonné mes poignets dans le dos à l'aide d'un crochet. Le signal était ainsi donné de me pencher par-dessus un petit banc dont les lattes me rentraient dans le ventre. Pas de bâillon ce jour-là, mais parfois j'en portais un pour cette ultime étape du rituel de dressage. Ce jour-là, Monsieur et son assistant décidèrent de s'activer sur moi de concert, se regardant pour s'exciter l'un l'autre. L'assistant m'administra un dernier coup de poppers, et c'était parti, les deux en même temps, au même rythme. Tout du long, Monsieur m'insultait copieusement. Je finissais par jouir à mon tour, sur la serviette posée au pied du petit banc. Alors, ils urinaient sur moi. La pire souffrance venait à ce moment-là, lorsque Monsieur libérait mes tétons ensanglantés. Ne pouvant les cacher à ma compagne Élisa, j'ai fini par lui raconter, et j'ai eu la chance qu'elle m'ait écouté et compris.

– Pour la prochaine fois, tu m'écriras une lettre bien salace, m'a dit Monsieur tandis que je me relevais.

Un détail m'aura toujours intrigué. À chaque fois, sortant de la chambre pour me rhabiller, je trouvais mes habits, jetés à terre à la va-vite en arrivant, posés sur un fauteuil de l'entrée. Quelqu'un les avait pliés pendant la cérémonie, mais qui ? Je ne l'ai jamais su.

Mon père, lui, était bisexuel, c'était incontestable. L'étais-je aussi ? Mon père avait entretenu une véritable histoire homosexuelle connue de tous, ce qui n'était pas mon cas. D'ailleurs, avant et après ces années aux côtés de Pierre Bergé et d'Yves Saint Laurent, je n'ai eu que des relations hétérosexuelles.

Mais ni Pierre ni Yves ne m'ont imposé ces relations homosexuelles contre mon gré. Personne ne m'y a obligé. Lorsque j'ai voulu arrêter, je l'ai fait. Je ne sais pas comment j'en suis arrivé à vivre ça et à l'accepter. C'est comme si j'avais toujours su que je devrais en passer par là, plus ou moins consciemment et sans connaître les détails exacts. Je savais qu'il existait un sésame pour accéder à la caverne d'Ali-Baba qu'était pour moi cet univers de rêve, et dès le départ, j'étais décidé à m'y plier afin d'en obtenir les bienfaits. Soumission de classe, peut-être… J'avais toujours été fasciné par l'univers dans lequel évoluait mon père. Je pense aujourd'hui que je voulais sans doute battre sur son propre terrain ce père qui m'administrait des fessées déculottées à coups de règle et de martinet, pour dresser le cancre que j'étais. Il existe bien des façons de tuer son père.

Qu'en était-il d'Yves ? Pourquoi avait-il tant besoin qu'on soit méchant avec lui, qu'on le punisse si violemment ? Marie-Dominique Lelièvre se réfère à la biographie de la journaliste et éditrice Laurence Benaïm[18] qui relate un événement que j'ai pour ma part compris comme une forme d'explication. Le 12 mars 1985, le président François Mitterrand a remis à Yves Saint Laurent les insignes de chevalier de la Légion d'honneur, devant la famille Mathieu Saint Laurent réunie pour l'occasion. Son grand-père paternel, bâtonnier d'Oran, ayant reçu cette même distinction, Yves s'inscrivait ainsi dans une prestigieuse lignée masculine. Pourtant, alors que l'heure est à la liesse, en privé, Yves fond en larmes et demande à son père de lui pardonner d'être homosexuel. Charles Mathieu Saint Laurent le savait, bien entendu, mais ils n'en avaient jamais parlé ensemble. Avaient-ils jamais discuté ensemble, d'ailleurs ? « Tu aurais peut-être voulu que je sois un vrai garçon qui poursuive ton nom » aurait dit Yves. « Mais ça n'a aucune importance, mon chéri » aurait répondu son père. Yves était le fils unique, le fils adoré par sa famille, tout particulièrement adulé par ses sœurs. Le fils prodigue admiré, que nul membre de sa famille

---

18 Laurence Benaïm, *Yves Saint Laurent: Biographie*, Grasset, 2002.

n'imaginait critiquer, d'autant moins, en vérité, qu'il pourvoyait entièrement aux besoins de sa mère depuis son rapatriement en France en 1963. Son père et son beau-frère, mari de sa sœur cadette, installés dans le Midi, ayant monté une affaire qui avait fait faillite, il subvint également à leurs besoins à partir du début des années 1970. Il jouait donc bien son rôle de fils aîné, fiable et responsable. C'est lui-même qui ne se pardonnait pas, et ça, je le savais. À plusieurs reprises, il m'avait confié qu'il avait honte, à la mi-cinquantaine encore, d'être « une tapette ». Il avait même suivi un traitement hormonal pour avoir des érections, avec le désir de procréer, qui sait ?... Marie-Dominique Lelièvre écrit[19] qu'il aurait demandé à Victoire Doutreleau, la seule femme qu'il ait jamais voulu épouser[20] et qu'il aura éternellement gardée dans son cœur, si, à défaut d'être sa légitime, elle accepterait d'être sa première et unique amante. Il aurait donc espéré transmettre son patronyme autrement que comme une marque artistique et commerciale. Ça n'aura manifestement pas marché. Après cette cérémonie honorifique du 12 mars 1985, Yves et son père ne se reverront plus jamais, Charles mourra trois ans plus tard d'une embolie pulmonaire. Déjà bien dépressif, Yves plongera alors dans une autodestruction, une forme de martyrisation encore plus systématique, jusqu'au paroxysme de 1990.

---

19 *Saint Laurent, Mauvais garçon*, op. cit. p. 221.
20 *Paris-Match*, 6 février 1992.

Néanmoins, même lorsque l'on s'adonne voire l'on *inflige*[21] la soumission, il existe une limite à ne pas franchir. La dépasser implique un point de non-retour. La séance que je viens de raconter ici fut donc l'avant-dernière. Elle peut sembler extrême alors que je l'ai édulcorée par rapport à ce qu'elle fut en réalité. Le mois suivant, j'arrivai avec ma lettre porno et me soumis au même rituel. Jusqu'au moment où Monsieur, cette fois-là, brandit un fouet long. Le genre de fouet que l'on emploie pour dompter des fauves, et que l'on fait claquer en l'air. Tandis que j'étais penché par-dessus le petit banc, attaché et cette fois-là bâillonné, il fit siffler la lanière à mes oreilles puis l'abattit de toutes ses forces sur moi. Il venait de franchir une étape au-delà de laquelle je n'irais pas. Je me suis relevé de toute la rage que la douleur cuisante avait déclenchée. Une rage aveugle. Rage contre qui exactement ? Contre lui ou contre moi qui vivait de plus en plus mal cette liaison secrète ? J'aurais pu frapper, mais je me suis contenté de hurler avant de partir. Je venais de m'affranchir, sans retour. Je repensai à ce que m'avait confié Yves et qui avait abouti au fait qu'il avait failli tuer Pierre avec une statue de marbre[22] ce qui avait à juste titre décidé celui-ci à quitter définitivement la rue de Babylone en mars 1976. (Il avait déjà fait plusieurs allers et retours). Je surnageais, décidément, au royaume du

---

21 *Lettres à Yves*, op.cit. Pierre Bergé, page 27.
22 Scène présente dans le film *Yves Saint Laurent* de Jalil Lespert, 2014, et relatée par Pierre Bergé dans l'article de *Pure People*, 13 mars 2010.

secret, du trouble. Je ne savais pas exactement ce qui était arrivé entre mon père et Pierre. Je ne connaissais pas plus précisément les détails qui avaient conduits à la séparation entre Pierre et Yves, et moi-même je dissimulais tout. De tactique de survie développée dans l'enfance, cette stratégie était devenue une seconde nature. Était-ce d'ailleurs la seconde ? Le secret, c'est le pouvoir. Celui que l'on subit autant que celui que l'on exerce, et à ce chapitre, j'avais été, et je demeurais, à bonne école. Ce dont j'étais en revanche certain, c'est que quelque chose avait meurtri Yves dans son âme et lui, contrairement à moi, n'a jamais vraiment pu s'en affranchir.

Le soir où il m'a raconté cet épisode, il m'a montré son journal, des centaines de feuillets qu'il avait écrits et illustrés au fil des ans et qu'il gardait dans des cartons à dessins enfermés à double tour dans un meuble, face à la porte de sa chambre. Une impressionnante pile de feuilles où il vidait son cœur et son esprit. Le plus possible, du moins. J'ai lu quelques passages, c'était très bien écrit, car Yves possédait un véritable talent d'écriture. Et j'ai découvert les dessins. Sur certains d'entre eux, j'ai reconnu le beau Maghrébin qui ouvrait la porte de la chambre du Lutetia, sans le dire à Yves puisqu'il ignorait la nature de mes anciens liens avec Pierre. Mais l'essentiel pour moi a été de comprendre qu'un lien secret, inconscient mais puissant, nous reliait Yves et moi, et chacun de nous à Pierre. Quant à ses écrits et ses dessins, je ne sais pas ce qu'ils sont devenus.

Fabrice Thomas avec Aline Apostolska

Nul ne sort vraiment intact de ce type de relations qui vous détruisent lentement mais inexorablement le cœur et l'esprit, plus encore que le corps. Les marques, au plus obscur, au plus fragile de votre for intérieur, demeurent indélébiles.

Chapitre 7
GÉNIE CRÉATEUR ET DESTRUCTEUR

Naissance d'une collection

«*Au fur et à mesure de l'âge, l'imagination tel un fleuve charrie toute la peinture, toute la littérature, la sculpture, la musique que je porte en moi pour s'incarner dans mes collections. Je vis dans ma tête, je ne vis pas dans le monde, j'ai l'âme soudée à mon art, je ne vis que par lui, les éléments m'inspirent moins que la seule beauté*[23].» Yves Saint Laurent

«*Dans mon métier, c'est le créateur que j'ai le plus admiré, depuis toujours. J'ai eu la chance d'assister à son dernier défilé en 2002, où l'on a montré quarante ans de travail avec des passages de robes d'époques différentes portées par ses mannequins fétiches, et c'était magnifique, bouleversant. Il était un esthète aussi, un vrai, cultivé, et puis il avait ce goût de la beauté. Et il aimait les femmes. Il avait envie de rendre belles les femmes, c'était son objectif majeur*[24].»

---

[23] Extrait de *Une maison, un artiste, Yves Saint Laurent* (documentaire).
[24] Extrait de *Stupéfiant!*, Agnès b., mars 2017.

J'ai entendu la styliste et mécène d'art Agnès Troublé, dite Agnès b. rendre cet hommage à l'exceptionnel couturier qu'était Yves Saint Laurent. A priori, leurs styles sont si éloignés que j'en ai presque été étonné, d'autant que nous ne sommes jamais allés chez elle et ne l'avons pas reçue chez nous.

Mais étonné pourquoi, après tout ? Qui n'a pas, de près ou de loin et même sans connaître ni aimer l'homme, admiré sa vision révolutionnaire, impertinente, jamais démentie pendant plusieurs décennies ? Le talent est. Il existe en soi, il faut croire. Sinon, comment ces deux couturiers majeurs que sont Yves Saint Laurent et Karl Lagerfeld ont-ils pu recevoir de concert le prix du Syndicat de la laine en 1954, Lagerfeld pour le manteau et Saint Laurent pour la robe ? Saint Laurent avait 18 ans, Lagerfeld 21, et dès l'origine, les professionnels du milieu ont jugé impossible de les départager. Dans la foulée de ce prix, Yves Saint Laurent fut embauché par Dior et Karl Lagerfeld par Balmain. Mais Lagerfeld a d'évidence démontré un caractère très différent, sobre, discipliné, indépendant, cérébral autant qu'inspiré, carburant à la lucidité caustique sur lui-même comme sur autrui. Loin d'Yves, caustique lui aussi, malicieux et narquois, mais juste envers les autres, jamais sobre – car même s'il n'a plus bu ni pris de drogues illicites après son ultime désintoxication, il a pris jusqu'à la fin des psychotropes qui l'ont détruit au moins aussi sûrement que ces abus précédents –, émotivement et psychologiquement dépendant et fragile. « Né avec une dépression nerveuse » ainsi qu'aimait à le répéter Pierre Bergé, comme une justification, jusqu'à ce qu'Yves reprenne cette formule à son compte.

Un artiste dépressif, Yves ? Oui, et non. La journaliste Marie-Dominique Lelièvre n'adhère pas non plus à ce mythe convenu du génie dépressif. Dans le livre qu'elle a écrit sur YSL à partir d'une cinquantaine de témoignages, Pierre Bergé ainsi que la psy d'Yves (celle que j'ai moi-même bien connue) ayant refusé de lui parler, elle dit : « Yves Saint Laurent a commencé à aller mal à partir des années 1976-1977[25]. » La journaliste poursuit : « On a alors fabriqué un personnage : l'artiste foudroyé par son génie. Je ne crois pas au génie. C'est une invention bourgeoise. Freud ou Le Corbusier n'étaient pas géniaux. Ils étaient monomaniaques et concentrés sur leur travail. YSL a dédié sa vie à la haute couture. Pierre Bergé a dit : "Yves Saint Laurent est né avec une dépression nerveuse." Le médecin que j'ai vu conteste ce diagnostic. Le dépressif n'a pas d'énergie. YSL avait une énergie considérable. » Et elle conclut : « Les entourages sont toujours complices, même sans le vouloir. Certains pensent que Pierre Bergé a entretenu YSL dans ses faiblesses, jusqu'à le rendre dépendant. Mais YSL avait suffisamment de masochisme en lui pour se faire du mal tout seul. » Elle dit enfin qu'aucun médecin n'a jamais dit qu'Yves fut maniaco-dépressif, on dirait

---

[25] Voir l'article de Géraldine Dormoy, *L'Express*, 18 janvier 2010.

bipolaire aujourd'hui. De quoi souffrait-il donc ? D'« autodestructionnite » aiguë ? Génie créateur et destructeur, alors ?

J'ai pour ma part lu ce livre avec grand intérêt, même si je me suis étonné d'en être gommé. Le YSL que j'ai connu de très près n'y est pas trahi, mais si elle m'avait interrogé, j'aurais témoigné de mon vécu. À défaut, je le fais ici.

J'atteste qu'Yves possédait en effet une énergie considérable qui m'a toujours, je le répète, énormément impressionné. Pendant l'année où j'ai été son chauffeur de nuit en cachette de Pierre, je l'ai vu avaler des quantités hallucinantes d'alcools forts et de drogues à tuer un éléphant, et fréquenter des lieux dont peu sont sortis sans maladies incurables, dont le sida bien entendu, puisqu'il ne se protégeait jamais. Sa force était une résistance, physique et psychique, sans laquelle il se serait anéanti encore plus vite. Malgré cela, jusqu'au moment où on lui a prescrit ces psychotropes surpuissants – que Marie-Dominique Lelièvre appelle une camisole chimique –, il n'était pas amorphe. Il était même l'une des personnes les plus vivaces, les plus combatives que j'aie connues de ma vie, à la fois physiquement, doté d'une puissance insoupçonnable, et psychiquement, avec des fulgurances de lucidité et une capacité d'analyse très fine malgré les médicaments.

Aurait-il dès lors érigé, ou laissé ériger, une légende à son sujet ? Je pense pour ma part qu'il jouait la carte de l'ambiguïté. Devant moi, devant certains de ses amis ou devant sa mère qui haïssait Pierre – lequel le lui rendait bien –, il affichait une aversion viscérale, verbalement violente, à l'encontre de Pierre, se présentant ostensiblement comme sa victime. Il répétait qu'il allait le tuer et, en l'évoquant, se mettait à ventiler, soudain tout rouge. Dans leurs pratiques sexuelles, il était certes la victime, comme il l'était avec tous ses amants, mais même là, qui privilégie ce genre de pratiques sans être consentant ? Cela vaut pour moi, puisque j'ai accepté moi aussi ces sévices sexuels. Et puis, Yves n'était-il pas d'accord avec chacun des aspects – et les contraintes que ceux-ci impliquaient – du véritable empire que Pierre Bergé a construit pour lui, par lui et *avec* lui ? Bien sûr qu'il était d'accord. Il était souvent dépassé par l'ampleur que cela prenait, mais il était content, oui. Ce que je pense, c'est qu'Yves a laissé fabriquer ce personnage de « petit prince fragile de la mode » qui l'arrangeait à certains égards, puis a fini par l'emprisonner. Pendant les deux ans et demi que j'ai passés à ses côtés, Yves était tellement remonté contre Pierre, et je l'étais moi-même tout autant, que je remettais volontiers toute la faute sur ce dernier. C'était plus simple de penser ainsi, d'autant plus que Pierre a toujours nourri le conte de l'amour fou, éternel et absolu, et qu'il continue de le faire. Mais avec le recul, je ne serais plus si catégorique. À qui la « faute », vraiment, et y avait-il une quelconque faute, d'ailleurs ? Il faut bien être deux pour danser le tango, n'est-ce pas ?

Seul Pierre pouvait tout gérer, de toute manière. Yves avait une totale confiance en lui, par-delà leurs différends. Yves le considérait comme « l'esprit le plus fort de France », « l'être le plus intelligent qu'il ait jamais rencontré ». Comment croire qu'un succès international d'une telle ampleur eût jamais pu exister sans la conjugaison de leurs deux forces spécifiques ? Pierre, à sa façon, était aussi génial qu'Yves. Très engagé et généreux dans son mécénat artistique et ses innombrables soutiens humanistes, sociétaux et artistiques, surtout tournés vers les causes des minorités, Pierre le bâtisseur était plutôt très économe dans la vie courante. En bon protestant, il respectait peu l'argent en soi, mais il savait ce qu'est l'argent, comment on le gagne et comment il doit servir, à lui et à d'autres que lui. Yves, à l'inverse, semblait se ficher complètement de l'argent, aimant juste en avoir pour le dépenser, affichant une générosité insouciante, comme si cet argent dont il était la source ne le concernait pas. Il suffisait que Pierre lui dise de moins dépenser pendant un temps pour qu'il se précipitât aussitôt chez ses antiquaires préférés pour dilapider des centaines de milliers de francs d'un coup. Souvent, il envoyait simplement les factures à Pierre. C'est qu'il avait vécu tant de frustrations dans sa jeunesse, pas sur le plan matériel bien sûr, puisqu'il appartenait à une famille de grands bourgeois d'Oran au sein de laquelle il avait joui d'une enfance heureuse, aîné de ses sœurs Michelle et Brigitte, choyé par ses parents. Mais son adolescence l'avait beaucoup meurtri. Sa mère

Lucienne m'avait raconté qu'elle et son mari, ayant bien compris que leur fils était différent – disait-elle pudiquement –, avaient pensé qu'il serait mieux dans une institution privée, et donc catholique. En vérité, les choses se sont plutôt mal passées pour Yves dans cette école certes privilégiée, mais intolérante. Il a fait l'objet d'ostracisme, de rejet et même de violences qui lui ont fait vivre son homosexualité avec culpabilité, sinon avec un autodénigrement et une contrition jamais digérés. « Malheureux à l'école, se souvenait sa mère, dès qu'il rentrait, il s'enfermait dans sa chambre et se jetait sur ses dessins. » Un soir que nous mangions du caviar à la cuillère, comme souvent, installés côte à côte sur son grand lit, Yves m'avait raconté cette scène où des « camarades » l'avaient coincé dans les toilettes pour lui enfoncer un manche à balai à travers son survêtement. Et puis, son homosexualité avait-elle vraiment été acceptée par les relations de son père Charles, assureur et propriétaire de cinémas fréquentés par le haut du panier de l'Algérie française ? Son homosexualité avait-elle mis ses parents socialement dans l'embarras ? Mystère total. Charles Mathieu Saint Laurent – Yves s'appellera également Yves Mathieu Saint Laurent jusqu'à la création de sa propre marque en 1961 –, était mort peu de temps avant que je ne rencontre Yves, et j'avais essayé d'aborder le sujet pour me heurter chaque fois à un silence de pierre tombale. Une seule fois, il m'a dit, les yeux dans le vague, que son père l'avait toujours adoré. Comme tous les sujets que l'on tait, j'avais bien compris que celui-ci était crucial, mais je n'en sus guère plus. La chevalière paternelle, gravée MSL, qu'il portait en permanence, tenait lieu d'aveu. La figure paternelle, autoritaire et punitive, constituait l'un de ses deux fantasmes préférés. Il aimait qu'on le « chauffe » comme il disait, qu'on le brusque et le punisse. Il me demandait de jouer le père courroucé, de le battre pour le dresser, ou bien il se fixait lui-même des vis aux tétons, expliquant que c'était la punition infligée par son père pour plusieurs heures et moi, qui ne savais que trop combien ce supplice était douloureux, j'en restais médusé. Son autre fantasme impliquait la figure machiste et dominatrice de Marlon Brando, auquel il disait que je ressemblais. Il se voyait en Blanche DuBois, l'héroïne méprisée puis abusée par Stanley Kowalski dans le film *Un tramway nommé désir*. «Je hais les bourgeoises, me disait Yves, et celle-ci en est une fausse, en plus, une sacrée flaque derrière ses grands airs de sainte-nitouche. Elle est comme moi », et le jeu était parti. Je le jetais sur le lit pour lui imposer les pires outrages, tandis que, tout comme Blanche, il minaudait en faisant semblant de s'offusquer.

Pierre était bien différent. Je n'ai jamais senti qu'il se déterminait en fonction de son homosexualité. Charentais né sur l'île d'Oléron, Pierre venait d'une famille moins fortunée, mais ses parents étaient des intellectuels athées, libres penseurs bien qu'avec un fort sens moral protestant. Ils ont su accepter que leur fils aille à Paris seul, à dix-neuf ans, sans avoir passé le baccalauréat, le laissant être ce qu'il était, faisant confiance en ce qu'il avait à vivre et à devenir. Et de fait, sa vie parisienne a été, dès le tout début, absolument exceptionnelle, peuplée de personnes – surtout des créateurs – hors du commun. Pierre se destinait à être journaliste ou écrivain, et ne respectait que les arts majeurs, littérature, peinture, sculpture, musique… tout comme Yves d'ailleurs. Au départ, Pierre considérait la mode comme un art très mineur, et Yves n'a jamais vraiment cessé de le penser. Pourtant, malgré ou grâce à cela, à eux deux ils ont élevé la mode au rang d'art majeur.

Les rampes de lancement respectives d'Yves et de Pierre n'étaient donc pas du tout les mêmes. Dès lors, les excès d'Yves ressemblaient à une forme de revanche hors limites tandis que Pierre m'a toujours semblé certain de son bon droit, en toutes choses. Se fascinaient-ils l'un l'autre ? Comment en douter ? Petit déjà, Yves découpait des modèles dans les magazines féminins de sa mère et leur imaginait des accessoires. Il a commencé à dessiner des robes dès la prime adolescence. Sa légende familiale disait qu'à l'âge de trois ans, voyant la robe de sa tante, il avait tant crié qu'il avait fini par obtenir de celle-ci qu'elle en changeât. Et puis, il avait fait ce rêve prémonitoire de sa future maison de haute couture : Yves Mathieu Saint Laurent Haute Couture, Place Vendôme, en lettres de feu. Ce rêve, c'est Pierre qui l'avait réalisé pour lui, avec lui. Pierre avait vendu tout ce qu'il possédait, dont son appartement de l'île Saint-Louis, pour réunir assez d'argent pour louer le premier local de la rue La Boétie où ils avaient constitué leur société, engagé des mannequins et du personnel, et démarré sans un sou. D'une réalisation à une autre, d'une collection moins appréciée à une autre triomphale, la société YSL avait mis quinze ans à faire des bénéfices. Je savais tout ça, j'en entendais régulièrement parler dans les bureaux lorsque j'étais chauffeur de Saint Laurent rive gauche et de Pierre Bergé. Je savais donc bien que, malgré ses dires et sa colère, Yves aimait toujours Pierre. L'inverse était également vrai, c'était d'autant plus évident qu'il ne l'avait jamais nié. J'atteste néanmoins qu'Yves m'a affirmé s'être souvent senti trahi et exploité de multiples façons.

Betty Catroux, avec drôlerie, me racontait qu'Yves ne l'appelait que pour se plaindre d'aller «très mal». Elle-même renchérissait dans cet humour noir, qui était aussi une véritable humeur noire. Yves prétendait que la solution était de quitter Pierre en même temps que les affaires, la création et son rythme éreintant. Au tout début de notre histoire, je l'ai cru. J'ai cru qu'il y croyait lui-même. Lorsqu'il est sorti tellement mal en point de la clinique de Garches, j'ai vraiment pensé qu'il voudrait rebâtir une nouvelle vie ailleurs, qu'il laisserait un autre le remplacer à la tête de sa maison, récupérerait son argent pour en profiter à sa seule guise. Et tout ça avec moi à ses côtés, puisqu'il m'avait choisi. En moins de six mois, j'ai compris que ce n'étaient là que velléités, même si j'ai mis encore deux ans à l'accepter tout à fait. Yves n'avait ni le courage ni l'intention de rompre, pas plus avec Pierre qu'avec les paramètres de sa vie.

Au final, Pierre et Yves auront vécu ensemble de 1958 à 1976, mais ne se seront jamais séparés. J'ai toujours pensé, et je ne suis certainement pas le seul car tout le monde a pu le constater de visu, qu'Yves était vraiment rincé lorsqu'il s'est retiré en janvier 2002. J'en ai pleuré devant ma télévision. Je répète que j'aurais aimé le sauver, je croyais vraiment devoir le faire, et de le voir ainsi détruit m'a affecté. Lors du dernier défilé, lorsqu'il a lu cette émouvante lettre d'adieu en tremblotant, il semblait vidé de son essence. Bourré de neuroleptiques et vidé de lui-même. Ultime preuve que son génie créateur et son génie autodestructeur furent inextricablement imbriqués. « Notre vie a tourné autour de l'alcool et des drogues pendant une quinzaine d'années, racontait Betty Catroux, mais il s'est foutu en l'air beaucoup plus vite que moi. » Yves portait des fantômes et des drames qui n'appartenaient qu'à lui.

La force d'Yves n'en demeurait pas moins réelle. Elle était ailleurs. Je parle de sa force de création fulgurante, inépuisable, intimidante surtout pour un total néophyte comme moi. J'en ai été témoin pendant les années vécues à ses côtés, années au cours desquelles il a produit cinq collections par an sans trahir ni son engagement ni son talent. Il faut dire que s'il doutait sans cesse de sa création, il avait un fort sens des responsabilités et ne s'imaginait pas trahir tous ceux qui dépendaient de sa capacité de créer encore et toujours, en particulier les membres de son studio de création auxquels il était tout particulièrement attaché. Chaque année, il produisait deux collections de haute couture et deux collections de prêt-à-porter, ainsi que la collection annuelle de prêt-à-porter Variation. Destinée au marché américain, cette dernière conjuguait le thème du bateau, de la croisière, avec des déclinaisons de marinières, de chapeaux, du sportwear casual. On parle toujours de ses créations pour femme, qui sont en effet les plus spectaculaires, et on oublie qu'il a longtemps dessiné la ligne Saint Laurent rive gauche pour homme. Il m'a dit avoir adoré ça, mais la dégradation de son état physique et mental l'en a finalement empêché. Il cessera définitivement de dessiner pour le prêt-à-porter en 1996, et la création sera confiée au styliste Alber Elbaz. Après 2002, c'est le styliste (et maintenant cinéaste) Tom Ford qui reprendra la direction de l'ensemble de la création.

À l'époque où j'étais avec lui, Yves affirmait déjà détester ce jeune styliste américain, peut-être surtout parce que Pierre Bergé respectait son travail. Je suppose qu'il a fini par admettre le talent de Ford, même s'il en a toujours été violemment jaloux. Pierre n'avait-il pas d'ailleurs annoncé, créant un de ces scandales qui ont assis sa réputation, que la haute couture était morte et qu'il n'existait plus que deux créateurs, Saint Laurent et Givenchy ? En privé, Yves l'approuvait. Lui-même avait adulé Christian

Dior et admiré Balenciaga, et c'était à peu près tout. À quelques reprises, nous avons parlé des autres créateurs. Il respectait Givenchy, sans doute parce que la comparaison ne pouvait se faire entre leurs styles. De Chanel, il aimait se moquer, bien qu'elle l'ait désigné comme son successeur. Il affirmait qu'elle avait certes un style et qu'elle était une légende, mais que ses tailleurs étaient faits pour être portés par des bourgeoises (la pire insulte dans sa bouche) et que les femmes qui s'habillaient en Chanel ressemblaient à Mademoiselle Chanel, alors que lui cherchait au contraire à adapter ses créations à la réalité de la vie moderne des femmes. Je lui avais rétorqué que Karl Lagerfeld avait complètement métamorphosé cela. Qui pouvait nier la révolution qu'il avait opérée avec l'honorable maison de la rue Cambon ? Yves avait souri, ne faisant aucun commentaire sur les créations de Lagerfeld pour Chanel, ou même Chloé, ne parlant que de son obsession permanente, le cul : « Karl, il aime les gros durs ! » avait-il lâché, sans un mot sur le fait qu'il fut jadis son ami, et que ces « gros durs », il les aimait tout autant… En privé, il raillait aussi Peggy Roche qui, elle, le vénérait, prétendant qu'elle « habillait les mémères » alors même qu'elle choisissait tant de modèles Saint Laurent rive gauche pour *Elle*… Quid des jeunes créateurs de cette époque ? De Jean Paul Gaultier, qui montait à l'époque, il disait qu'il n'était qu'un « accessoiriste » qui choquait mais qu'au fond « ce n'était rien ». Montana ? « Fétichiste du cuir » disait-il, mais il l'aimait bien quand même.

Mugler ? « Une belle ligne ». Une ligne qu'il aurait aimé porter mais, après quelques essayages en boutique, il a renoncé à cause de sa silhouette empâtée depuis plusieurs années, suite à ses problèmes de prostate soignés à la cortisone. Les Japonais, Yamamoto, Comme des Garçons ? Non. Il adorait les plissés de Miyake, le style de Kenzo, mais aucun autre. Azzedine Alaïa ? « Trop ostensiblement provocant ». Marc Audibet, inventeur du révolutionnaire tissu stretch et directeur artistique de Prada, entre autres ? « Juste du prêt-à-porter » balayait Yves d'un revers de la main, et pourtant Audibet créait déjà de stupéfiantes robes de haute couture. Bref, chez les Français, seul Christian Lacroix échappait à son mépris affiché. « Lacroix, c'est très beau, il a inventé un monde » reconnaissait-il, sans doute sensible au côté théâtral du couturier arlésien. Il reste que sa méchanceté était facilement gratuite, en plus d'être cinglante. Dans ses meilleurs jours, elle pouvait aussi être très drôle. Je me souviendrai toujours d'un dîner à *L'Orangerie* avec Yves, Brialy et Chazot qui malheureusement approchait de sa fin et parlait au travers de son intubation de gorge. Leur culture, leur éloquence, leur esprit piquant et caustique, même vitriolé, m'avaient littéralement fait éclater de rire.

Les conditions dans lesquelles a été créée la collection automne-hiver 1990 m'ont marqué à jamais. Il n'avait pas pu travailler sur la collection Rive Gauche du printemps 1990, et donc, forcément, énormément de monde l'attendait au détour, avec un arsenal de bazookas, espérant qu'il se planterait. Nombreux devaient être ceux qui espéraient que ce couturier multimillionnaire qui, selon eux, était devenu un has been après avoir tenu le haut du pavé de la mode internationale depuis trente ans, finisse par abdiquer au profit de la génération montante. Yves en était conscient, bien sûr, ce qui augmentait son angoisse. Pierre l'était encore plus et redoutait une probable catastrophe.

La principale raison pour laquelle il avait accédé au caprice d'Yves de vivre une histoire avec moi, a toujours été limpide à mes yeux : j'avais pour mission de requinquer Yves, de le rassurer, l'entourer en permanence, ne pas le lâcher d'une semelle, et tout ça pour qu'il puisse livrer. Pierre ne m'avait-il pas dit de « me débrouiller pour que ça marche » ? Pour que, malgré son délabrement physique, sa chevelure massacrée et teinte, ses tremblements et ses difficultés d'élocution, le tout plus provoqué que contenu par les neuroleptiques à dose d'éléphant, Yves soit présentable. Yves n'était pas que le créateur de la maison, il en était aussi le principal VRP, la mascotte. La mascotte était déglinguée. Du superbe jeune homme dont les photos fascinaient les femmes autant que les hommes, il était devenu le bouffon de lui-même. Comment quelqu'un d'aussi narcissique et orgueilleux qu'Yves vivait-il le fait qu'il vaille désormais mieux le dissimuler ? Il préférait en vérité se cacher lui-même. Avec moi. Pourtant, cette foutue nouvelle collection devait être présentée en juillet, point barre. En rentrant de Deauville à la mi-mai, il restait donc environ six à sept semaines pour y parvenir. Une véritable gageure, un coup de bluff, voire une épopée vaillante. D'autant plus que chaque fois que je lui rappelais l'échéance, avec l'air de glisser ça comme ça, Yves entrait en rage et refusait tout net de l'envisager. Il n'y aurait pas de collection haute couture non plus. Et c'était tout.

J'allais moi-même rendre les armes, quand la lumière fut, pareille à un éclair au milieu des ténèbres. Peu de temps après notre retour à Paris, le général Saint Laurent a commencé à fourbir ses armes. Du jour au lendemain, je l'ai vu plonger en état de création. Un état inimaginable, impossible à concevoir pour quiconque ne l'aurait pas vécu. Je ne peux le décrire que comme une forme de dépression profonde – une poussée de plaque tectonique *de profundis* comme disait Oscar Wilde –, de laquelle surgissait son inspiration. Ça m'a fait un sacré choc cette première fois-là, puis je m'y suis habitué au fil des collections suivantes. Cet état singulier, quasi comateux, le coupait de la réalité, encore plus dirais-je. Il se reproduisait chaque fois qu'il entrait dans la transe maladive qui caractérisait la première phase de son processus de création qui ne durait jamais plus, des croquis initiaux jusqu'au défilé lui-même, que quelques semaines. À dire vrai, je soupçonnais Yves de procrastiner jusqu'au dernier moment où, sous la pression, il enclenchait le processus le pied au plancher, entraînant toute la maison YSL dans un élan affolant, mais porteur. Et cette folie créatrice se reproduisait cinq fois par an, surtout autour des collections haute couture, car pour Rive Gauche et Variation, il reprenait et adaptait des modèles de la haute couture et déléguait beaucoup à ses principaux bras droits, Anne-Marie Muñoz, reine de la robe, et Jean-Pierre Derbord, pape du tailleur... Mais même ainsi, le rythme était éreintant. Rien que de le vivre à ses côtés avait fini par m'angoisser et m'épuiser moi-même. C'est dans ces semaines fatidiques, où je le voyais souffrir atrocement, vieillir de cent ans en quinze jours, dormir peu, malgré les médicaments, fumer sans discontinuer, attendre une vision jusqu'à ce qu'elle s'impose à lui, douter, reprendre, tout balancer à la poubelle, s'emporter, recommencer... que j'ai vu sa vraie force. Au cœur même de sa plus intense fragilité, il me semblait d'un coup un géant, un surhomme. Et moi, je me sentais infiniment petit, inutile, pour ne pas dire exclu.

Par un venteux matin de mai 1990, je suis entré dans la chambre de mon compagnon de vie pour le réveiller, comme je le faisais chaque matin. Et je suis resté figé sur place, tétanisé par l'état dans lequel je le découvrais. Une loque, prostrée sur le bord de son lit, courbé en deux, le regard au sol, la cafetière posée à ses pieds engoncés dans ses chaussons, la Kool menthol au coin des lèvres. Il n'était pas huit heures et il avait déjà beaucoup fumé, comme en témoignait l'épais nuage qui remplissait la pièce pourtant spacieuse.

– Coucou, c'est moi... ai-je dit d'un ton qui se voulait plein d'entrain, même si une boule venait de nouer mon estomac.

Yves a levé le menton vers moi et j'ai vu. Il n'y avait pas de doute. Il était parti loin, profond, dans une contrée de moi totalement inatteignable. Son regard bleu était délavé, dilaté et vide, ou plutôt habité de vide, comme si son âme avait rejoint une autre galaxie. Son corps, lui, était rompu, échoué sur ce bout de lit. J'ai eu peur. Peut-être que ceux qui vivent dans la proximité de créateurs connaissent ce genre de bizarre absence, mais moi, je venais d'un milieu où les artistes étaient aussi courants que les Martiens. J'ai cru qu'il faisait un malaise, une rechute. Puis j'ai vu les feuilles sur son bureau Louis XV. Des dizaines de dessins en noir et blanc, des esquisses, des feuilles jetées au sol, d'autres déjà finies, soigneusement posées à l'extrémité du meuble, sous l'égide protectrice de la statue en bronze de Silène, dressé sur son socle en marqueterie Boulle. Yves m'avait expliqué qui était ce satyre, fils d'Hermès et compagnon de Dionysos, et je trouvais que ça lui correspondait bien. J'ai compris qu'il s'était mis au travail alors que, la veille au soir encore, il affirmait qu'il ne le ferait pas, que Pierre pouvait toujours attendre, etc., etc. J'ai traversé la pièce pour ouvrir la fenêtre et aérer un peu. Un vague sourire a enfin étendu les lèvres d'Yves. Content de me voir, son regard est furtivement revenu sur terre, avant de glisser à nouveau vers d'autres horizons.

– Tu veux prendre ton petit déjeuner ? ai-je demandé, ne sachant que dire, que faire.

Il a secoué la tête, puis s'est péniblement relevé pour s'échoir sur la chaise devant le bureau. Il voulait continuer, et rien d'autre. Il ne rentrerait de cette lointaine galaxie faite de dépression et d'absence hagarde que lorsqu'il serait satisfait, bien que l'adjectif fût abusif... Tant qu'il n'avait pas vu un modèle sur un mannequin – et il adorait ses mannequins avec qui il entretenait une forme de drague mutuelle permanente –, il n'était pas convaincu par ses croquis. En quinze jours, des centaines de croquis, un millier peut-être, dont cent cinquante à deux cents resteront, après un minutieux tri effectué avec Anne-Marie Muñoz et Loulou de la Falaise, et parfois ses premières et premiers d'atelier.

C'était donc la première fois que je voyais Yves entrer en création comme d'autres entrent en religion. Imbibé de tout ce qu'il avait vécu et ressenti récemment, il semblait appuyer sur la touche *restituer* lorsqu'il se mettait à dessiner. À dessiner et dessiner, toujours dans sa chambre de l'appartement du 55, rue de Babylone, en tout cas pour ce que j'en ai vu pendant le temps passé auprès de lui. Je sais qu'on a dit qu'il s'enfermait dans sa datcha de Bénerville, ou à la villa Oasis de Marrakech pour ce faire, et ça a sans doute été le cas, mais pour ma part, je ne l'aurai jamais vu créer ailleurs qu'à Paris, enfermé dans sa chambre, confondant la nuit et le jour. À la villa Oasis de Marrakech, Yves et moi séjournions rituellement deux fois par an pendant trois semaines : en avril-mai après les défilés haute couture printemps-été, rive gauche et Variation respectivement présentés en janvier et en mars ; puis en novembre-décembre, suite aux défilés haute couture automne-hiver présenté en juillet, et Rive Gauche présenté en octobre. Ces rendez-vous de décompression étaient aussi strictement programmés que les collections qui les avaient précédés. Au Maroc, pendant les dix premiers jours, Yves ne quittait pas son pyjama, ou sa djellaba, traînant de son lit à l'une des nombreuses banquettes orientales recouvertes de coussins, barbotant un peu dans la piscine puis retournant dormir entre deux repas et deux tasses de thé à la menthe trop sucré, qui remplaçait sporadiquement les boissons gazeuses qu'il buvait désormais par litres à Paris. « Tout petit, j'adorais nager, me racontait-il. Je nageais beaucoup dans la piscine, avant. » Il ne le faisait plus. Il était brûlé et prenait simplement le temps de reconstituer ses forces à mes côtés, sans prononcer plus de quelques phrases par jour. À cette époque, Bénerville était surtout le lieu de Pierre, et Marrakech surtout celui d'Yves, ce qui ne signifie pas qu'ils n'allaient pas tous deux ici et là, mais entre 1990 et 1992 ils se sont arrangés pour ne jamais se croiser. Il fallait se concerter par interlocuteurs interposés pour planifier leurs vacances et ne jamais risquer qu'ils se retrouvent au même endroit, fût-ce à Bénerville ou à Marrakech. J'étais évidemment l'un de ceux qui y veillaient. « S'il se présente à la Villa Oasis, il mangera les nénuphars par la racine » m'avait dit Yves à plusieurs reprises. Je ne sais pas si ça se voulait drôle, mais au vu de son état instable et explosif, je préférais éviter tout dérapage.

J'avais été l'objet sexuel de Pierre et j'étais devenu l'amant dominateur d'Yves. J'étais passé de l'un à l'autre, d'un côté puis de l'autre du fouet, mais je me trouvais encore entre les deux. C'était la pire des places. La mienne.

À Paris, pendant le processus de création, l'anxiété ne me quittait pas. Je ne savais pas quoi faire pour atténuer la sienne. Je savais combien Yves détestait les foules, les honneurs, les cérémonies. Je n'ignorais pas non plus qu'il finissait toujours par être heureux de recevoir des compliments, content de parler de ses créations. Il disait souvent que la célébrité, il l'avait appelée de tous ses vœux, il avait été fier qu'elle arrivât si vite, à dix-neuf ans, dès la première collection Christian Dior qu'il avait créée après la mort brutale de celui-ci, mais que cette célébrité était aussi le piège de sa vie. Il était timide, souvent gêné en public, alors qu'il pouvait être si volubile et drôle en comité intime. Et de toute façon, ni sa timidité, ni sa réserve, ni même son état dépressif durant les semaines de création n'entamaient sa force intérieure et sa farouche volonté. Yves Saint Laurent avait refusé de faire la guerre à l'Algérie, son jardin d'Éden perdu, mais il n'en était pas moins un guerrier. Le mot n'est pas trop fort. Produire autant de collections chaque année, année après année, représentait son combat de général en chef d'une sacrée armée de bons soldats.

Mais ne descendait-il pas d'une double lignée, paternelle et maternelle, de combattants[26]? Sa mère, Lucienne, fille naturelle d'un légionnaire... Son père, Charles, héritier d'un titre et d'une fortune mais aussi d'une ascendance d'hommes de loi, *lignée de robe* selon l'expression consacrée. De là à dire qu'Yves a mené, toute sa vie durant, une «guerre des robes» n'est même pas exagéré. Et puis sa double ascendance, à l'opposé de celle de Pierre Bergé, témoignait de mixages et de migrations, Belges, Alsaciens, Espagnols, Mexicains... partis en Algérie française comme vers un nouvel éden en 1870. En 1963, ces pieds-noirs algériens vivront un exode inverse, sans jamais parvenir à s'enraciner en France. Comment, sa mère, son père, la famille de sa sœur cadette auraient-ils survécu sans le combattant noble et fidèle qu'Yves se révéla être?

Guerre des robes, donc, cinq fois par an. Durant la phase d'émergence pendant laquelle il dessinait sans cesse, il pouvait rester enfermé nuit et jour, venant sporadiquement à table sans parler. Je tenais à lui signaler ma présence, tentant d'être son petit rayon de soleil, entrant dans sa chambre avec une gentille parole qui lui tirait un sourire, ou parlant, mais pas trop, pendant les repas, car il fallait respecter la concentration qui lui était nécessaire même si elle m'effrayait, surtout au vu de l'extrême fragilité de son psychisme émotif de ce printemps 1990. Je ne parvenais pas à entrer dans sa tête ni dans son monde, mais je tenais à ne

---

26 *Saint Laurent, Mauvais garçon*, op. cit, p.227 à 233.

jamais être trop loin. Garde du corps, garde du cœur, garde de l'âme, peut-être... Avec hésitation, je sortais me promener un peu, j'allais visiter quelques amis, jamais longtemps, mais la plupart du temps, je restais dans mon lit, sur l'épaisse couverture en loup offerte par Yves et sur laquelle son chien Moujik – Moujik III je pense, les deux précédents étant morts – venait s'allonger. Moujik était un cabot teigneux, qui aboyait méchamment et mordait tout le monde, mais moi, allez savoir pourquoi, je l'avais amadoué dès le premier jour. Il me suivait partout, frétillant, se couchait à mes côtés et, un jour que je n'étais pas là, il avait mordu et arraché des morceaux de la couverture de fourrure. J'étais vraiment furieux, mais Yves avait ri. Pendant qu'Yves dessinait, jetait, recommençait, déchirait à nouveau, Moujik et moi étions plus copains que jamais, plus à la satisfaction du chien qu'à la mienne. Il nous arrivait même d'aller arpenter ensemble les allées du Jardin du Luxembourg. Cela n'arrivait que durant ces semaines-là. Moujik semblait le savoir et se tenait bien. C'était dans son intérêt.

Yves pendant ce temps continuait de voguer dans ses profondeurs à bord du Nautilus de son inspiration, laquelle, depuis trente ans, n'avait jamais tari, malgré le dérèglement aggravé de sa psyché et de son organisme. D'où lui venait-elle ? Agnès b. a raison, il a rendu les femmes belles et puissantes, même si, en privé, il disait des horreurs sur les femmes. C'est pourquoi je n'affirmerai pas comme Agnès b. qu'il aimait les femmes, mais il les magnifiait, c'est certain, de cette beauté audacieuse, affranchie et affirmée qu'il a manifestée comme un parti pris capté dans l'air du temps. Le temps présent, la modernité, les gens dans la rue, un détail vestimentaire, une palette de tons ou de tissus, un mélange audacieux, une dégaine qui retenait son attention et qu'il réinventait dans une version luxueuse. À partir des imprégnations venues d'ailleurs divers, de Paris et d'Europe, de New York mais aussi des ailleurs du Maroc avec ses formes, ses couleurs, ses portés inattendus. Mais je suppose qu'il ne faut pas oublier que ces couleurs vives et leur association non conventionnelle étaient aussi celles de son enfance algérienne, qu'il réinventait. De culture classique, il avait emmagasiné la modernité d'autres pour la restituer à sa façon. Ce serait mal le connaître de ne pas dire qu'il puisait aussi dans son immense et, pour moi, intimidante culture artistique. Son amour des arts majeurs, sa connaissance de l'histoire de l'art, son amour, global et sélectif à la fois, de la musique, de la peinture, de la sculpture, du théâtre, du cinéma, de la photo, mais aussi des arts décoratifs et du design, associé à sa passion pour la vie nocturne, la nuit comme un monde à part qui possède et véhicule des critères hors des normes, ou alors en prévision des normes à venir... son inspiration venait de tout cela. À moi qui ne connaissais rien, il pouvait parler des heures d'un peintre ou d'un artiste, mort ou vivant, qu'il connaissait parfois personnellement.

Si les innombrables romans de la bibliothèque appartenaient principalement à Pierre, la non moins considérable quantité de livres d'art restait surtout le domaine d'Yves. À mes yeux, ses étagères étaient dignes de la bibliothèque du Centre Pompidou. J'adorais les heures qu'il prenait à me les montrer, me faisant découvrir son admiration pour le costumier de théâtre Leon Bakst autant que pour le peintre, illustrateur et scénographe Christian Bérard qu'il admirait presque autant que David Hockney, dont les bleus et les associations de couleurs vives le fascinaient. « Je voudrais qu'il fasse ton portrait » me disait-il, mais ça ne s'est pas fait. Il me parlait de sa fascination pour les peintres qu'il a littéralement transformés en robes, Mondrian, Matisse, Braque, Picasso, Van Gogh, Cocteau aussi, qu'il a connu et fréquenté durant les deux dernières années de la vie de celui-ci. Pierre Bergé est aujourd'hui le responsable légal de l'œuvre de Jean Cocteau et il a largement contribué à faire restaurer sa maison de Milly-la-Forêt. Lorsque je vivais avec Yves, j'avais plusieurs fois suggéré à Yves d'acheter personnellement cette maison et il avait été sur le point de le faire, du moins le disait-il, puis il a reculé. De toute façon, il n'était vraiment bien qu'entouré de beauté, entouré de ses tableaux, de son immense collection d'art réunie au fil des ans. Dans l'appartement flottait toujours un air d'opéra et quand il ne relisait pas *L'amant de Lady Chatterley*, il relisait *Du côté de chez Swann*, son personnage alter ego. Il ne lisait que peu de romans, néanmoins, préférant de loin ses beaux-livres. Le lecteur compulsif, c'était Pierre. Moi qui occupais la chambre qui avait été la sienne, je le savais bien. Il y avait encore des ouvrages partout, souvent dédicacés à son nom.

Le cinéma et le théâtre auront donc beaucoup influencé Yves Saint Laurent. Il avait créé des costumes de cinéma pour *Belle de jour* de Buñuel, ou pour *Stavisky* d'Alain Resnais, mais sa passion première, et sans doute sa plus directe influence, demeurait le théâtre. Il avait eu sa première et inoubliable émotion théâtrale en assistant dans son adolescence à la représentation de *L'école des femmes* présentée par la troupe de Louis Jouvet à Oran. Quant au cinéma, il était tombé dedans quand il était petit, de par le métier de son père. Inspiré par les costumes, il en créera tout au long de sa carrière, costumes de théâtre et de music-hall, pour des artistes très éclectiques, tout comme il s'inspirera du cinéma, du théâtre et du music-hall pour ses propres créations. Il voyait ses modèles comme des œuvres d'art en mouvement, comme sur une scène de théâtre. C'est ce que j'ai compris de lui. Des spécialistes ont abondamment parlé de sa création et je ne suis pas le plus aguerri pour le faire, mais s'il a su me faire comprendre sa vision artistique, c'est qu'il a réussi à la transmettre au plus grand nombre. Ça me bluffait complètement. Et de savoir que cela sortait après un tel état de torpeur, de dépression mélancolique mais immensément productive, où il donnait tout de lui-même, ne m'en émouvait que plus.

La collection automne-hiver 1990 a représenté, pour toutes ces raisons, une improbable résurrection, une collection du miracle. Certes, il n'y a eu « que » cent vingt-six robes au lieu des quelque cent quatre-vingt-dix habituelles. Ce n'était peut-être pas sa plus extraordinaire collection, malgré quelques pièces très remarquées. Mais son audace était intacte. Toujours sa volonté de détourner les codes masculins, toujours ses mannequins exceptionnels, à l'allure et à l'aplomb singuliers. Toujours ses silhouettes ultra-sexy[27]. Ses croquis étaient déjà très beaux, très précis, avec des détails mis en évidence. Il ne les signait jamais sauf si je lui demandais de le faire pour moi et de me le donner, ce qu'il faisait gentiment. Pensait-il, en faisant si attention à ses esquisses, qu'elles se retrouveraient un jour exposées dans une fondation ou dans un futur musée ? En tout cas, il soignait le tout, ce n'était jamais des brouillons à moitié finis. Il avait surtout un réel souci de ce qu'il donnerait à exécuter aux artisans experts de son studio de création. Une complicité vraie le liait à ses ouvrières et ouvriers. Ayant déjà vendu la société YSL au Gucci Group, Pierre et Yves l'ont rachetée en 2002, pour un euro symbolique, le temps de régler le plan social et de protéger, peut-être, les quelque cent soixante personnes qui avaient fait exister les collections. Yves m'a souvent parlé de sa reconnaissance pour tous les membres de ses ateliers de création.

Après la première phase des croquis, arrivait la phase de production qui durait plus ou moins un

---

[27] Voir le contenu précis des collections de 1961 à 2002 sur le site de la Fondation Pierre Bergé-Yves Saint Laurent.

mois. Yves déménageait presque complètement dans son studio de création situé au siège de la société, 5, avenue Marceau, des jours, et parfois des nuits, passés en continu avec ses complices, jusqu'au jour J tellement redouté du défilé. Pierre Bergé et Clara Saint passaient par le studio, préparant tout en arrière-plan, s'inspirant pour pouvoir organiser le défilé puis les ventes. Yves doutait toujours de lui-même, de manière quasi maladive. Pierre se montrait rassurant, encourageant, souvent médusé lui aussi. Sur ce plan, ils ne se seront jamais trahis l'un l'autre. Mais Yves ne montrait jamais ce dont il n'était pas absolument satisfait et pouvait entrer dans des rages mémorables pour un détail. Un minime détail de travers, ça ne pouvait évidemment pas exister dans ce monde-là. Pendant ces phases de production, je me tenais plus en retrait, mais il aimait savoir que j'étais disponible, dans les parages, quelque part pas loin dans un bureau proche et qu'il pouvait m'appeler, passer me voir, à sa guise. Ça le calmait au milieu des tourments qu'il continuait de vivre durant cette seconde phase de la création, moins dépressive que la première car moins solitaire, mais tout de même extrêmement périlleuse.

Alors, comment une collection voit-elle le jour à partir des croquis initiaux ? De mon point d'observation, cela se passait ainsi : un jour, Yves quittait son pyjama, s'habillait soigneusement et s'en allait porter ses croquis, chacun conçu pour un mannequin spécifique, au studio de l'avenue Marceau, donnant le coup d'envoi de la partie collective de la création. Les croquis étaient triés, puis présentés à ses collaborateurs. Chaque chef d'atelier choisissait le modèle qu'il allait créer, effectuait le modèle en toile à patron blanche, distribuait les modèles à chaque couturière ou couturier qui devenait responsable de son exécution jusqu'à l'achèvement. Chaque chef d'atelier présentait les toiles à Yves qui les approuvait ou les désapprouvait une par une, discutant du modèle, suggérant et prenant les avis des premiers d'atelier. Après des retouches et des rectifications, ensemble ils commençaient à choisir les tissus, les couleurs, les matières pour la fabrication finale.

Anne-Marie Muñoz, rencontrée chez Christian Dior en 1957 et devenue directrice et administratrice du studio Saint Laurent, Loulou de la Falaise, sa muse de longue date, Jean-Pierre Derbord, également venu de chez Dior, constituaient sa garde rapprochée durant cette période. Une spécialiste particulière avait aussi travaillé avec lui dans les années 1970, Felisa Hirigoyen, venue de la mythique maison espagnole Balenciaga. Elle lui avait appris les volants et le biais. Yves m'avait montré des photos de la collection 1976, qu'il trouvait très belle et qui avait été la première collection à être présentée hors les murs du siège social de l'avenue Marceau, sur une idée de Pierre qui avait organisé un vrai show sur une estrade, avec des effets visuels et sonores. Aujourd'hui, on sait que chaque défilé est un spectacle qui doit étonner chaque fois, mais on sait moins que c'est YSL qui a lancé cette façon de faire et qui a définitivement révolutionné le concept même de présentation de mode.

    Son équipe lui était tellement dévouée, c'était fou. Parfois, le matin au petit déjeuner, je l'entendais téléphoner à Anne-Marie Muñoz pour lui donner des directives auxquelles il avait pensé en se réveillant, ou alors le soir, alors qu'ils venaient tout juste de se quitter au studio. Je me disais que cette équipe lui était dévouée, disponible et fidèle aussi, pour ainsi dire jour et nuit, un peu comme moi, du reste. Au printemps 1990, la collection a été faite encore plus vite que d'habitude, dans une ambiance encore plus électrique parce que tous savaient qu'Yves ne tenait qu'à un fil, si j'ose dire, c'était manifeste. Au fil des jours et des nuits, d'effet en effet et de mutation en mutation, les modèles prenaient forme définitive sur le corps d'un mannequin vivant qui se tenait prêt à présenter le modèle autant de fois que nécessaire. Assis à côté des premiers d'atelier, Yves regardait ses modèles non pas de face mais dans le miroir qui tapissait un pan entier du studio. C'était ainsi qu'il voyait les imperfections éventuelles et jugeait de l'ensemble grâce au recul et au reflet du miroir. Un jour, il m'avait expliqué : « C'est la tactique de la méduse. Il faut regarder de biais, car frontalement on ne voit rien, on risque d'être médusé. » Comme je ne comprenais pas, il m'avait donné un livre sur les mythes grecs qu'il affectionnait. J'avais ainsi découvert le mythe de la Méduse, qui m'a aidé à comprendre, il est vrai, une parcelle du processus qu'il évoquait. Ainsi, pendant ces quelques semaines, l'œil rivé au miroir (bien évidemment, il examinait aussi chaque modèle de très très près avec ses complices), Yves voyait peu à peu s'incarner ses croquis, forcément mieux que ce qu'il avait imaginé tout seul dans sa tête. À chaque fois, le miracle opérait. Au milieu de cette famille de cœur et de talent, un jour avait lieu l'épiphanie, à chaque fois renouvelée. Les modèles essayés, réessayés, les corrections infinies – corrections de manches, de longueurs, de plis –, les essais et les choix de tissus, de couleurs, d'accessoires, les détails précieux comme les broderies – une signature apprise chez Christian Dior, même s'il ne faisait pas que des tiges de muguet –, finissaient par exister pour de vrai sur de vrais corps. Les cols, les boutons, les poches, les poignets, les revers, les ceintures, le plissé ou l'entravé, le bombé, le ballonné, le froncé, le volanté ou l'ajusté, le drapé de jour ou de soir, le tombé d'épaules ou de hanches, et puis ensuite les finitions, si déterminantes, une par une, repassées au fer par des repasseurs experts, puis examinées à la loupe du créateur et de ses premiers collaborateurs. Yves tutoyait mannequins et membres de son équipe, mais eux l'appelaient Monsieur. Cette création à bride abattue se passait néanmoins dans un grand calme respectueux et complice, indispensable pour tenir l'angoisse à distance. Anne-Marie Muñoz trouvait des solutions, avec un calme olympien. Yves, alors, pouvait demeurer concentré et quasi paternel. Il pouvait rassurer et féliciter son équipe dont il appelait les membres « mes enfants », déterminé à leur montrer qu'il avait presque plus confiance en eux qu'en lui-même. Aussi gros fumeur que son père, il fumait des Kool menthol sans discontinuer, jouait un instant avec Moujik puis s'émerveillait devant le tombé, le mouvement, d'une robe. « Ravissant » c'était son mot. S'il souriait, alors là, tous respiraient enfin.

Dans un de ses livres[28], Christian Dior parle de cette période de production en des termes qu'Yves, me semble-t-il, aurait pu faire siens : « *Le soir venu, dans le silence de mon bureau, alors que la maison s'engourdit enfin, il m'arrive de penser à mes équipes, à ces joies et à ces douleurs qui sont en harmonie exacte avec les miennes. J'éprouve parfois des remords car il me faut bien m'avouer que j'ai dû, pendant cette période, en dépit de mon souci de diplomatie, prononcer des mots désagréables.* »

Une anecdote caractéristique me revient : une semaine avant la date fatidique du défilé de juillet 1990, je me suis levé un matin et Yves n'était pas à l'appartement. J'étais atterré. Comment ne l'avais-je pas entendu sortir ? Et où avait-il bien pu aller ? Il travaillait en studio depuis trois semaines et il me semblait que tout avançait bien, et tous le pensaient d'ailleurs. Tous, sauf lui, apparemment. Ce matin-là, il était parti au studio, seul, et avait piqué une colère mémorable, hurlant « que c'était juste de la merde ».

---

28 Christian Dior, *Christian Dior et moi*, Librairie Vuibert, 1956.

Il avait tout envoyé balader, pour tout recommencer à zéro, alors qu'il restait une semaine avant la présentation. Je n'y croyais pas. Déjà harassés, tous ont travaillé d'arrache-pied jusqu'à la dernière heure. Preuve s'il en fallait qu'Yves était bien une force faite homme. C'était comme si sa force créative échappait à tout, surgie d'on ne savait quel recoin inatteignable de son être. Le génie créateur brûlait en lui d'une formidable énergie de vie, d'un désir de beauté, de couleurs, *de luxe, d'ordre, de calme et de volupté...* La question est de savoir si, à cette période charnière, il y serait parvenu sans l'équilibre que j'essayais de lui apporter au quotidien. Je ne sais pas. Je crois que d'une manière ou d'une autre, il l'aurait fait, parce que c'était bien lui qui avait révolutionné la garde-robe féminine en y incluant des smokings pour femmes, des trenchs et des cabans, des sahariennes, des blouses transparentes portées sur des seins nus, des robes tableaux, des couleurs orientales et des blancs éclatants comme les sommets de l'Atlas, des drapés de soie et des robes de princesse russe, le goût de la rue et des ailleurs pour une mode ultra-parisienne. Moi qui n'en savais rien, j'entendais dire qu'il avait été génial jusqu'à quarante ans, donc jusqu'à la fin des années 70. Mais il a continué à créer, étonner et subjuguer, souvent, vingt ans de plus. Sa création était peut-être moins révolutionnaire, mais sa signature est demeurée unique jusqu'à la toute fin.

Avant sa disparition en 2011, son amie et collaboratrice Loulou de la Falaise, créatrice de bijoux pour la maison YSL puis pour d'autres, a dit de lui : « J'aimais son côté pas gogo du tout, sa facilité à ne pas suivre les modes, sa capacité à simplifier, son refus des effets gratuits. Son goût pour l'épure, pour l'élimination du travail savant m'épatait... J'aimais le côté moderne d'une blouse qu'on pouvait porter avec une robe à traîne comme avec un short en coton blanc. J'admirais son perfectionnisme et sa maîtrise du métier qui était hors-normes. J'admirais sa façon de laisser toujours une place entre le vêtement et le corps, qui laissait la tenue frémir sur la silhouette au lieu de la mouler. J'aimais aussi sa fierté, son amour de la compétition et du challenge. Il était très à l'écoute et quand il n'avait pas la réaction qu'il attendait, il se défonçait pour nous épater[29]. » Adorable, rieuse et sérieuse Loulou de la Falaise qui l'aimait. Elle n'était pas la seule. Anne-Marie Muñoz insistait pour sa part sur le sens de la mesure, de l'exacte proportion. La première fois que j'ai entendu cette phrase, j'ai failli éclater de rire. Yves Saint Laurent, la démesure incarnée, était donc capable de maîtrise et de mesure dans sa création... Plaisanterie à part, je savais que c'était vrai. Ô combien.

Arrivait enfin le jour du défilé. Yves y parvenait exsangue, les traits à la fois fripés et bouffis. Ce matin-là, il ne mangeait pas ou, au contraire, mangeait beaucoup trop. Il s'enfermait dans la salle de bains,

---

29 *Loulou l'extravagante*, interview de Paquita Paquin, *Pure Trend*, 26 avril 2010.

Fabrice Thomas
par Jeanloup Sieff,
Paris, 1991

Couverture du magazine
Vanity Fair de juillet 2013.
Olivier Bouchara signe l'article.

En Juin 1959, Mariage des parents de Fabrice Thomas, Renée Buloup et Michel Thomas à Corbeil Essone.

René et Michel, en 1959, jeune et joli couple qui bientôt plongera dans l'enfer.

Fabrice a 15 mois, avec sa mère Renée et sa sœur Lysiane

« Je trouve mes parents très beaux, surtout ma maman » dit souvent Fabrice Thomas

Réunion de famille chez les Thomas en 1967. Au centre, devant Michel Thomas, Fernand, l'amant de celui-ci. « Je l'appelais tonton Fernand » se souvient Fabrice.

Fabrice Thomas et Yves Saint Laurent en novembre 1991, à Marrakech devant la Mamounia.

Yves Saint Laurent jeune, la silhouette parfaite, sculptée par la natation.

Bras-dessus bras-dessous toujours à la Mamounia, en 1991.

« Zouki » au réveil, dans sa chambre à la Villa Oasis au Maroc.

Après un dîner à L'Orangerie, le célèbre restaurant de Jean-Claude Brialy (1992)

Yves et Moujik essaient la Thunderbird que Fabrice vient de s'offrir (1991)

Au réfectoire de la cantine-photo, en 1988, Pierre Bergé
et Fabrice Thomas, un geste presque protecteur

En novembre 1991, Fabrice lors de son trentième anniversaire,
en compagnie de Catherine Deneuve, amie intime d'Yves Saint Laurent,

Yves Saint Laurent n'aimait pas trop les fêtes,
mais quand même, en 1991...

Mais qu'est-ce que je fais dans cette histoire ?
Fabrice finit par déprimer en 1992, au maroc.

Fabrice Thomas avec Natacha Dumoulin, son épouse actuelle,
devant leur maison à Lachute (Québec), juin 2017.

consterné par sa propre allure, et c'est vrai qu'il avait une tête à faire peur. Lui-même avait peur au-delà de ce mot. La dépression créatrice, puis la production acharnée en atelier, laissaient la place, au moment de présenter le résultat, à un indicible effroi. « Fais quelque chose pour moi, me disait-il alors, réclamant mon aide, sinon je n'irai pas. » Il ne voulait jamais y aller, de toute manière. Il détestait les obligations, les mondanités, les cérémonies officielles, or un défilé, c'était un concentré de cela. Que faire pour lui ? Je commençais par une dizaine de coups de badine de bambou, bien cinglants. Puis j'éjaculais sur son visage. Il tartinait mon sperme chaud en un masque régénérant qu'il gardait jusqu'à ce qu'il sèche. « Si ça marchait pour Cléopâtre, affirmait-il, ça marchera pour moi. » De fait, l'effet en était étonnant. Il se lavait ensuite puis étalait du fond de teint, se peignait, s'habillait avec soin puis se parfumait.

Arrêtons-nous sur les parfums, car comment passer sous silence les parfums Saint Laurent qui ont tant marqué la parfumerie mondiale, et pèsent pour une large part dans le chiffre d'affaires[30] de la société Yves Saint Laurent SAS ? Quel parfum portait-il ? J'ai évoqué les effluves de l'*Eau Sauvage* de Dior qui m'étaient restés dans les narines depuis ma rencontre fortuite avec lui à l'âge de sept ans. Durant notre vie commune, il en conservait toujours quelques flacons, à Paris et à Bénerville, mais ne le portait plus que

---

30 Chiffre d'affaires 2016 : 212 715 939 €.

rarement, préférant *Mouchoir de Monsieur*, de Guerlain, son préféré je crois, et que j'adorais aussi. Dans les parfums YSL, il privilégiait la fraîcheur citronnée d'*Eau Libre*, qui appartenait, à vue de nez, à la même famille qu'*Eau Sauvage* et *Mouchoir de Monsieur*. Mais il y avait aussi ce que j'appelais les dérapages. Pendant la période où j'ai été son chauffeur de nuit secret et que je le conduisais d'une boîte de nuit à un bouge glauque tout vêtu de cuir noir, il s'enduisait littéralement du parfum *Paris*, ou *Kouros*, des cauchemars lourds et sucrés, d'autant qu'il s'en déversait au moins une demi-bouteille sur le corps. La voiture empestait, et moi-même je n'arrivais pas à en débarrasser mes habits ni mes narines pendant des jours. Entre l'odeur des drogues qu'il allait chercher chez le Chinois de la Madeleine, les relents d'alcool, de sperme et ces fragrances trop capiteuses, j'avais juste envie de vomir. Dans le même esprit addictif et exagéré, loin de toute mesure, il aurait pu s'enduire d'*Opium*, mais non. « Ce n'est pas pour moi » me précisa-t-il un soir, me laissant dubitatif. Et moi ? Je portais *Y* pour homme, auquel je suis longtemps resté fidèle et qu'Yves appréciait beaucoup sur moi. Bizarrement, les parfums les plus subtils, *Eau Libre* et *Y*, ceux que lui et moi préférions, dérapages nocturnes mis à part, ont été ceux qui ont le moins marché.

Revenons au matin du défilé. C'était toujours la même chose : nous partions exactement dix minutes avant le début. J'en avais des sueurs froides, sûr, à chaque fois, que nous arriverions en retard. Mais, en fait, nous arrivions avec une ou deux minutes de retard seulement. Pierre Bergé pendant ce temps s'énervait aussi, forcément, mais veillait sur tout, imparable, autoritaire, organisant le temps et l'ordre de passage des mannequins, mettant la pression sur tous, y compris sur Yves, mais c'était bien à ce prix que tout fonctionnait. Car, au bout du compte, ça fonctionnait. Toujours. Je restais près d'Yves en coulisse, silencieux et attentif. Yves avait besoin de me voir là. Dans ces moments, je me transformais en nounours cajoleur, tandis que Pierre, indispensable Monsieur Loyal, finissait toujours ému, soulagé mais aussi subjugué. Alors éclatait la joie d'Yves, une joie libératrice, presque enfantine, qui effaçait toutes les étapes franchies. Nous faisions toujours un dîner intime à la maison après le défilé. Yves était vidé, mais serein. Pour quelques heures seulement.

Dès le lendemain du défilé, mon célèbre compagnon se levait blême, hagard, le mégot au coin de la bouche, pas plus heureux que d'ordinaire. C'était comme si la veille, nous étions allés poster une lettre. Il semblait à peine soulagé d'avoir réussi à renouveler l'épreuve de force miraculeuse que représentait la naissance d'une collection, et d'autant de collections en une année. Il n'était jamais satisfait, malgré les compliments. « La prochaine, je n'y arriverai pas » me confiait-il dès le réveil, de nouveau déprimé. En une seule nuit, Yves avait oublié son propre talent, ses trente ans de talent, et ne semblait pas s'en préoccuper, n'affichant jamais aucune fierté, comme si tout cela n'était que quantité négligeable. Cet autodénigrement systématique me dépassait. Je le traînais alors au restaurant, mais il n'avait pas faim, chiner aux Puces ou au Village suisse, chez ses antiquaires préférés, avec l'impression de tirer une ombre derrière moi. Il serait plus juste de dire qu'il me faisait l'effet d'un citron dont on aurait extrait les dernières gouttes. M'est alors venue une pensée qui ne me quitterait plus : comment peut-on être aussi fort, aussi beau, aussi créatif et sensible et se mépriser à ce point ? Après le défilé, il n'y avait donc qu'une chose à faire : s'envoler pour Marrakech. Alors que débutaient les phases de communication et de commercialisation, nous faisions nos bagages et quittions Paris dans les jours, voire les heures, qui suivaient.

Nous revenions toujours à Paris pour Noël et le Nouvel An. Nous restions tranquillement à la maison ou sortions discrètement. J'avais souci de ne jamais l'emmener dans des lieux trop festifs où il pourrait être tenté par l'alcool ou les stupéfiants. Il avait bu une seule fois depuis sa sortie de cure, et avait aussitôt fait un delirium tremens, il importait donc d'être très vigilant. Pour Noël 1990, j'ai organisé un réveillon auquel j'ai convié la maman d'Yves, ainsi que Pierre Bergé et son compagnon de l'époque, Robert Merloz[31]. Il fallait détendre les tensions invivables

---

31 Article de Dana Thomas, *The New York Time Magazine*, 20 août 2000.

qui existaient entre Yves et Pierre. Je voulais ce dîner sinon réconciliateur, du moins dédramatisant. Et tout s'est bien passé. Le Noël suivant, en 1991, nous l'avons passé dans le sud de la France chez son grand ami Alberto Pinto, en lequel j'avais confiance car lui-même s'était sorti des dépendances et se montrait très positif pour Yves.

Ce que nous préférions, au final, c'était quand même de rester tranquilles dans son grand lit, à manger du caviar à la cuillère en regardant un film. La trêve des confiseurs était, pour Yves, celle du repos du guerrier.

Chapitre 8
DU CÔTÉ DE CHEZ LOUIS

*Octobre 1990 à Munich,
Vienne, Zürich*

Quelques mois plus tard, en octobre 1990, après la présentation de Rive Gauche, nous nous envolons vers Munich à bord d'un avion privé de la société. Mais à peine sommes-nous installés dans la capitale bavaroise qu'Yves veut repartir, vers Vienne cette fois. Le besoin de bouger l'a repris, c'est plutôt bon signe. Moi, je ne connais rien de l'Europe, et je suis content.

Nous nous installons à l'Hôtel Sacher, le mythique palace viennois, situé en face de l'Opéra, sur l'imposante Philharmonikerstrasse. C'est la première fois que je viens dans la capitale autrichienne et, en effet, je suis impressionné. Le casino ainsi que la célèbre école espagnole d'équitation sont aussi situés à proximité. Tous ces lieux sont chers à Yves qui veut les revoir, mais sa raison de descendre au Sacher est d'ordre plus intime. C'est une sorte d'hommage à son ex-amant et ami Rudolf Noureev qui y descendait régulièrement, allant jusqu'à prendre la nationalité autrichienne en 1982 avant d'être nommé membre honoraire de l'Opéra de Vienne.

– Finalement, nous n'y serons jamais venus ensemble, me dit Yves, sans feinte. On peut y amener son chien, ajoute-t-il néanmoins, j'y reviendrai avec Moujik pour son anniversaire.

Rudolf Noureev se meurt. Malade du sida depuis 1984, il avait pensé lutter et vaincre le virus jusqu'en 1988, où il a dû admettre qu'il n'y survivrait peut-être pas. La maladie ne l'avait pas empêché – si elle n'avait pas décuplé sa détermination, qui sait ? – de prendre la direction du Ballet de l'Opéra de Paris qu'il a littéralement révolutionné, notamment en transformant le répertoire classique en redonnant de véritables rôles aux danseurs, malgré les critiques et les oppositions violentes à sa vision. Même s'il a dû abandonner la direction du Ballet en 1989, et qu'il n'a plus été en mesure de danser non plus, il a continué à chorégraphier jusqu'à quelques mois avant son décès en janvier 1993. Yves n'ira pas à son enterrement, alors que Pierre Bergé, alors directeur de l'Opéra de Paris après avoir précédemment dirigé deux théâtres, y assistera. En vérité, ils se connaissaient bien depuis plusieurs décennies. Le fait que Noureev ait demandé l'asile à la France en 1961, année de la création de sa maison de haute couture, était pour Yves un signe favorable. Leur goût de l'art et de la nuit les a réunis. « Un steak et un mec » disait Noureev chaque soir, après avoir dansé, avant de passer des nuits brûlantes, sans pour autant rater la classe du lendemain matin. Ça aussi ça devait épater Yves. Lui et Pierre adoraient l'opéra et aussi la danse, et aimaient voir les prestations de ce danseur étoile internationalement adulé. Ils sortaient beaucoup, souvent en compagnie de Zizi Jeanmaire et Roland Petit, puis, plus tard, avec Johnny Halliday et Sylvie Vartan. Les spectacles, les restaurants, les fêtes, les boîtes de nuit. Tout le monde parlait de Noureev comme d'un fauve, et il l'était, ce qui, à n'en pas douter, était un autre motif de fascination pour Yves. Avait-il aimé le danseur ? Impossible de le savoir. Yves avait cette capacité à cristalliser ses secrets au plus profond de lui, des strates de cadavres momifiés et dont il pensait peut-être qu'en n'en parlant pas, ils disparaîtraient. Mais en collectionneur d'objets anciens et précieux dont il refusait de se séparer, je ne crois pas qu'il ait jamais évacué quiconque de sa mémoire amoureuse et charnelle. Il a tourné la page, ça oui, à chaque fois, mais sans jamais effacer le chapitre précédent. La preuve est qu'il écrivait à ses amants, tout comme il tenait le journal, remarquablement écrit et illustré, de ses histoires. Il conservait tout. Jusqu'à l'étouffement. Yves et Rudolf avaient fini par s'éloigner, pour une raison que je ne connais pas, ou peut-être sans raison explicite, comme il arrive que la vie vous éloigne. Entendre Yves dire qu'il descendait au Sacher en hommage à son ami d'antan m'a donc tout à la fois surpris et touché.

En 1990, la faux du sida travaillait à tour de bras. En six ans – on avait véritablement commencé à en parler en 1984 –, l'épidémie a causé une véritable hécatombe parmi les homosexuels et parmi les artistes, ces deux communautés se recoupant de surcroît souvent. Dès le début, Pierre Bergé s'est engagé dans la lutte pour informer, sensibiliser, aider et mobiliser avec un militantisme empreint de révolte et d'empathie, et avec toute l'efficacité d'action qu'on lui connaît dans tant d'autres domaines, notamment dans son engagement tout aussi militant auprès de François Mitterrand qu'il a contribué à faire réélire en 1988, puis auprès du Parti socialiste depuis lors. Trente-cinq ans plus tard, il demeure président de Sidaction aux côtés de son amie Line Renaud. Pourtant, dans sa propre vie sexuelle, Pierre ne se protégeait pas du tout. Yves ne se protégeait pas plus, mais de sa part, cela m'étonnait moins. Du sida qui faisait le vide autour de nous tous en général, et autour de lui et Pierre en particulier, Yves ne parlait pas. Il continuait de vivre comme si « ça » n'existait tout simplement pas. Pierre était très concerné, pour les autres du moins, et Yves faisait comme s'il ne l'était pas du tout, ceci étant représentatif de leur appréhension respective globale de la vie réelle, quotidienne et matérielle. Chez Pierre, cet engagement fort contre le virus du VIH correspondait à la volonté de vaincre, analytique et stratégique, qui le caractérise, mais également à une révolte intérieure contre les relents moralistes qui accompagnaient – et accompagnent toujours –

cette horrible maladie. Dans les années 80, le sida est apparu comme du pain bénit pour les grenouilles de bénitier qui avaient beau jeu d'insinuer, et en fait de dire ouvertement, que les infectés étaient punis par là où ils avaient péché, principalement dans des villes aussi « dépravées » que New York, Londres ou Paris… Tout le monde savait que « ces gens », les homosexuels et les artistes, sont foncièrement immoraux, alors il était bien moral, sinon normal, qu'une sorte de huitième plaie d'Égypte leur fût envoyée…

Le vent libertaire du début des années 80 avait violemment changé de direction. L'état d'esprit à partir de 1984 a été détestable. Yves le dédaignait avec autant de superbe que d'inconscience, tandis que Pierre s'était immédiatement placé en première ligne. Cela correspondait à leur positionnement respectif à l'égard de leur propre homosexualité. Dans sa jeunesse algérienne, Yves avait découvert et vécu la sienne dans la culpabilité, le rejet violent de la part de ses camarades d'école qui s'en étaient physiquement pris à lui à cause de son côté efféminé et timide, puis dans le secret et le déclassement en ayant sa première expérience amoureuse et sexuelle avec le terrassier-jardinier de la maison. Pierre, à l'inverse, grâce à la libre-pensée de ses parents anarchistes, instruits et insoumis, avait toujours vécu son homosexualité comme une forme de sexualité parmi d'autres, sans culpabilité ni entrave[32]. Leur milieu d'origine, comme

---

[32] Relaté par Pierre Bergé le 23 février 2016, *Le Divan*, France 3.

pour nous tous, avait écrit ce que deviendrait leur rapport à leur corps et à leur libido, mais ils avaient l'excès en partage. Yves du côté du dominé sinon du mortifié, Pierre du côté du dominant infligeant la mortification[33]. Pendant toutes ces années sida, j'ai toujours pensé, devant leur peu de prudence, qu'ils étaient des miraculés. Ce que j'étais moi aussi, car je ne me protégeais pas plus, ni avec eux ni avec d'autres. Nous avons fait partie des culs-bénis qui ont traversé cette apocalypse avec une sorte de passe-droit providentiel. Il reste impossible de parler des années 80 sans parler sida, et ceux qui l'ont vécu de près en parlent encore. J'ai perdu tellement d'amis, moi aussi. Je suis un survivant, mais pourquoi ?... Pourquoi nous ? La question demeure, et la réponse n'existe peut-être pas. Tout ça pour dire que descendre au Sacher pour l'aura et le luxe de l'hôtel m'aurait semblé suffisant en soi, mais descendre au Sacher en hommage tacite à Rudolf Noureev apportait la preuve inattendue qu'Yves était moins indifférent qu'il ne le laissait croire d'ordinaire au sort de cet ancien ami, et, peut-être même au sort des victimes du sida en général.

Parmi celles-ci, il y avait également Jacques de Bascher, le dandy incontournable et désœuvré des boîtes de nuit et fêtes à thème parisiennes depuis les années 70, et compagnon pendant près de vingt ans de Karl Lagerfeld. Tout le monde, paraît-il, tombait

---

[33] Selon les propos de Pierre Bergé dans *Lettres à Yves*, Gallimard, 2010, p. 27 de l'édition Folio.

amoureux du ténébreux de Bascher, et Yves n'y fit pas exception, tombant raide de passion dévastatrice pendant une brève mais intense liaison au milieu des années 1970. Cette passion tendue irrita énormément Pierre Bergé, qui nourrissait le plus profond mépris pour le dandy qu'il considérait comme un parasite. Est-ce à cause de lui que Karl et Yves, qui avaient fait leurs débuts ensemble et avaient été si amis, s'étaient brouillés ? Karl et Yves avaient été meilleurs amis, proches tous deux de Victoire Doutreleau, mannequin vedette de Dior sur laquelle chacun avait appuyé sa notoriété naissante, avant qu'elle ne devienne la première et célébrissime égérie de YSL. Victoire avait été la seule femme à séjourner dans la famille Mathieu Saint Laurent à Oran. Yves l'avait adorée, sinon idéalisée. Ce qui ne l'avait empêché de rompre violemment avec elle lorsqu'il avait appris qu'elle était devenue intime avec Pierre Bergé. Ça avait dû lui coûter, lui arracher le cœur, mais il l'avait fait. Autre preuve qu'Yves ne pardonnait pas. On était avec lui ou contre lui, sans compromis ni compromission. Je l'ai toujours su et l'ai vérifié d'ailleurs par la suite à mes dépens. Je n'ai jamais su, en revanche, ce qui était vraiment arrivé à propos du compagnon de Karl Lagerfeld souvent présenté comme « gigolo et esthète, démon et dandy, décadent et nocif[34] ».

On a dit que Pierre Bergé serait intervenu au moment où il a vu qu'Yves sombrerait trop profondément dans

---

34 Article de Jérôme Carron, *Point de vue*, 6 juin 2017.

la luxure sans parachute où l'entraînait de Bascher. Je suis bien certain que Pierre est intervenu pour sauver Yves une fois de plus, mais de quelle façon l'a-t-il fait, je n'en sais rien. De Bascher faisait partie de ces cadavres qu'Yves maintenait sous respiration artificielle en lui-même, sans jamais en parler. Du jour au lendemain, il avait rompu avec de Bascher puis avec Lagerfeld aussi nettement qu'il l'avait fait avec Victoire[35]. De Bascher était retourné auprès de Lagerfeld qu'il n'avait jamais vraiment quitté de toute façon. Malade du sida depuis 1984, il en est décédé en septembre 1989. Je me disais qu'il ne pouvait pas ne pas y penser, pas plus qu'il ne pouvait oublier l'état de santé de Noureev en descendant au Sacher. Sa furtive remarque « nous n'y serons jamais venus ensemble » en disait plus qu'un long discours.

Comme la réservation avait été faite à mon nom, Yves passa inaperçu à l'arrivée, ce qui l'arrangeait, jusqu'au moment où il fallut remettre nos passeports à la réception. Aussitôt, la jeune femme derrière le comptoir trahit son affabilité discrète pour demander un autographe. Yves ne se fit pas prier et, en deux traits, lui dessina un petit ensemble. Elle en fut ravie. Lui aussi. Quelques minutes plus tard, tout l'hôtel, et certainement le Tout-Vienne, apprenaient l'identité du locataire de la suite royale du Sacher.

Le soir même, nous traversâmes la rue pour assister à une représentation des *Noces de Figaro*. Miraculeusement,

---

[35] Marie Ottavi, *Jacques de Bascher, dandy de l'ombre*, Séguier, 2017.

Yves resta éveillé jusqu'à la fin du dernier acte, mais sombra dans un lourd sommeil dès que sa tête se posa sur l'oreiller. Depuis plus d'une semaine, il avalait moins de neuroleptiques pour dormir. Et au réveil, au lieu de passer une heure assis sur le bord du lit à fumer cigarette sur cigarette, cherchant au fond de lui-même une raison valable d'affronter une nouvelle journée, il affichait un presque enthousiasme puis dévorait un copieux petit déjeuner composé d'œufs et de saumon fumé, arrosé de café noir brûlant. J'en restais médusé. L'infirmière et l'infirmier, les mêmes qu'à Bénerville, qui nous accompagnaient, étaient ravis, sinon étonnés.

Ce matin-là, Yves voulut aller visiter l'appartement qu'occupa Mozart dans la vieille ville viennoise.
— Lui était un véritable artiste, dit-il soudain, pas un artisan comme moi. Et il est mort dans la misère, jeté dans une fosse commune comme un chien, même si, je sais, l'Autriche l'a réhabilité plus tard en lui offrant une glorieuse sépulture pour la postérité. Il n'empêche... Moi l'artisan, j'ai de l'argent à ne savoir qu'en faire.
Nonobstant cette réflexion matinale, je ne l'ai jamais entendu s'en plaindre ni s'en servir pour directement aider des artistes, autres que ceux que Pierre soutenait en leurs deux noms. En revanche, et cela demeure indiscutable, Yves dépensait sans compter pour des œuvres d'art, pour entretenir sa famille et des amis dans le besoin.

— Moi au moins, j'en profite, lâcha-t-il en guise de méditation matinale avant d'aller s'habiller, même si ça me tue.

Nous visitâmes donc les chambres que loua Mozart durant trois ans. Un lieu exigu, sobre, au plancher de marbre poli, sans doute rénové par le ministère de la Culture autrichien pour le 250e anniversaire de la naissance du compositeur. Yves voulait surtout s'imprégner de l'aura présente, selon lui. Il resta un long moment à regarder la rue étroite en contrebas par la fenêtre aux carreaux de verre dépoli, jusqu'à ce que les cloches de la cathédrale Saint-Étienne sonnent onze heures. Cette scène est restée dans ma mémoire. À quoi pensait exactement Yves pendant ce genre d'absence méditative, je me le suis souvent demandé. De retour au Sacher, un message attendait Yves. *Herr Christophe Girard vous invite à dîner ce soir. Le rappeler à l'Hôtel Bristol.* Yves s'est aussitôt tourné vers moi, les traits crispés.

— Bergé nous fait suivre, grinça-t-il, les dents serrées.

La coïncidence était en effet troublante. Je le pensais, mais n'en ai rien dit.

— Il doit bien y avoir une raison, lui ai-je plutôt dit, on devrait aller le voir. Qu'est-ce qu'on risque de toute façon ?

Yves haussa les épaules, puis se dirigea d'un pas ferme vers la salle à manger du Sacher. Il avait faim. Depuis qu'il était sevré, il avait tout le temps faim, et moi, j'approuvais d'un sourire. Il ne résistait pas au *Tafelspitz* et encore moins à la *Sachertorte,* célèbre gâteau au chocolat de l'hôtel. Pendant le déjeuner, Yves m'a parlé de Christophe Girard en termes élogieux, même s'il le croyait faire allégeance à Pierre Bergé. Christophe Girard avait été son secrétaire particulier avant de se voir attribuer le poste de secrétaire général de la société YSL. C'est sa vie privée qui, cependant, provoquait l'admiration d'Yves.

– Il a osé avouer son homosexualité à son épouse et leurs deux enfants, puis a divorcé pour vivre avec son ami. Quel cran !

Je me suis dit qu'une telle dose de chocolat enverrait Yves au lit pour une sieste, mais pas du tout. En sortant de table, nous nous sommes dirigés directement vers l'École espagnole de Vienne. Cette école existe depuis quatre cent cinquante ans et a perpétué sa technique unique par-delà tous les critères d'excellence. Triés sur le volet, cavaliers et lipizans sont stupéfiants.

Il fallait s'y attendre, Yves admirait plus les cavaliers que les chevaux et en a profité pour me rappeler l'incident équestre survenu au printemps précédent au Château Gabriel.

À défaut, en effet, nous sommes rentrés à l'hôtel pour une séance de labourage en chambre. Ce qui a mis Yves de presque bonne humeur pour notre dîner au Bristol où nous nous sommes rendus à pied. Pourtant, redevenu méfiant, il est resté glacial face à Christophe Girard, ignorant la main tendue. Quant à moi, j'ai trouvé l'homme affable et cordial. Il m'a remis un cadeau de bienvenue en nous souhaitant une longue et heureuse vie ensemble. J'ai pensé à un cadeau de mariage, et c'en était un : un appareil photo et un sac à dos typiquement autrichien. Nous voyait-il, Yves et moi, dans de bucoliques parties dans les Alpes autrichiennes ? Nous irions bientôt, je le sais, dans les Alpes bavaroises aux alentours de Munich pour visiter les châteaux de Louis II de Bavière, auquel Yves aimait s'identifier.

Yves m'avait dit avoir rencontré Christophe Girard en 1976, lors d'un voyage au Japon où Loulou de la Falaise et son second mari Thadée Klossowski de Rola le lui ont présenté. Ah ! Loulou de la Falaise, l'inénarrable ! Amie intime d'Yves et de Pierre, mais aussi créatrice de génie des bijoux et accessoires de la société YSL. Yves était le parrain d'Anna, la fille de Loulou et Thadée. Entre Yves et Pierre, Loulou de la Falaise naviguait avec perspicacité, tandis que Betty Catroux demeurait l'amie intime, la camarade des drogues noctambules d'Yves.

Le Japon. C'est du Japon que Christophe Girard souhaitait l'entretenir. Mais Yves n'avait de cesse de ramener sur la table sa suspicion. Il accusait ouvertement Girard de nous espionner pour le compte de Bergé.

– Mais pas du tout ! a rétorqué notre interlocuteur. S'il ne connaissait pas Yves, il se serait probablement vexé. J'ai appris par le réceptionniste du Bristol que vous étiez ici.

De fait, Yves n'avait qu'à s'en prendre à lui-même. À aimer donner des autographes, il faut aussi en assumer les conséquences. Il s'est sans doute fait la réflexion puisqu'il a aussitôt changé d'attitude envers Girard, lui demandant plutôt où il pourrait sortir – dans quelle boîte de nuit s'entend –, en retournant à Munich le lendemain. Girard s'est détendu, a souri et indiqué ses bonnes adresses.

– Je comptais vous rencontrer à Paris pour discuter de ce voyage. Je suis chargé de l'organiser. Votre rétrospective a lieu au Sezon Museum of Art à Tokyo, vous y êtes attendu.

Yves alluma une Kool menthol et le toisa longuement avant d'annoncer qu'il n'avait pas l'intention de se rendre au Japon pour faire plaisir à Pierre et aider à faire grimper le chiffre d'affaires, toutes choses étant destinées à favoriser la vente de la société au groupe Sanofi. La mine légèrement crispée – une posture fort étudiée –, il énonça son verdict :

– Pierre nous a mis dans ce pétrin, eh bien, qu'il nous en sorte !

La maison YSL était en difficulté, Yves le savait et soupçonnait Pierre de l'envoyer au Japon, un pays où la marque marchait extrêmement bien, pour booster le chiffre d'affaires plus que pour simplement faire acte de présence au musée qui présentait la rétrospective de son travail.

Dans les débuts de la maison YSL, seules les collections de haute couture étaient présentées. Les créations qui deviendront emblématiques s'enchaînaient : la robe Mondrian, les blouses en voile transparent, le smoking ou la saharienne pour femme. Mais l'époque vit apparaître la révolution du « prêt-à-porter des couturiers » portée par Cardin ou Courrèges qui trouvèrent là une solution pour parer à la mauvaise rentabilité de la haute couture. Ce prêt-à-porter de luxe va apparaître en 1966 sous le label Saint Laurent rive gauche, donnant le coup d'envoi de ce que deviendra la mode, la haute couture seule s'adaptant mal à l'accélération des bouleversements socioculturels de l'époque. Si cette haute couture rapporte d'abord peu, tirée par le prêt-à-porter, la maison va devenir florissante : « La couture est une maîtresse qui coûte beaucoup d'argent » aurait dit Yves à l'époque. Malgré le prestige et les succès fulgurants de ses collections des années 60 et 70 – sa grande décennie –, il faudra une quinzaine d'années pour que l'entreprise rapporte de l'argent.

En 1974, la maison et les deux cent cinquante employés de l'époque déménagèrent avenue Marceau, qui deviendra plus tard le siège de la Fondation Pierre Bergé-Yves Saint Laurent, dans un hôtel particulier Napoléon III de 2000 m^2, rénové à grands frais et en partie décoré avec du mobilier racheté à la société Christian Dior. Ce lieu était surnommé *Le château*, encore un décidément, avec celui de Bénerville-sur-mer, lequel n'était pas un vrai château lui non plus. À partir de 1976, néanmoins, les collections haute couture seront présentées à l'hôtel Intercontinental.

À la fin des années 70 apparaissaient la ligne de maquillage ainsi que d'autres parfums, déclinés en tant de versions et de produits connexes, et générateurs d'un succès mondial. Et d'une vraie fortune. Au début des années 80, la YSL S.A. parvenait au firmament de la mode mondiale, les ventes ne cessèrent de progresser et le marché de s'étendre. Ces années où les affaires furent de plus en plus florissantes sont aussi celles au cours desquelles Yves sombra de plus en plus profondément.

En plein milieu des années 80, la marque comptait plus de cent cinquante boutiques dans le monde, de multiples contrats de licence, et rachetait C. Mendès, qui était le confectionneur de Rive Gauche. En 1982, une somptueuse réception avec mille invités fut donnée au Lido pour les vingt ans de la maison. L'entreprise lançait fin 1983 la ligne de prêt-à-porter Saint Laurent Variation, destinée aux États-Unis. En 1990, le département de haute couture réalisait 500 millions de francs de chiffre d'affaires, cinq fois moins que les parfums. À cette époque, avec l'aide de Carlo De Benedetti qui prendra une part importante du capital de la maison de couture par l'intermédiaire de sa holding, Yves et Pierre rachetèrent à Charles of the Ritz la société YSL qui sera cotée en Bourse. Pierre, qui entre-temps était devenu un intime engagé auprès de François Mitterrand, fut nommé directeur de l'Opéra de Paris. Tout semblait parfait lorsqu'en 1988, Carlo De Benedetti, qui avait d'autres affaires à gérer, décida de céder ses parts. Pierre emprunta alors pour les racheter, entraînant la société YSL dans un endettement qui affola les financiers.

C'est dans ce contexte que Christophe Girard pensait essentiel de se rendre au Japon pour attester de l'essor de la marque au pays du Soleil-Levant. Tout faire pour rendre la société désirable… En 1993, Pierre parviendra à revendre la maison à Sanofi, filiale du groupe Elf-Aquitaine. On aura tout écrit sur ce sujet, disant que Pierre aurait bénéficié de son amitié avec Mitterrand pour que celui-ci usât de son influence auprès d'Elf-Aquitaine dont l'État était actionnaire. Pierre Bergé l'a toujours réfuté, et il a de fait été blanchi de ces soupçons d'envieux. Car, pendant ces années, avec la complicité d'Alain Minc, il est devenu un vrai businessman, qui a joué à un époustouflant poker, brassant des sommes affolantes qui n'étaient même pas à lui, pour finalement parvenir à très bien vendre la société YSL et empocher un pactole pour Yves Saint Laurent et pour lui-même. Les milieux financiers parisiens et internationaux en ont été impressionnés. Aujourd'hui, la Yves Saint Laurent SAS appartient au groupe Kering (Pinault-Printemps-Redoute, anciennement Gucci Group). Les parfums de la marque sont détenus par L'Oréal.

Tout ce dont je peux témoigner pour ma part, c'est qu'au cours de ce dîner dans une trattoria de Vienne, en cet automne 1990, Yves voulait se tenir au-dessus de ces réalités, tout en sachant qu'il ne pourrait s'y soustraire.

Malgré l'argumentation détaillée de Christophe Girard, Yves s'obstinait :

– C'est à Pierre de nous sortir de ce bordel !

Girard abattit une ultime carte :

– C'est vrai que votre rétrospective au musée Sezon de Tokyo est l'occasion de faire une belle promotion commerciale, et je crois de plus pouvoir affirmer que nous serons reçus par l'empereur Akihito.

Yves éclata de rire. Il affirmait haïr la bourgeoisie, et la chère Loulou était la seule aristocrate qu'il respectât, précisément parce qu'elle n'avait vraiment pas vécu une vie d'aristocrate, qu'elle ne se comportait pas comme telle et qu'elle était une créatrice qui l'avait beaucoup inspiré avant de travailler avec lui.

Le dîner à la trattoria s'acheva ainsi. En cul de sac.

L'après-midi du jour suivant, Girard vint nous chercher au Sacher et nous conduisit jusqu'à Munich pour nous y faire découvrir le club gay à la mode, le *NY Club München*. J'ai eu peur, je dois l'avouer. Le souvenir des soirées folles dans les boîtes parisiennes me faisait forcément craindre le pire, même si j'étais déterminé à employer n'importe quel moyen pour empêcher Yves de draguer, et surtout de boire. En vérité, Yves ne s'y amusa pas. Aller en boîte sans boire, peu pour lui en vérité. Nous sommes rentrés assez tôt. En revenant à l'hôtel, Yves, renfrogné, lança aux infirmiers qui l'attendaient pour le mettre au lit « mariez-vous, à la fin », faisant allusion à leur relation apparemment de plus en plus fusionnelle.

Cela faisait un moment qu'il ne lorgnait même plus sur le grand et bel infirmier noir.

Le lendemain, grande excursion vers l'hallucinant Neuschwanstein, le château de Louis II situé dans les Alpes munichoises. L'adjectif hallucinant ne traduit pas ce qu'est ce lieu, prouesse architecturale autant que technologique, et aussi vision onirique autant que cauchemardesque par ses hauteurs vertigineuses. Est-ce ce château qui servira de modèle au château de la Belle au bois dormant de Walt Disney ? Un refuge, un défi, une provocation, une fuite imaginaire devenue réalité de pierre, de végétaux et d'eaux domptées, lieu de rencontres et de complicités entre Louis II et l'impératrice Sissi, sa cousine préférée. C'est aussi une caisse de résonance pour la musique de Wagner qu'adulait ce quatrième roi de Bavière, homosexuel et schizophrène, qui fit construire l'opéra de Munich pour son compositeur préféré. Yves était littéralement scotché par le lieu. Marchant à pas lents à mes côtés, il semblait avoir plongé dans des abysses inatteignables. La visite s'est poursuivie encore longtemps, silencieuse, recueillie. Puis, tandis que nous regardions la campagne par-delà l'à-pic des murailles, dans des filets de brume qui augmentaient le romantisme absolu du moment, il alluma une cigarette et murmura :

– Je ne fais pas que lui ressembler, je suis Ludwig. Construire un tel endroit juste pour y recevoir ses amants en secret, j'admire. Et puis, il a dépensé des fortunes pour aider les artistes de son temps, c'est tout ce qui l'intéressait. Je crois qu'on l'a assassiné.

On a beau dire qu'il n'avait pas de blessure ni d'eau dans les poumons, je suis certain qu'on l'a suicidé. Son psy a été retrouvé noyé avec lui, c'est une preuve, même si personne n'élucidera jamais ce mystère. Qui s'y intéresse d'ailleurs ?

Il n'y avait rien à répondre.

– Je veux que nous visitions la Chapelle de la Grâce à Altötting, où est conservé son cœur. Tu savais qu'on le lui avait prélevé ? J'aimerais bien qu'on conserve mon cœur après ma mort, qu'il soit exposé dans une boîte sertie de diamants au milieu du *Palace* ou du *Sept*...

Chacun son temple, en effet. Cette boutade ramènera un pâle sourire sur son visage. De retour à Munich, à défaut de soirées en boîte, il appréciera les balades le long de l'Isar qui traverse la riche capitale bavaroise, avec ses majestueux musées et ses salles de spectacle. Au fil des jours, Yves finit par envisager la possibilité de se rendre au Japon, un pays qu'en vérité il adorait et qui l'inspirait. Sa préférence, celle de Pierre également, allait à Kyoto.

Nous nous rendrons donc au Japon en novembre 1990, pour un laps de temps trop court qui ne nous permit pas de nous rendre à Kyoto. À Tokyo, Yves honorera de sa présence la rétrospective 1958-1990 que lui consacrait le prestigieux Sezon Museum of Art, et rencontrera même l'empereur. La promotion commerciale envisagée par Christophe Girard aura bien lieu. Et nous irons chez son ami Issey Miyake, ce qui sera sa plus grande satisfaction du voyage.

Yves entretenait une relation paradoxale avec le voyage. Il aimait bouger, mais pas voyager, préférant de très loin les voyages imaginaires dans l'art et la création aux kilomètres terrestres, même dans les conditions les plus luxueuses qui soient.

Au lendemain du pèlerinage sur les traces de Louis II de Bavière, Yves annonça qu'il ne voulait pas rentrer à Paris. Il voulait aller en Suisse, à Zurich, pour voir son ami Gustav Zumsteg, héritier de la prestigieuse entreprise de soierie Pirates Silk.

Aussitôt émis, son désir fut réalisé.

L'entreprise Pirates Silk avait été fondée par son grand-père Abraham à la fin du XIXe siècle. L'ancêtre, et après lui son fils Gottfried, avaient réussi à occuper le marché de la soie en Europe et à en faire la promotion auprès de grands couturiers tels que Balenciaga, Chanel et Saint Laurent. Ce faisant, la famille Zumsteg avait accumulé une fortune étonnante, même selon les barèmes helvétiques. Enfant unique, Gustav disposait d'un patrimoine colossal qu'une fondation allait gérer après sa mort en 2005. À son sujet, Yves aimait malicieusement répéter la devise de son amie Loulou : *Too much is never enough*. Dans un contexte professionnel, puis au nom d'une grande amitié qui s'est rapidement métamorphosée en passion de la part de Gustav, Yves et lui passaient de longues heures au téléphone tous les dimanches. Petit, dodu, le larmoiement facile, jouissant certes d'un esprit brillant, Gustav affichait seize ans de plus qu'Yves. Rien dans tout cela pour plaire, et encore moins exciter Yves. Mais il considérait Gustav comme un véritable ami qui vivait dans ce château hérité de ses parents, entouré de ses reliques familiales. Nous y serons reçus royalement. Je resterai en retrait pour les observer ensemble. Je pensais, pour tout dire, être reçu comme un rival, mais Gustav me percevait comme un élément heureux dans la vie de celui qu'il aimait sans espoir de retour. J'étais le jouet qui n'altérait en rien l'amour pour son idole.

Une proposition inattendue arriva alors que nous dînions au *Kronenhalle*, que la mère de Gustav avait fondé et converti en lieu de gastronomie et d'érudition. Les intellectuels s'y réunissaient dans l'une des trois salles pour élaborer des théories susceptibles de faire avancer la science et la philosophie, tout en mangeant somptueusement. J'admirais les tables et les lampes signées Giacometti, les tableaux de maître, l'ambiance feutrée, et appréciai le caviar, du gros gris, autant que la glace aux marrons dont Yves raffolait et dont il se délecta au dessert.

– Je suis désormais seul au monde, annonça Gustav au dessert, tandis que je pinçais Yves pour qu'il ne s'écroule pas dans son assiette. Mon père nous a quittés en 1957 et ma mère en 1985. J'ai continué la tradition comme l'aurait désiré ma mère et fait fructifier la fortune, mais c'est beaucoup trop pour moi qui suis seul.

Il marqua un temps, puis lâcha le morceau :

– J'aimerais t'adopter, dit-il à Yves. Tu serais mon héritier.

Yves n'a rien répondu. A-t-il seulement réalisé ce que lui proposait Gustav ? Lui qui proposait de m'adopter, moi, voici qu'un milliardaire voulait l'adopter à son tour. Il ne prenait pas Gustav au sérieux, à vrai dire, pas plus qu'il n'avait besoin de plus d'argent. Mais comment aurait-il réagi s'il avait été indigent ? Mais s'il l'avait été, Gustav aurait-il été amoureux de lui au point de lui léguer sa fortune, vraiment ? Cette fois-là, la formule de Loulou de la Falaise – *too much is never enough* –, ne s'appliquait pas.

Nous nous sommes promenés dans les alentours de Zurich dans une bruine automnale propice à la rêverie et aux rapprochements dans la Rolls que Gustav avait mis à notre disposition. L'escapade touchait à sa fin.

Dans l'avion privé qui nous ramenait vers la capitale française, je compris l'essentiel. La bougeotte d'Yves, ce besoin irrépressible d'aller voir, de se remplir d'images, de sensations et d'impressions, sa curiosité insatiable constituaient une autre forme de mise en route de son inspiration. «*Les idées se meuvent en se mouvant*» écrivait Jean-Jacques Rousseau. En bougeant physiquement, Yves s'imprégnait de ce qui, d'une façon ou d'une autre, ressortirait au travers de ses créations. En rentrant à Paris, il devait plonger dans la collection printemps-été 1991 qui serait présentée en janvier, ce que Pierre ne manquerait pas de lui rappeler.

Mais Yves allait vraiment mieux, laissant peu à peu derrière lui l'aventure avec Darius qui avait failli lui être fatale.

« C'est grâce à toi » me répétait-il à l'envi.

Même s'il était en pleine création, il n'avait pas oublié mon anniversaire, le 10 novembre. Il y avait pensé à l'avance. La veille, il m'emmena chez Edreï, qui avec Kugel était son antiquaire préféré. Il choisit pour moi deux magnifiques bronzes. Après l'achat, nous nous rendîmes à *L'Orangerie* pour dîner. Et là, au milieu du repas, j'eus une autre surprise :

– Je pensais les offrir à Fabrice, a-t-il expliqué à Jean-Claude Brialy, mais ils sont tellement beaux que je vais les garder pour moi.

Gêné, le propriétaire du lieu se tourna vers moi, tandis que je détournais le regard vers l'extérieur. Il n'existait aucun *nous* dans son esprit. Il n'y avait que Saint Laurent, d'abord, et moi, ensuite.

Finalement, au soir de mon anniversaire, Yves m'offrit une montre Patek Philippe, la troisième de cette marque prestigieuse. Elle alla rejoindre ma collection de montres hors de prix, Jaeger-Lecoultre, Breguet, Piguet... Nous sommes retournés dîner chez Brialy qui m'avait fait confectionner un gâteau spécial piqué de vingt-neuf bougies. Prévenant, Jean-Claude m'aidait à redresser Yves qui menaçait littéralement de tomber la tête la première dans son assiette. Quant aux bronzes, ils avaient été disposés dans ma chambre, sans doute pour me rappeler qu'ils n'étaient pas à moi.

Quatre jours plus tard, le 14 novembre 1990, Pierre Bergé avait soixante ans. Yves lui avait envoyé un message très affectueux, mais il ne fut pas invité à la fête. Moi oui, Pierre m'avait fait porter une invitation, précisant qu'il espérait m'y voir. L'événement était organisé par le mensuel *Globe*, créé en 1985 par Georges-Marc Benamou avec l'appui financier de Pierre Bergé et Bernard-Henri Lévy pour soutenir la candidature de Mitterrand, bonne stratégie puisque celui-ci avait bel et bien obtenu un second mandat présidentiel en 1988. Pour ses soixante ans, Pierre avait fait la une du journal avec son chien.

Je me rendis donc dans les locaux du journal, situés à l'époque dans une petite maison particulière du 15e arrondissement de Paris, à la hauteur du métro Convention. Me voyant arriver, Pierre m'avait fait la bise, me conviant à m'installer à la table où se trouvaient déjà Robert Merloz et Joël Le Bon, dernier amant de Loulou de la Falaise avant qu'elle n'épouse Thadée Klossowski et nightclubber célèbre du *Palace*, du *Sept* et d'autres nuits chaudes avec de Bascher, Yves Saint Laurent, Pierre Bergé et tant d'autres. Il y avait encore des chaises vides à notre table où vinrent bientôt s'asseoir d'autres hommes, des employés du 5, avenue Marceau, un chauffeur, un livreur, un employé de l'atelier… Je n'ai pu m'empêcher d'éclater de rire. Pierre se tourna vers moi, le regard interrogateur, et je lui envoyai un clin d'œil qu'il me rendit.

Ce fut une belle fête, conviviale et mondaine, avec du beau monde. Je passai la soirée à reluquer de très belles femmes, en particulier la plastique impressionnante d'Arielle Dombasle et la beauté féline de

Valérie Kaprisky. Lorsque je rentrai à la maison, Yves dormait depuis longtemps.

– Qui était là ? me demanda-t-il le lendemain matin.
– Oh… la foule habituelle, lui dis-je, sans épiloguer.

Pour les anniversaires suivants, ainsi que pour Noël, je pensais toujours à acheter un cadeau pour Pierre et son compagnon, ainsi que pour Lucienne. Invariablement, Yves me répondait qu'il s'occuperait d'envoyer un cadeau commun.

Chapitre 9
UNE OASIS NOMMÉE MARRAKECH

Yves Saint Laurent et moi sommes partis à Marrakech à la fin du mois de novembre 1990, une fois qu'il eut fini les croquis de la collection printemps-été 1991 qui allait être présentée durant la *fashion week* de janvier 1991. J'étais très impatient de connaître ce havre de paix dont il me parlait souvent, disant que les jardins lui manquaient beaucoup.

La veille de notre départ, j'ai réalisé que je n'avais pas de passeport. J'ai appelé Pierre Bergé. « Viens à mon bureau demain matin, m'a-t-il dit, apporte ta carte d'identité », ce que j'ai fait. Là m'attendait un agent spécial de la police qui m'a aussitôt emmené à la préfecture. J'ai fait des photos au photomaton, ai tendu ma carte d'identité et, moins d'une heure après, je ressortais avec un passeport flambant neuf. Je venais d'avoir un aperçu supplémentaire de l'étendue des relations de Pierre et de l'impact de celles-ci. L'après-midi même, Yves et moi embarquions à bord d'un jet privé pour Marrakech.

Je n'avais jamais quitté l'Europe. Le dépaysement a été de taille. Spectaculaire et inoubliable. Marrakech, étymologiquement « terre de Dieu », mille ans après sa fondation demeurait une ensorceleuse. Comme tant d'autres, j'ai été hypnotisé au premier contact. Dès le tarmac, la chaleur moite m'a engourdi tandis qu'un improbable sourire détendait les traits d'Yves. Par la fenêtre ouverte de la voiture, les bouffées odorantes venues de la vallée de l'Ourika, le bruissement à la fois exalté et serein de la ville, les clameurs sourdes, les couleurs éclatantes des vêtements autant que de la végétation, m'ont progressivement submergé, comme une ivresse. Tous les sens en alerte, je ne savais où donner du regard, des oreilles, du nez, tandis que l'intendant marocain conduisait la vieille Civic gris bleu cabossée et mal entretenue vers la maison. Non pas une maison mais plusieurs, trois exactement, et pas des maisons, plutôt des temples d'art agrémentés de deux piscines, d'une bambouseraie et de jardins. Une oasis pour mille et un jours et nuits.

En 1965, invités à Marrakech par une amie, Pierre Bergé et Yves Saint Laurent tombèrent amoureux de la ville et se cherchèrent un pied-à-terre. L'année suivante, ils achetèrent Dar el hanch (la maison du serpent), une petite maison dans la medina, où ils convièrent bientôt leurs amis, Andy Warhol, les Rolling Stones, Marianne Faithfull, Catherine Deneuve, Loulou de la Falaise, Betty Catroux et tant d'autres. Au cours de leurs promenades, ils découvrirent le Jardin

Majorelle, créé par le peintre Jacques Majorelle[36]. Ce jardin était déjà une œuvre d'art vivante, pour laquelle ils se prirent d'une profonde passion, au point d'y revenir chaque jour. Mais Dar el hanch s'avéra vite trop petite. L'ami d'enfance d'Yves, Fernando Sanchez, la rachètera par la suite. En 1975, ils cherchèrent donc une autre maison avec piscine. Il faut préciser que la maison YSL ainsi que leurs finances personnelles s'étaient grandement accrues. Ils trouvèrent une maison accolée au Jardin Majorelle, la villa Dar es saada (la maison de la joie). Ils y feront beaucoup de travaux et y passeront des parenthèses heureuses. En 1985, ils rachetèrent également le Jardin Majorelle pour sauver le lieu qui allait être converti en hôtel avec des bungalows. Et comme la villa Dar es saada et le jardin ne sont séparés que par une porte de bois, ils constituèrent ainsi un ensemble avec les trois maisons, petite maison Dar el hanch, la villa Dar es saada et la maison créée en 1922 par Jacques Majorelle et située au centre du Jardin Majorelle, exactement face à leur villa el Saada. L'ensemble fut rebaptisé Villa Oasis[37]. Non loin derrière le Jardin Majorelle se dressait un magnifique minaret. Yves m'a expliqué avoir souhaité l'acheter, mais le propriétaire, Bernard Tapie, n'avait pas voulu le céder.

---

36 Jacques Majorelle, né le 7 mars 1886 à Nancy et mort le 14 octobre 1962 à Paris, est un orientaliste français.

37 Voir *Une maison, un artiste, Yves Saint Laurent, son oasis à Marrakech*, France 5, 2015.

Après l'acquisition de la villa Majorelle, la rénovation, ou plutôt la reconstitution, de la villa Oasis avait été confiée à l'architecte américain Bill Willis qui s'est révélé d'une fidélité irréprochable au peintre. Grâce aux meubles et aux hélices – les carreaux de céramique typiques de la tradition marocaine –, deux pièces de la villa Oasis étaient exactement telles que Majorelle les avait laissées. Et puis le jardin est demeuré un jardin public comme l'avait voulu Majorelle. Madison Cox, toujours lui, le restaurera pour en faire une véritable cathédrale végétale, inspirée et unique. Cela se fera sans doute plus tard, après ma séparation d'avec Yves, car ce que j'ai vu, moi, en arrivant en cet automne 1990, c'était certes un endroit superbe, magique, des maisons bleues, époustouflantes, respectueuses de l'architecture et de l'identité artistique magrébine, des piscines où surnageaient des nénuphars, des lumières qui jouaient à cache-cache avec les bosquets, un lieu tout à fait à part, mais totalement à l'abandon. L'eau opaque de la piscine et du bassin aux nénuphars, les fleurs sèches, l'herbe trop haute, les allées sales, la bambouseraie broussailleuse, le petit musée attenant à la villa Majorelle – dans lequel était exposé de l'artisanat, plus que de l'art, local –, pauvre et dégarni. Acheté cinq ans auparavant, l'ensemble ne possédait pas encore la magnificence qu'il aura par la suite. En arrivant, Yves et moi avons fait le tour des lieux, circonspects. Yves était atterré. Pourtant, le personnel était payé tout au long de l'année : un intendant, frère du majordome de l'appartement parisien, des employés, des jardiniers, un chauffeur, un cuisinier, des femmes de ménage, des gardiens.

— Ils sont tous à la solde de Bergé, me dit Yves. Les employés sont là pour me surveiller et lui rapporter mes faits et gestes, mais ils laissent tout à la dérive. Pierre ne s'occupe que de Bénerville, il en a fait son lieu, et là, regarde ! Comme si je devais m'occuper de ça, en plus !

C'est là qu'il m'a affirmé que si Pierre osait se pointer, la piscine, où surnageaient des saletés, deviendrait son tombeau. Toujours ce ressentiment violent, cette colère récurrente qu'il alimentait comme un hamster tourne sa roue dans sa cage. En vérité, le Jardin Majorelle, créé par Jacques Majorelle en 1924 et ouvert au public depuis 1947, était mieux entretenu, mais sans commune mesure, lui aussi, avec ce qu'il est devenu par la suite. J'avais donc compris que je devrais m'occuper des jardins de la villa Oasis. En cassant du sucre sur le dos de Pierre, Yves me demandait tacitement de prendre les choses en main. Ce que je fis. J'y passai une partie des vacances. Lui, végétait d'un bout à l'autre de la journée, complètement épuisé, ne parlant pas, se déplaçant d'un fauteuil à l'autre, et d'un thé à la menthe à un autre thé à la menthe, beaucoup trop sucré, le sucre étant devenu sa nouvelle drogue, avec le chocolat, acheté chez Fouquet, qu'il mangeait par boîtes entières. J'entrepris pour ma part de faire l'inventaire des travaux à faire. Je constatai que des femmes arrachaient les herbes à la main, courbées en deux au-dessus de la pelouse alors qu'il y avait des tondeuses, qu'elles faisaient le lavage à la main alors qu'il y avait des machines à laver, qu'elles portaient de lourdes charges sur de longues distances alors que les hommes auraient pu aller faire les courses, au moins ça, car en vérité le personnel masculin n'en fichait pas une. Les hommes auraient pu faire les achats avec la voiture, aussi mal entretenue que l'étaient les jardins. Lors de nos séjours suivants, j'irais d'ailleurs en louer une car Yves ne supportait plus de monter dans ce « tas de ferraille ». Quant aux gardiens de la villa, ils étaient littéralement en haillons, hirsutes et malodorants, arborant fez[38] sales et troués et djellabas crasseuses et délavées. Quelle image donnaient-ils de la villa de Saint Laurent ? J'ai parlé de tout cela à Yves qui m'a regardé, consterné et furieux en même temps, mais ne semblant pas savoir quoi faire. J'ai dû prendre les dispositions pour lui. Je me suis rendu à la Mamounia, mythique palace de Marrakech, embaucher le responsable de la piscine pour qu'il fasse nettoyer et restaurer celle de la villa Oasis. J'ai réuni l'ensemble du personnel masculin qui me haïssait parce que je me mêlais de faire de l'ordre et les empêchait de duper Yves ainsi qu'ils y étaient habitués. J'ai entrepris de remettre de l'ordre, tout comme je l'avais fait rue de Babylone. J'ai dicté comment les choses devraient se passer désormais, arrosage, jardinage, nettoyage. Je rappelai que nous

---

38 Couvre-chef d'origine ottomane.

reviendrions dans quelques mois et qu'Yves, dont je me disais le porte-parole bien que lui-même aurait été bien incapable de donner un quelconque ordre, tenait à voir une différence flagrante. Goguenards, ils me regardaient en souriant à pleines dents, ou par en dessous, une lueur salace dans les pupilles. Pour eux, je n'étais que le dernier gigolo en date de « la patronne », comme tous l'appelaient. Qu'est-ce que j'avais à me mêler de leurs affaires ? J'appris que l'intendant de la villa Oasis rackettait purement et simplement tous les autres employés, gardant la plus grande part des émoluments et ne leur redistribuant que très peu. Après une discussion serrée, où je le menaçai clairement de le faire renvoyer, il finit par soupirer en promettant que les choses changeraient. J'y croyais à moitié, mais j'en parlai à Yves, là aussi, qui se montra outré. Je ne sais qui parla à l'intendant mais, en effet, les choses changèrent. Celui-ci néanmoins, au lendemain de notre ultime dispute, m'apporta mon café avec les croissants, le miel d'arbousier, les fruits et dattes qui constituaient notre habituel petit déjeuner, tandis que Moujik, dans un coin, engouffrait sa copieuse assiette de ris de veau et riz blanc sous mon regard effaré. Une mousse blanchâtre flottait sur mon café. Je regardais l'intendant droit dans les yeux, mauvais.

– Tu as craché dans mon café ? dis-je d'une grosse voix pour qu'Yves entende bien.

Celui-ci sursauta, soudain réveillé malgré son engourdissement matinal.

— Pas du tout, marmonna l'intendant, tout en arborant une sorte de fier sourire en coin.

Il avait bien craché dans mon café et ne cherchait pas du tout à le dissimuler. Il remporta néanmoins ma tasse et m'en apporta une autre, sans mousse... Yves paraissait à la fois atterré et furieux, mais ne dit pas un mot.

En définitive, les choses se sont beaucoup améliorées. Nous l'avons constaté dès notre séjour suivant et Yves m'en a été reconnaissant. J'ai gardé pour ma part cette impression qui, où que nous allions, ne me quitterait pas et ne laisserait de me mettre en colère : à part ses proches collaborateurs, ceux de son studio de création, tous cherchaient à l'utiliser et à le voler.

Une semaine après le début de notre séjour arriva une sorte de cataclysme. Yves s'était installé dans sa chambre au premier étage de la villa, et moi j'avais pris mes quartiers au rez-de-chaussée. Cela me convenait bien car, même s'il était désintoxiqué, je repensais forcément à la violente crise et aux points de suture qui en avaient résulté à Deauville et surtout, à la mémorable crise de delirium tremens de mars 1990 à Marrakech avec Darius, à la suite de quoi il avait fallu le rapatrier puis l'interner à Garches. Au milieu de la nuit silencieuse, un immense bruit me tira brutalement du sommeil. Yves courait partout, hurlant des phrases insaisissables jusqu'à celle-ci, parfaitement audible « prenez pitié, prenez pitié, prenez pitié », ressassées comme une psalmodie macabre. Dormait-il, était-il éveillé, ou peut-être les deux, dans cet état tellement terrorisant provoqué par les doses de neuroleptiques ? Je me levai précipitamment et courus vers lui. Il se débattait contre des ombres et quand je voulus m'approcher de lui, il tenta à plusieurs reprises de m'asséner des coups de poing, finissant par m'atteindre au visage. J'allai chercher deux employés et, à nous trois, nous avons fini par le calmer. Avait-il bu, une bouteille entière cul sec comme il l'avait déjà fait une fois, une seule, à Bénerville, avec l'intention claire de se tuer et ne provoquant finalement qu'une crise délirante ? Non. Il ne sentait pas l'alcool. Son état était bien dû aux neuroleptiques. C'est alors que les deux employés et moi avons constaté que les cris et les coups n'étaient pas le pire. Le pire, c'était la traînée visqueuse et malodorante qu'il avait répandue derrière lui en courant. Qu'avait-il fait ? La veille au soir, il avait réclamé une séance de fouet, que je lui avais administrée de toutes mes forces. Je pensais que ça lui suffirait, qu'il passerait une nuit calme. Mais je savais qu'il s'enfonçait toute sorte d'objets dans l'anus dès qu'il se retrouvait seul, parfois des godemichés de la taille de mon avant-bras, et beaucoup plus épais que mon avant-bras. Leur seule vue me donnait la nausée, mais je lui en avais offert un moi-même, car ça l'excitait autant que ça faisait rire les employés car il laissait traîner le tout dans sa chambre, maculé, sans se soucier de choquer avec ces objets sexuels, pas plus qu'il ne se souciait des sachets de cocaïne dont il n'usait plus mais que l'on continuait de trouver occasionnellement collés sous les cendriers, derrière les tableaux et même sous le lavabo de la salle de bains. Un jour, j'en avais trouvé un par hasard et avais minutieusement fait le tour de la maison pour tenter de les rassembler et de les détruire. Si le personnel les avait trouvés, il aurait fait fortune et je m'étonnais que ce ne fût pas déjà le cas. Qu'avait-il donc fait cette fois-ci qui ait provoqué cette nouvelle crise délirante ?

Atterré au milieu du rez-de-chaussée, je ne savais pas si je devais en rire ou en pleurer. C'était assurément à pleurer. Tandis qu'au travers des palmiers perçaient les lueurs orangées de l'aube, Yves avait fini par se calmer et, lavé et changé, il s'était rendormi. Pas moi. Moi, il me faudrait beaucoup plus qu'une douche pour me calmer. J'ai pris un café fort et une cigarette et suis allé m'asseoir dans le kiosque qui bordait l'une des piscines. Dépité.

Après presque dix mois passés aux côtés d'Yves, je commençais à douter de ma capacité à réussir ce que je pensais devoir faire, croyais qu'Yves attendait que je fasse et qu'en mes propres termes j'appelais « l'emmener ailleurs ». Mais ailleurs où ? Les mois passant, je comprenais qu'ailleurs, nulle part ailleurs, il ne voulait vraiment aller. Son obsession permanente pour le sexe dur et sale, si j'ose dire, demeurait. Je pensais qu'après tout ce qu'il avait vécu, et du coup m'avait fait vivre, depuis sa sortie de la clinique, Marrakech permettrait une parenthèse enchantée, une sorte de jardin d'Éden et je ne me suis pas trompé là-dessus, en tout cas pas totalement. Un jardin d'Éden, la majestueuse propriété de Marrakech l'était certainement, mais en l'état il s'agissait d'un jardin d'Éden desséché et négligé, et infesté par des serpents aussi tentaculaires que tentateurs. Yves aurait-il vécu sans tentations tentaculaires ? Non. Il y venait pour cela aussi. Il aimait cet ailleurs dont il avait vitalement besoin pour se ressourcer l'esprit et le corps, un ailleurs qui avait complètement révolutionné sa création puisque c'est à partir de Marrakech que les couleurs, ses couleurs si caractéristiques de son style, avaient remplacé sa palette originelle de noir, blanc, bleu marine et gris. Le Maroc néanmoins, je l'avais perçu immédiatement, comme en sous-texte, c'était beaucoup plus, une sorte de réminiscence d'enfance, une forme de transposition de l'Algérie où il n'était jamais retourné et dont il ne parlait jamais. Les jardins de la propriété ravivaient des souvenirs du jardin de sa jeunesse en même temps qu'ils reconnectaient Yves avec l'importance du jardin et des fleurs comme source d'inspiration dans son œuvre, tout comme cela l'avait été dans celle de son mentor Christian Dior. Saint Laurent et Dior avaient tous deux perdu leur maison et leur jardin d'enfance, leur éden originel. Un jour que nous roulions dans la campagne normande, Yves m'avait raconté que la maison d'enfance de Granville et son jardin avaient inspiré toute la création de Dior qui n'avait cessé de dessiner des femmes fleurs, se rappelant sans doute ainsi les heures passées avec sa mère adorée, à soigner les fleurs dans la serre et le jardin de cette maison qui représentait pour lui le paradis brutalement perdu au lendemain de la faillite paternelle survenue suite au crash de 1929[39]. Yves m'avait dit avoir connu ce choc profond, survenu pour des raisons différentes mais avec un impact comparable. Mais, origines obligent, ce n'était pas le jardin de Bénerville qui inspirait Yves, mais bien celui de Marrakech. Enfance quand tu nous tiens… et ne nous lâches jamais tout à fait. Et en plus, le premier amant de sa vie avait été son jardinier algérien, alors… La boucle se bouclait ainsi à la villa Oasis, un ailleurs pour lui vitalement et artistiquement nourricier qui constituait également, j'allais dire immanquablement, une villégiature sexuelle, une de plus, pour lui et pour Pierre Bergé, et bien sûr pas seulement pour eux deux, puisque le Maroc, Marrakech en particulier, avait constitué depuis la fin du XIXe siècle un refuge pour vivre son homosexualité, à une époque où ce n'était pas possible en Occident. D'Isabelle Eberhardt à Pierre Loti ou Paul Bowles… longue était la liste des artistes qui venaient chercher, et trouver, au Maroc un lieu d'inspiration autant que de discrétion complaisante à l'égard de leurs préférences sexuelles. On appellerait officiellement cela du tourisme sexuel aujourd'hui, partout de par le monde. Yves et Pierre n'étaient pas des touristes, ils avaient développé des relations suivies, voire amicales, avec certains de leurs jeunes amants[40].

---

39 voir *Une maison, un artiste. Christian Dior, L'ombre des jardins en fleurs*, France 5, 2013.

40 relaté par Pierre Bergé dans le magazine *Stupéfiant!*, France 2, 23 novembre 2016.

Je savais cela avant de venir, mais je ne sais pour quelle raison, j'avais espéré que cette réalité ne s'imposerait pas si immédiatement. Or, si, elle s'est imposée.

Quelques heures à peine après notre arrivée, deux jeunes hommes s'étaient présentés à la porte de la villa Oasis, hélant Yves par la porte du jardin, avec force sourires entendus. Comme j'interrogeais mon compagnon du regard, celui-ci m'avait fait signe de les renvoyer. Les jeunes hommes semblaient déçus et sont repartis penauds. Le soir même, il me racontait, émoustillé, qu'il avait perpétué les habitudes de Jacques Majorelle, lequel faisait entrer des jeunes hommes par la porte arrière du Jardin Majorelle pour les faire directement monter dans son atelier.

– Moi aussi, j'ai fait pareil, m'expliqua Yves.

Puis, assis à sa table dans sa chambre, il entreprit de me dessiner ses souvenirs, des dizaines de dessins de jeunes amants. Il les nommait, donnait des détails, dessinait vite, au fil de sa mémoire, les corps, les sexes, n'omettant aucun détail. Il conclut sa série de croquis par un dessin représentant des minarets en forme de pénis et une légende – *50 millions de bites et moi et moi et moi...* –, puis m'a offert ce répertoire illustré de ses amants marrakchis, un répertoire sans doute partiel. Ces dessins ont rejoint la conséquente collection de tous ceux qu'il m'avait déjà offerts, et ceux qu'il m'offrirait, en plus de tableaux d'orientalistes et de divers objets d'art.

Quelques jours plus tard, me promenant seul, j'avais aperçu l'intendant et le cuisinier de la villa Oasis en pleine activité sexuelle dans la bambouseraie du Jardin Majorelle. Yves avait éclaté de rire en l'apprenant. Il le savait.

– La bambouseraie, c'est les Tuileries de Marrakech, m'avait-il répondu avec un clin d'œil.

Un lieu de rencontre gay, donc. Je me le tins pour dit, et en effet, fis plus attention à la circulation autour du Jardin Majorelle. J'y vis passer des hommes, des étrangers et des locaux, de tous âges. Jusqu'au jour où je vis l'impensable. L'intendant agenouillé devant un adolescent prépubère debout devant lui, nu comme un ver. Tenant ses fesses à pleines paumes, il suçait avidement l'enfant qui se laissait faire en regardant en l'air, tenant à la main un billet. Mon sang ne fit qu'un tour et je sentis mon visage s'enfiévrer. Je faillis bondir pour frapper l'intendant et je sais que j'aurais pu le tuer sur place. Je me suis contraint à me calmer, prenant vraiment sur moi. En fait, je ne voulais pas que le jeune adolescent marocain sache qu'il avait été vu. Le mal était fait, je ne voulais pas lui imposer une honte supplémentaire. Je ravalai ma rage et m'éclipsai, bien décidé à en parler à l'intendant et à Yves.

– C'est toléré, ce genre de choses ? lui demandai-je le soir même.

– Oh... soupira-t-il, vague, non sans une certaine lassitude. Dans la palmeraie, il se passe bien plus de choses encore. Les autorités préfèrent faire comme si elles ne savaient pas. Et pourtant, tout le monde sait, évidemment.

— Mais là, ça se passe chez toi ! insistai-je. C'est un de tes employés qui fait ça avec un gamin…

— Pas chez moi, non. Le Jardin Majorelle est public, néanmoins assez mal à l'aise.

— Et les filles aussi ?

— Comment le saurais-je ? renchérit-il aussitôt, amusé. Je suppose que oui. Pourquoi pas les filles ? Et pourquoi tu me demandes ça ? Tu veux te faire une fille ? Mais elles doivent rester vierges, tu sais…

Et de m'adresser un clin d'œil entendu. J'avais bien saisi. Si je rencontrais une Marocaine, il me faudrait trouver une façon de coucher avec elle sans la déflorer. J'en parlai bientôt aux copains que je m'étais faits dans le souk de la médina, des marchands d'artisanat, de bijoux berbères et de tapis auxquels Yves et moi rendions visite pour trouver des objets à revendre ensuite dans le petit musée du Jardin Majorelle. Je pris l'habitude de m'y rendre seul, Yves préférant la plupart du temps végéter au bord de la piscine désormais nettoyée de sa villa. Bientôt, ces amis me présentèrent leurs « cousines ». La polygamie produit des familles nombreuses, forcément, mes copains avaient beaucoup de cousines… Ainsi passaient les journées. Grâce à ces copains, grâce aussi aux deux antiquaires experts et voyageurs qui tenaient boutique à La Mamounia, je commençais à rapporter des objets d'art et des antiquités de chacun de mes séjours à Marrakech. Évidemment, Yves en achetait beaucoup plus que moi. L'un de ces deux antiquaires de renom, intime du roi Hassan II, a permis une rencontre entre Yves et les fils du roi, les princes Sidi Mohammed et Sidi Rachid. Sidi Mohammed a succédé à son père en 1999 sous le nom de Mohammed VI. En décembre 2016, à Marrakech, Mohammed VI a décoré Pierre Bergé du Grand Cordon du Wissam Alaouite.

Auprès de ces antiquaires de renom, je l'ai vu acquérir des pièces fabuleuses, et la villa Oasis, de séjour en séjour, ressemblait de plus en plus à un palais royal ou à un antre des mille et une nuits. Il y avait ces couleurs fabuleuses et ces objets inoubliables. Je me souviens particulièrement des portières, ces pans de tissu brodé qui sont posés sur les portes intérieures des maisons, et puis des ceintures de mariée, portées le jour du mariage et que les femmes conservent toute leur vie. Dans un des salons du rez-de-chaussée trônait une porte de mosquée en cèdre du XVIIe siècle qui impressionnait par sa taille majestueuse, et surtout par le travail d'ébénisterie d'une finesse incroyable pour cette époque. S'y trouvait aussi une multitude de céramiques de Fez, la capitale de la tradition marocaine en matière de céramique. Durant nos séjours, Yves et moi nous promenions à travers le Maroc, allions à Essaouira, à Fez, à Tanger. Nous poussions parfois jusqu'à une plage. Jamais Yves ne se baignait dans la mer, mais moi, oui, j'avais profondément besoin de sentir le soleil et la mer sur ma peau, j'en avais tellement peu bénéficié jusqu'alors. Nous écumions les souks et les antiquaires. Nous mangions, buvions du thé, revenions tranquillement, étourdis par la beauté environnante. Nous achetions encore d'autres bijoux, majoritairement berbères, des diadèmes, des ceintures de mariée, des boucles d'oreilles et des colliers de perles d'une finesse inégalée. C'était vraiment une découverte pour moi, et je restais littéralement médusé par toute cette beauté. Plus tard, après ma relation avec Yves, j'aurais une maison à Tourettes-sur-Loup au rez-de-chaussée de laquelle j'ouvrirais un atelier d'horlogerie et un magasin d'antiquités où je vendrais toutes mes merveilles marocaines. Pierre Bergé, quant à lui, a organisé une vente aux enchères en octobre 2015 au profit de la Fondation Jardin Majorelle à Marrakech et du futur musée YSL. Leur fabuleuse collection d'objets, de meubles, de tableaux, d'armes, de bijoux a été vendue. Ainsi tourne la roue de la vie.

Me revient un incident dans le souk de Marrakech. Yves m'avait mandaté pour trouver des colliers de valeur pour les revendre dans son petit musée. Il voulait de belles pièces, refusant la facilité kitsch. J'allai dans une boutique où Yves et moi étions connus et me fis présenter tous les colliers berbères en argent et sertis de pierres. Le vendeur me convainquit qu'il s'agissait de belles pièces anciennes et me fit payer le prix fort. Content de moi, j'espérais qu'Yves le serait aussi. Mais dès que je sortis les colliers de leur emballage, après les avoir juste aperçus, il me dit que ceux-ci étaient faux.

– Mais comment ? dis-je, le vendeur m'a assuré que c'était ses plus belles pièces !

– C'est du faux, répéta Yves, tranquille et sûr de lui. Retourne les rendre, il t'a roulé.

Furieux, je retournai dare-dare dans le souk et exigeai du vendeur qu'il me rembourse en haussant le ton. Comme il niait et continuait d'affirmer que c'étaient là des pièces uniques, je me suis énervé. C'est alors que le jeune vendeur est devenu fou. Les yeux exorbités, il a attrapé un poignard et me poussant au sol, a renversé ma tête vers l'arrière en me tenant par les cheveux, prêt à m'égorger. Fort heureusement, son patron, du fond de la boutique, le vit et se rua sur lui. Après force cris et menaces, il finit par l'obliger à lâcher l'arme blanche et à me libérer. Je me relevai, chancelant, complètement sonné. Le patron, qui savait très bien qui j'étais, se liquéfiait en excuses, expliquant que son employé avait perdu la tête, le ventre vide en cette période de Ramadan. En manque d'alcool et de shit, oui, c'était ça la vérité ! Dans tous les cas, le patron me remboursa et m'offrit des objets, de valeur cette fois. J'avais eu chaud. Quelques jours plus tard, sillonnant à nouveau le souk, deux hommes, adossés à l'entrée de leur boutique, m'avaient sifflé. Sifflé comme une fille. Outré, je m'étais retourné et avais foncé sur eux, prêt à en découdre. Le patron de la boutique de bijoux qui m'avait remboursé pour les faux bijoux était sorti de sa boutique et avait accouru juste à temps. Il avait rappelé aux deux hommes qui m'avaient sifflé le récent édit du roi du Maroc qui interdisait que l'on insulte ou touche un étranger sous peine de graves sanctions. Les esprits s'étaient calmés. Ce propriétaire de la boutique de bijoux m'avait donc sauvé deux fois de suite. Je me croyais accepté et même amicalement reçu, je compris que les relations étaient bien plus complexes et insidieuses qu'il n'y paraissait.

L'essentiel, à mes yeux, était ailleurs. J'en retins, ou plutôt j'eus confirmation de l'extraordinaire connaissance d'Yves en matière artistique et même artisanale. En matière d'art populaire marocain autant qu'en matière d'arts majeurs français et occidentaux. J'en restais abasourdi. Une ultime anecdote me revient. Alors que nous regardions des tapis, des centaines de tapis tournés à l'envers et pliés en deux, Yves en a pointé trois. Il les acheta sans même demander à les voir à l'endroit. Le vendeur s'activa pour les envelopper et les faire livrer.

– C'était mes trois meilleurs tapis, me dira-t-il plus tard, bluffé. Il a vraiment l'œil.

Eh oui, Yves Saint Laurent avait l'œil. Une culture artistique encyclopédique et un œil de lynx, une volonté et une exigence sans compromis. En sa personne exceptionnelle, tous ces aspects cohabitaient, pas toujours harmonieusement.

Ainsi, pendant le temps qu'aura duré notre histoire, nous retournerons à Marrakech de façon rituelle, en novembre et en avril. J'en garde des souvenirs encore émus et merveilleux. La vie y coulait plus tranquillement. Des amis parisiens passaient voir Yves. Catherine Deneuve faisait des allers-retours, notamment pour mon trentième anniversaire, en novembre 1991.

À Paris, nous vivions dans un tourbillon, Yves subissait une telle pression permanente au rythme effréné de ses obligations, que ces jours de vide, de rien, de tout, d'odeurs, de calme et de couleurs ensoleillées lui étaient nécessaires. Ils le devinrent pour moi aussi.

Fort heureusement, il n'y eut pas d'autre crise délirante. À Marrakech, malgré tout, Yves Saint Laurent était toujours un peu plus heureux.

Chapitre 10
UNE BELLE ÉDUCATION

Pourquoi Yves m'inquiétait-il tant lorsque nous revenions de Marrakech à Paris ? Précisément parce que nous quittions Marrakech, lieu de refuge et de ressourcement dans lequel il ne risquait pas de croiser Pierre Bergé, et que nous revenions à Paris où il allait croiser Pierre, par la force des choses, et simultanément retomber dans la pression de l'obligation de produire à un rythme fou, et de produire pour réussir. Réussir pour les autres, car trop de milliers de personnes dépendaient de lui à Paris et ailleurs dans le monde. Réussir pour lui-même aussi, car il voulait demeurer le seul et l'unique, le meilleur, celui qui renaît de ses cendres, indépassable et invincible. Depuis que beaucoup savaient qu'il avait été si malade et amoindri, qu'il avait chuté, cet impératif de réussite et de succès apparaissait plus vital encore. Tout cela me faisait peur, oui, absolument. Comment aurait-il pu en être autrement ? J'avais pour mission de le stabiliser et de le satisfaire, de le protéger aussi de lui-même, pour qu'il continuât de créer. Cette injonction, bien que je l'eusse acceptée ou plutôt parce que je l'avais fait, pesait sur ses épaules autant qu'elle grevait les miennes. Chaque jour, pendant le temps que j'ai passé à ses côtés, j'ai aidé à maintenir sa créativité à flot, bien que chaque jour, durant cette période où il aurait pu tout arrêter, j'aie craint de faillir.

Revenant de Marrakech, je me disais donc, plus ou moins clairement, qu'il fallait tenir jusqu'au prochain séjour que nous y ferions. Nous aurions pu aller ailleurs, évidemment, je le souhaitais ardemment. Pourquoi pas à New York, ou Londres, ou sur la Côte d'Azur au moins ? Mais non. Nous bougions toujours de Marrakech à Paris, de Paris à Bénerville, puis à Paris, à Marrakech et ainsi de suite. Mis à part l'escapade automnale à Munich, Vienne et Zurich, quasi en catimini, et le voyage d'affaires éclair au Japon, nous tournions à vrai dire en rond entre Paris, la Normandie et le Maroc. Je compris rapidement que par l'entremise des sbires qui travaillaient pour lui – tous les domestiques de longue date qui vivaient auprès de nous et nous espionnaient, où que nous allions –, Pierre Bergé nous pistait partout. Il se savait persona non grata et se tenait physiquement loin d'Yves, mais ne lâchait pas d'un iota l'absolutisme qu'il a lui-même toujours revendiqué. Il le faisait pour des raisons professionnelles évidentes, mais sans doute aussi pour des raisons personnelles, plus obscures, plus rancunières, exigeantes dans tous les cas. Pierre s'arrangeait pour que nous ne puissions migrer nulle part ailleurs qu'à Paris, Marrakech, Bénerville, comme dans un manège sans fin.

Yves observait une sorte de rituel en réintégrant son appartement parisien. Le regard suspendu, indéchiffrable derrière les verres de ses fameuses lunettes à l'épaisse monture d'écaille, il faisait son tour du propriétaire, observant un à un les innombrables objets de sa collection d'art, dont on sait bien aujourd'hui à quel point elle fut exceptionnelle. Ce que l'on sait peut-être moins, c'est combien il y avait d'objets dans l'appartement, et en particulier dans le grand salon. Quand on entre chez un brocanteur, par exemple, ou dans une boutique des Puces, on a le tournis, on est d'abord stupéfait devant la surabondance des objets. On ne peut pas les appréhender d'un seul regard. On se tient d'abord interdit, puis on va de l'un vers l'autre pour les découvrir dans leur spécificité. Il en était exactement ainsi avec les objets du salon d'Yves. À part qu'il ne s'agissait pas de brocante mais de pièces rares, souvent uniques, au coût pharamineux. Il y en avait partout, absolument partout ! Sur toutes les tables, tables basses, guéridons, accoudoirs plats, manteau de cheminée, dessertes, etc. Je me souviens d'avoir quasiment eu peur la première fois que je suis entré là. Au lieu de m'attirer, la surabondance quelque peu maladive des objets faisait barrage, me repoussait. Vases, vasques, coupes, sculptures, bustes, en argent, en vermeil, ivoire, et beaucoup de bronzes qu'Yves adorait, l'effet de ces pièces de maîtres plus exceptionnelles les unes que les autres était intimidant pour quiconque s'y aventurait. La muséographie laissait à désirer. On aurait dit que l'appartement était dédié aux objets plus qu'aux humains, j'ai très souvent pensé cela, de plus en plus souvent, jusqu'à ce que ça m'en devienne invivable, irrespirable. Mais le but de cette surabondance n'était-il pas de former autour d'Yves une carapace protectrice et répulsive ? La seule touche de vie dans ce décor était apportée par les brassées de roses et de gerbes de blé que le fleuriste Moulié-Savart livrait plusieurs fois par semaine. Sinon, ce lieu d'une beauté figée, intimidante et un peu effrayante, était plutôt un théâtre pour Yves, et pour lui seul. Pierre, avec sa sobriété spartiate, n'avait pas pu aimer, j'en étais sûr. Seul Yves nageait entre ces marées d'œuvres comme un poisson dans l'eau. Mais il était chez lui après tout, et donc ce décor surchargé et immobile, c'était lui.

Lorsque nous revenions de voyage, sitôt le seuil franchi, il se précipitait au salon comme pour s'assurer que chaque objet se trouvait bien là et bien à la place qu'il lui avait assignée. Il pouvait passer des journées entières à ranger chaque chose une à une et il n'imaginait pas qu'elle fût déplacée. Je plaignais souvent le personnel qui faisait le ménage dans l'angoisse permanente de défaire cet agencement maniaque. Il imaginait encore moins qu'un objet ou un tableau disparaisse. Je pense qu'il en serait mort. Lorsqu'il fallait épousseter les tableaux, les décrocher et les raccrocher, je m'organisais pour que nous soyons partis toute la journée. Outre les objets de sa collection, Yves possédait aussi ce qu'il appelait son cabinet de curiosités, situé au rez-de-jardin non loin de ma chambre. Dans une vitrine dont lui seul possédait la clé, il gardait des bijoux, des émaux, des coupes en argent gravé, des cristaux et des croix, beaucoup de croix dans toutes sortes de pierres semi-précieuses. Et puis, surtout, le cœur en pierres précieuses grises et rouges que jadis il destinait à Victoire, sa fiancée pour l'éternité. Il m'avait montré cette crypte une seule fois. Ce qu'il aimait, c'était plonger ses longues mains dans ce coffre aux trésors. Il me faisait penser à Oncle Picsou se jetant dans sa mer de pièces d'or... Cet attachement quelque peu névrotique à ses œuvres et à ses trésors était paradoxal, car il était par ailleurs très généreux, mais pas du tout par rapport à ses possessions dont il avait littéralement besoin pour vivre. C'était la même chose à Bénerville et à Marrakech, même s'il y avait heureusement moins de choses. Un jour qu'Yves confiait la réfection de sa bibliothèque à Jacques Grange, qui avait décoré le duplex parisien ainsi que le Château Gabriel, j'ai entendu le décorateur lui dire qu'à son avis, concerné, il y avait bien trop de choses dans l'appartement. Yves n'avait même pas pris la peine de répondre. À vivre ainsi dans ce décor fantasmagorique, sombre le jour et éclairé de bougies la nuit, je compris qu'il aimât tant le château de Louis II de Bavière. En effet, l'atmosphère du château de Neuschwanstein me rappelait celle du 55, rue de Babylone, et la manière de vivre d'Yves celle du génial et fou Ludwig, isolé entre ses œuvres et ses amants, sur fond d'opéra. J'en ai frémi à plusieurs reprises.

Cette fois-là, revenant de Marrakech, le rituel s'observait, intact. Portant constamment quelque chose à sa bouche, une sucrerie en alternance avec une cigarette, Yves admirait les statues, les pièces de mobilier, les objets de collection, comme s'il leur disait bonjour un par un. Il parvint enfin devant les tableaux, Léger, Matisse, Cézanne, Picasso, Ingres, Géricault, Chirico... Dans la solitude profonde et fondamentale qui répondait à sa terreur des foules et des contacts sociaux en général, les tableaux, encore plus que les objets, constituaient sa garde rapprochée, sa famille d'élection, autant, voire beaucoup plus, que sa famille de sang. Quelque chose s'était irrémédiablement brisé en lui durant cette adolescence algérienne martyrisée, le faisant dériver loin des sœurs qu'il aimait et qu'il avait protégées dans leur petite enfance, l'éloignant surtout de sa mère et de son père qui ne l'avaient pas défendu alors qu'ils savaient, sa mère en tout cas, les exactions quotidiennement subies à l'école Notre-Dame du Sacré-Cœur d'Oran. Ses tableaux étaient des amis demeurés fidèles. Il s'arrêtait devant chaque œuvre, dans une manifeste communion muette. Il pouvait en particulier passer un temps infini devant le chevalet où reposait son Goya, le portrait de Don Luis Maria de Cistué y Martínez[41]. Dialoguait-il, au travers de cet infant d'Espagne tout à la fois innocent et mélancolique, avec l'infant déchu qu'il fut lui-même ? Il faut bien dire que l'ambiance de l'appartement était

---

41 Offert au Louvre par Pierre Bergé. Source : Catherine Schwaab, *Paris-Match*, 7 janvier 2014.

propice à pareil recueillement. Une atmosphère oppressante, entretenue par l'amoncellement des œuvres, les tons plutôt sombres, le tamisage des lumières, le silence feutré, dans une perfection sublime. Un musée privé où la vie semblait avoir suspendu son vol. Cette ambiance seyait à Yves en contraste avec les couleurs et la lumière marocaines. Moi, elle finit par me rendre neurasthénique. Je n'en pris pas conscience tout de suite, subjugué que j'étais par tant de luxe, mais au bout d'un an, je me découvris peu à peu aussi pétrifié qu'était le lieu. Je me sentis comme une pièce d'art parmi les autres, un objet de satisfaction parmi tellement d'autres. Mais si je coûtais relativement cher, ce ne serait jamais rien comparé à la valeur de ces œuvres.

Pendant qu'Yves s'adonnait à ce rituel de retrouvailles, je rangeais mes affaires dans ma chambre. Elle avait été celle de Pierre Bergé jusqu'au départ précipité de celui-ci au printemps 1976, avant de devenir celle d'autres amants moins sporadiques que les autres, tel le jeune Darius. Yves n'aimait pas dormir avec quelqu'un. Il plongeait seul dans les bras de Morphée mais exigeait que je l'en extirpe tous les matins, entre 7h et 8h, avec un bonjour bien particulier. Je devais entrer en lui disant « Zouki, debout Zouki » sur un ton autoritaire. Injonction à laquelle il répondait « Zouk tarma », plaçant ainsi la journée sous les auspices d'un jeu de soumission. *Zouk*, « cul » en argot arabe, et *tarma*, également en argot arabe, qui désigne non sans mépris celui qui consent à être enculé. Une façon, en somme, de se dire prêt dès le réveil... prêt de préférence à se faire fouetter mais aussi prendre sauvagement par moi qui jouais, selon les jours, le prêtre sadique, le père fouettard, l'agresseur qui le suppliciait tandis qu'il subissait les bras en croix... Le masochisme d'Yves était sans limite et, s'il pouvait à l'occasion m'exciter, la plupart du temps il m'accablait. Je manquais souvent d'entrain dans ces violences répétitives, lui jamais. Sur le mur devant l'entrée de ma chambre, se trouvait un montage de photos d'une cinquantaine de pénis en érection, parmi lesquels se trouvait celui de Pierre. Mais d'évidence, cela annonçait la couleur : là se trouvait la chambre du maître. Je savais trop bien n'être dominant qu'aux heures choisies par Yves qui demeurait le maître absolu des lieux.

Selon les goûts de Pierre, cette chambre était opulente mais plus sobre que celle d'Yves. Elle nourrissait chez moi l'impression que l'indigence dans laquelle j'avais vécu mon enfance n'avait pas existé, ou du moins qu'elle ne me rattraperait plus jamais. De fait, elle ne m'a plus jamais rattrapé, mais je ne me sentais pas pour autant tout à fait dans mon élément dans tout ce luxe figé. Je demeurais pour toujours le fils aîné d'une femme détruite par la candeur amoureuse, la pauvreté poisseuse, le mépris avilissant, la violence physique et verbale, le déclassement social et finalement, comme une conclusion fatale, par l'éthylisme ravageur. Même confiné dans la prodigalité la plus ostentatoire, je gardais au plus profond les stigmates de cette meurtrissure originelle. Yves n'en savait rien et je ne lui en parlais pas. Il n'aimait pas les pauvres, de toute façon. La différence, c'est qu'Yves le disait ouvertement autant qu'il revendiquait son aversion de la bourgeoisie, alors que Pierre, homme de gauche et activement engagé dans cette orientation politique, se gardait de l'admettre tout en le manifestant. Pierre constituait un fleuron, voire une mascotte de ladite gauche caviar, celle-là même qui, depuis le tournant libéral de la mitterrandie en 1983 et jusqu'à l'élection de Jacques Chirac en 1995, se trouvait au faîte de son contrôle et de son influence sur toutes les sphères de la société française. Il l'est bien sûr demeuré, n'ayant cessé d'élargir ses zones d'intérêt et de pouvoir, en patron de gauche n'ayant jamais cherché à amoindrir son exigence, son opiniâtreté ni son ambition. Pierre est l'homme des réussites et des éclats flamboyants. Malgré mes ressentiments à son égard, j'ai moi aussi, comme tout le monde, nourri une admiration et un respect sans bornes pour sa manière d'être, sa façon de faire et de dire sans compromis sa singularité. N'avait-il pas fait défiler YSL à la Fête de l'Huma[42] alors que, par ailleurs, tous ses employés le craignaient, et qu'il s'est toujours flatté d'avoir su éviter syndicats, comité d'entreprise et grèves tout en mettant un point d'honneur à distribuer une très grosse prime annuelle à chacun ?

---

42 Fête de l'Humanité, journal du Parti communiste français. Organisé depuis 1930 au cours du second week-end de septembre, cet événement réunit chaque année un demi-million de participants.

Dans le duplex du 55, rue de Babylone, ma chambre était située au rez-de-jardin. Rien que la penderie était plus vaste que la chambre que mon frère et moi avions partagée enfants. Je dormais dans un lit Art déco qui valait une fortune. Le mobilier, signé Jean-Michel Frank, était d'une épure parfaite. Yves m'avait appris qu'étant parvenu au faîte de la simplicité, Frank s'était suicidé. Ça le faisait rire, moi pas du tout. La remarque ajoutait à l'atmosphère compassée, voire morbide de cette chambre à l'humidité désagréable. Tout y était beau, d'une beauté parfaite, mais sans aucune chaleur. J'aimais beaucoup, en revanche, passer en revue mon abondante garde-robe qui, après chaque séjour à l'étranger, s'agrandissait d'autant. Une fois mes nouveaux vêtements extraits de mes valises Vuitton, je frémissais de satisfaction en en faisant l'inventaire. Yves me voulait en gigolo chic, qu'il tenait beaucoup à exposer comme un trophée. Il me désirait pour mon côté limite voyou qui allumait ses fantasmes, et mon côté bel objet de luxe impeccablement vêtu, soigné, rasé de près, arborant l'une des montres de luxe qu'il m'avait offertes. Chaussé de Berluti sur mesure, tout comme Pierre et lui, portant, comme lui, des sous-vêtements et des pyjamas Charvet, des costumes signés Newman ou Charles Le Golf, ou bien faits sur-mesure par Caraceni, le tailleur italien qu'il faisait venir en jet privé pour qu'il prenne nos mesures à Paris. J'aimais beaucoup, pour ma part, les vêtements Thierry Mugler, en particulier les vestes à épaulettes cintrées qui magnifiaient ma silhouette.

Yves les appréciait aussi, mais son embonpoint lui en interdisait le port. Pierre Bergé préférait quant à lui l'élégance des matières et des camaïeux décalés de chez Arnys. Mes vêtements, parfumés dans de subtils effluves dans l'immense penderie, me rassuraient. Ils me tendaient le miroir narcissique dont j'avais tant manqué et qu'il m'importait désormais de cultiver. N'avais-je pas admiré l'allure de mon père lorsqu'il rentrait dans notre pauvre logis familial ? N'avais-je pas tout fait, et plus encore, pour jouir à mon tour de ces bénéfices-là ?

Fin décembre 1990. La collection haute couture printemps-été 1991 serait présentée durant la *fashion week* de la mi-janvier. Puis Yves replongerait dans les collections Saint Laurent rive gauche et Variation présentées en mars et octobre, et enfin s'attaquerait à la collection haute couture automne-hiver 1991 présentée durant la *fashion week* du début juillet. Tel Sisyphe – métaphore employée par Yves pour parler de lui et que j'avais dû lui demander de m'expliquer, ignorant et le mythe grec et l'essai de Camus[43] –, il n'en finirait jamais de pousser son rocher mais moi, je ne l'imaginais pas heureux, tout simplement parce que je ne le voyais jamais heureux de son succès ni de sa réussite pourtant si ardemment recherchés. Je le voyais, je le savais plutôt enchaîné à son grand sens du devoir et des responsabilités à l'égard de ceux que ses

---

43 *Le mythe de Sisyphe*, Albert Camus, Gallimard, 1942.

choix avaient rendus dépendants de lui. Mais il n'était qu'un jeune homme de 17 ans, maltraité, complexé, méprisé, lorsqu'il avait fait ces choix de célébrité comme un désir de revanche et de réparation. Allait-il payer toute sa vie le fait d'avoir réussi cette vengeance? La réponse est oui. Oui, il l'aura payé jusqu'à son dernier souffle. Alors, connaissant son processus de création, je savais que l'état de dépression comateuse d'où finiraient par émerger les prochaines collections allait bientôt le reprendre. Je cherchai donc un moyen à la fois calme et convivial de passer les fêtes de fin d'année.

Après avoir convaincu Yves, je conviai donc sa mère ainsi que Pierre et son compagnon, Robert Merloz, pour le réveillon de Noël. Yves m'avait tendu son chéquier en me disant d'acheter des cadeaux. Je ne trouvais pas l'idée très opportune, à vrai dire, mais j'achetai quelques babioles et surtout, un tibia de veau pour Moujik. Le cuisinier prépara un repas somptueux, et tout se déroula fort bien. La tension exacerbée qui prévalait depuis la sortie d'Yves de la clinique de Garches retomba quelque peu, et j'imaginai que nous respirerions tous un peu mieux. J'appris par la suite que la haine aveugle qu'Yves vouait à Merloz ne tenait pas qu'à sa révolte globale à l'égard de Pierre. Elle avait une cause bien précise.

– Tu sais ce qu'il a fait? me dira Yves après ce réveillon.

– Qui ça? Robert?

– Non, enfin oui, mais c'est Pierre qui lui a demandé.

— Quoi donc ? dis-je, persuadé qu'il allait me faire une révélation sexuelle bien salace.

Mais il s'agissait de tout autre chose.

— Pierre a demandé à Merloz de prendre ma relève ! Me remplacer, moi ![44]

La soirée avait été bien calme et, en cette nuit sainte, je préférais qu'elle le restât. Yves ne se montrait pas menaçant, il semblait plutôt submergé de tristesse. Il est très rarement arrivé que je le prenne dans mes bras dans un geste consolateur. Je l'avais fait suite à sa crise de delirium tremens à Bénerville lorsqu'enfin calmé, il m'avait raconté, en larmes, qu'il avait pensé à tout ce qu'il avait subi durant sa vie et qu'il avait voulu en finir en avalant une bouteille entière parce qu'il savait que cela pouvait lui être fatal. Je le fis à nouveau cette nuit-là. La tête contre mon épaule, il me raconta avoir découvert — il ne me dit pas comment —, que Pierre Bergé avait commandé une collection à son amant. Dans une de ces rages spectaculaires et dangereuses dont il avait le secret, Yves avait détruit tous les dessins, se fichant totalement que toute la société YSL l'entendît.

— C'était de la merde, ces dessins ! Mais comment Bergé a-t-il juste pu imaginer que j'allais accepter une telle merde ? Il ne dupera personne.

Je ne souhaitais guère, à cet instant délicat, ajouter de l'huile sur le feu. J'appris que les événements avaient eu lieu un an auparavant et en déduisis que c'était

---

[44] Marie-Dominique Lelièvre, *Saint Laurent, Mauvais garçon*, op. cité, p. 249.

durant la passion amoureuse autodestructrice avec Darius. Je ne pouvais m'empêcher de penser que Pierre avait cherché une solution – peut-être pas la meilleure en effet – au fait qu'Yves s'était à cette époque révélé particulièrement peu fiable et totalement ingérable, au point que le tout s'était soldé par un internement à Garches et par mon arrivée dans sa vie.

– Pierre a dû vouloir t'aider, le persuadai-je malgré son air dubitatif, au cas où tu aurais été encore plus longtemps malade, tu sais… Mais c'est fini, maintenant, de toute façon.

De facto, je n'entendis plus jamais parler de Robert Merloz comme éventuel successeur d'Yves Saint Laurent. Merloz avait certes travaillé cinq ans au studio de création d'Yves, mais de là à prendre sa place… Yves m'apprit néanmoins, sur un ton revanchard, qu'il avait lancé sa propre marque mais avait dû arrêter après le premier défilé, qu'il avait même été hospitalisé, toute la pression engendrée l'ayant profondément atteint. « Pauvre chochotte ! » s'était moqué Yves. Je sais que Merloz a depuis fondé une marque de sacs et d'accessoires inspirée du Maroc, lui aussi, décidément… Je suis certain que Pierre a continué de l'aider, même s'ils n'étaient plus ensemble. La fidélité, en particulier au sein du milieu homosexuel, a toujours caractérisé Pierre Bergé. Mais s'il rompait pour des raisons qu'il considérait impardonnables, il le faisait exactement comme Yves, sans retour. En 1990, Robert Merloz était un jeune homme longiligne et efféminé, exactement conforme au modèle qui plaisait à Pierre tandis qu'Yves, qui lui-même avait été jadis une grande bringue filiforme – un « nigaud à lunettes » comme l'avait appelé Cocteau –, préférait le type moujik ou amant de lady Chatterley, le gabarit voyou musclé de mon genre ou de celui du harem de gigolos de son fidèle ami Alberto Pinto. Il était d'ailleurs prévu que nous passions la Saint-Sylvestre dans l'appartement de celui-ci, quai Branly. Yves avait hâte, il adorait Pinto, et moi j'avais confiance, il ne le ferait pas rechuter.

L'année 1990 avait été périlleuse. Yves l'avait abordée en chutant au fond d'un précipice puis, remonté de là, avait marché au bord du gouffre pendant une bonne partie de l'année. Je me tenais désormais à ses côtés. J'avais accompli la mission confiée par Pierre. Malgré son état, il avait livré deux magnifiques collections et s'apprêtait à en livrer d'autres. Alors que commençait l'année 1991, il semblait vraiment aller mieux. Un mieux qui durerait grosso modo un an, avant qu'on ne change sa médication et qu'il en soit complètement abruti, éteint. Mais tandis que le champagne coulait à flots parmi les convives d'Alberto et qu'une baronne avait ostensiblement décidé de me suivre dans les toilettes à mon insu – ce qui m'avait permis d'ajouter en ce premier jour de 1991 une petite culotte d'amante à ma collection –, j'ignorais de quoi serait faite cette nouvelle année. Je l'espérais meilleure, bien sûr, plus équilibrée et rassérénante pour Yves, pour moi et pour nous deux. Nous pourrions commencer une nouvelle vie, me disais-je. Eh oui, c'est ainsi, on fait des vœux au Nouvel An. Des vœux pieux.

Dès le lendemain de la Saint-Sylvestre, Yves retourna dans son studio de création, y passant des jours et des nuits pour mettre la dernière main à la prochaine collection haute couture. Comme toujours, il dessina, corrigea, annula et recommença jusqu'à la veille du défilé, que l'ensemble du personnel créatif abordait dans un état de somnambule boosté à la pression. Le rituel du matin de la présentation se reproduisit, nous arrivâmes une seconde avant le début et le tout fut un succès. Ouf ! J'ai compris que l'adrénaline était nécessaire à Yves. Ça rendait Pierre malade, nerveux forcément, mais Yves faisait partie de ces créateurs qui attendent le tout dernier moment pour plonger corps et âme dans la création, après une procrastination savamment entretenue jusqu'à son ultime limite. C'était usant pour lui et pour tous, mais c'était efficace, pour le moins.

Sonia défilait elle aussi. Elle portait la robe phare de la collection printemps-été 1991. Je la regardais avec envie et elle me mangeait de son regard de biche fauve. Soudain, après son dernier passage, je la vis foncer droit sur moi, alors que je me tenais bien tranquille, non loin d'Yves accroché au rideau et fumant clope sur clope. Il ne s'agissait pas de laisser filtrer la moindre ambiguïté devant lui. Sonia sembla s'en ficher. Agrippant mon avant-bras à me faire mal, elle m'entraîna de force à l'écart.

– Alors comme ça, c'est vrai. T'es maqué avec la patronne ?

Mon silence tenait lieu de confirmation.

– Tout le monde sait pour ta relation avec Pierre Bergé, et te voilà avec Saint Laurent. Je suis tellement déçue.

Elle n'était pas qu'en colère. Elle exposait clairement son dégoût. Je ne savais trop quoi répondre, plus préoccupé par les coups d'œil répétés que nous adressait Yves que par la leçon de pseudo-morale de cette ex-amante.

– Yves avait besoin qu'on l'aide, bredouillai-je.

– Ah ! fit-elle ironique. Tu joues les sauveurs, maintenant ! Tu te prends pour Jésus-Christ, ma parole !

Comme je ne répondais pas, elle renchérit :

– Tu y crois vraiment ? Écoute, je voulais juste te dire bien en face ce que j'en pense. Moi, je vais me marier, de toute façon.

Ce n'était pas le moment de lui avouer qu'Yves m'avait offert une bague de fiançailles. À défaut de législation, son intention paraissait vraiment sincère.

– Je te félicite, me contentai-je de répondre à Sonia qui me fixait droit dans les yeux. Je ne t'oublierai jamais, tu sais.

Elle hésita un instant puis se colla quasiment contre moi.

– Moi non plus, Fabrice, me dit-elle non sans ironie, en passant ostensiblement sa main sur mon ventre avant de tourner vivement les talons.

Elle savait qu'Yves nous observait, mais elle n'en avait cure.

Ce fut tout. Sonia disparut de ma vie, dans un ultime coup de griffe. Lors du défilé suivant, elle brilla par son absence et on me confirma qu'elle s'était en effet laissé épouser par un prétendant transi. Je l'imagine heureuse ailleurs, et sincèrement je le lui souhaite.

Cet épisode renvoie néanmoins à un aspect fondamental du caractère d'Yves : sa jalousie, aussi légendaire qu'intransigeante. Oser le tromper s'apparentait à un crime de lèse-majesté. Mais cela pointait surtout ses blessures d'être ultrasensible, pétri de carences narcissiques, trop longtemps honteux de sa sexualité, jamais guéri d'avoir été tant moqué et rejeté. Il avait copieusement trompé Pierre dès les premiers temps de leur vie commune, et c'est Pierre qui commença par en être blessé. Mais quand il finit par lui rendre la pareille, avec des garçons et des filles, Yves ne le supporta pas. En particulier, lorsque Pierre, sans doute à dessein, inclut Victoire Doutreleau à son tableau de chasse, Yves rompit avec celle qu'il avait pourtant tellement chérie. Il ne la reverra pas durant toute une décennie. Pendant que nous avons été ensemble, j'ai abondamment couché à droite à gauche avec de multiples femmes. Yves s'en doutait et piquait des crises mémorables, cataclysmiques, qui m'ont fait peur à de nombreuses reprises. Il était une femme, en vérité, au sens où sa sexualité, fantasmagorique et théâtralisée, plus cérébrale que charnelle, excluait totalement son organe masculin. Alors, le tromper avec des femmes constituait à ses yeux la plus grande des trahisons. Ce qu'il aimait, c'était m'exhiber partout, notamment devant les clientes d'âge mûr du Crillon qui, l'après-midi, chassaient le gigolo. Une façon de montrer qu'il était comme elles, mais que lui possédait le plus beau spécimen. Cela ne m'empêchera pas de vivre son intransigeance absolutiste à mes dépens. Après notre séparation en août 1992, il refusera de me revoir, et même de me parler, jusqu'à sa mort. Je serais malhonnête si je disais que je n'en ai pas été meurtri et que je ne l'ai pas regretté. Au final, le seul être avec lequel Yves Saint Laurent aura rompu sans rompre aura été Pierre Bergé. Et, comme je l'ai déjà dit ici, cela n'est pas à mettre au seul compte de leurs intérêts professionnels communs. Au final, l'amour c'est le temps, pour paraphraser Montaigne…

Yves allait donc mieux en ce début 1991. Presque un an après sa cure de désintoxication, il semblait que le bon dosage de sa médication avait été trouvé, et je priais de toutes mes forces d'athée pour que cela perdurât. Notre vie de couple devint un brin ennuyeuse, car lignée, linéarisée en quelque sorte, comme du papier à musique. Paris, les quais de Seine, les antiquaires, du Village Suisse aux Puces de Clignancourt, grands hôtels et grands restaurants, escapades à Barbizon, courts séjours à Deauville et ses environs, quelques sorties culturelles, quelques fêtes, mais Yves s'éteignait dès 20h, et puis surtout travail, travail et travail entre nos séances intimes. Je commençais à ronger mon frein.

C'est ainsi que dès notre retour du voyage au Japon, j'osai exposer à mon compagnon que je souhaitais « faire quelque chose ». Quand j'y pense, je souris moi-même de cette expression consacrée, celle de ces bourgeoises frivoles et désœuvrées qui finissent par dire à leur époux « chéri, j'aimerais faire quelque chose », et le mari, levant un œil de son journal, répond sans camoufler son agacement « et que voudrais-tu faire ? »... Une scène de vaudeville qui se joua, presque exactement ainsi, entre Yves et moi.

Un matin au petit déjeuner, après une longue séance de badine cinglante que je lui administrai avec application pour qu'il fût de bonne humeur, j'osai aborder le sujet. Yves, bien réveillé, me scruta un bon moment, étonné que la vie qu'il me proposait ne me satisfît pas totalement, puis la phrase tomba :

– Et qu'aimerais-tu faire ?

Je me raclai la gorge, puis répondis en bafouillant à moitié :

– J'aimerais étudier l'histoire de l'art aux Beaux-Arts.

Aussitôt, les sourcils d'Yves se dressèrent en accents circonflexes. Il pensait quelque chose qu'il n'osait même pas me dire. Une pensée certainement pas très valorisante.

– On n'entre pas aux Beaux-Arts comme ça, murmura-t-il. Il faut avoir le bac, je pense...

Je baissai le menton vers mon café noir tandis qu'Yves tartinait un deuxième croissant de miel d'arbousier rapporté du Maroc. Il mangeait de plus en plus, mais c'était aussi le prix pour qu'il guérisse.

— Pourquoi pas le théâtre, reprit-il. Tu y as pensé ?

Pas du tout. Même pas en rêve. Mais je me dis que si j'avais voulu faire du théâtre, il m'aurait proposé la sculpture, allez savoir... N'était-ce pas lui qui parlait de « parfaire mes manières » et conséquemment mon éducation artistique, totalement inexistante. Mais, et c'est aussi essentiel, vivre avec lui éveillait véritablement une douloureuse conscience de ma vacuité et une incommensurable soif de culture. La connaissance artistique, cette galaxie où tout n'est qu'*ordre et beauté, luxe, calme et volupté*... J'y dormais, j'y vivais, j'en mangeais, j'en respirais et fatalement, j'en étais parvenu au point de vouloir comprendre. Mieux, participer.

— Tu pourrais t'inscrire au cours Florent, me dit-il. C'est l'un des plus cotés de Paris.

J'opinai du menton. Pourquoi pas, en effet. Je me voyais toutefois faire quelque chose de mes mains. Fabrice vient de *faber*, « faire » en latin. Je portais bien mon prénom et cultivais un vif désir de fabriquer des choses avec mes mains. De beaux objets avec mes mains. Je sentais grandir en moi cette envie nouvellement révélée. Je me voyais en artisan mais pas en artiste, surtout pas en comédien. Mais pourquoi pas ?

— Si tu veux faire des choses avec tes mains, tu vas apprendre le piano, me dit Yves, catégorique.

Je ne répondis pas mais n'en pensais pas moins. Il voulait me transformer en gigolo savant comme d'autres élèvent des singes savants. Néanmoins, ce qui fut dit fut fait. La découverte du théâtre et du piano fut ma grande aventure de l'année 1991. Quelques semaines plus tard, je fus convoqué pour le concours d'entrée au cours Florent. Deux thèmes me furent attribués, et Yves m'aida beaucoup à me préparer. Il sera d'ailleurs ravi de me faire répéter mes textes tout le temps que je fréquenterai l'école. Moi, je ne voulais pas que quiconque au cours Florent sût que je vivais avec lui. Surtout pas passer pour un gigolo pistonné. Yves et moi étions bien d'accord là-dessus et n'en parlâmes d'ailleurs pas à Jean-Claude Brialy, du moins pas au début. Je devais bosser, point barre. Je bossai donc, et à ma grande surprise, et sans doute à celle d'Yves, je fus admis du premier coup ! Au vu de la liste impressionnante des acteurs célèbres issus de ce cours, j'en restai estomaqué.

Je confiai mes craintes à Yves :

– Oh, tu ne seras pas le premier gigolo à devenir acteur, tant s'en faudrait ! rétorqua-t-il avec cet indéfinissable sourire en coin que j'exécrais, mi-figue mi-raisin, ou plutôt mi-moqueur mi-salace. Allons, concentre-toi sur ton travail, ajouta-t-il néanmoins, radouci.

Ce que je fis. L'âge moyen des élèves étant d'à peine 20 ans, j'étais, à 29 ans, de loin le plus âgé. Je devins vite le grand frère, le substitut de père ou d'oncle des jeunes gens, et aussi l'amant de plusieurs jeunes demoiselles, qui tentaient là leur chance. Rapidement, j'en inviterais plusieurs à la garçonnière que possédait Yves rue de Breteuil, après avoir pris soin d'expurger les lieux de toute trace du propriétaire. Outre la Mercedes au volant de laquelle je me rendais aux cours, je me démarquais aussi par le luxe vestimentaire, très loin des jeans des autres garçons, et aussi des professeurs. Ils vivaient tous d'expédients, moi j'avais de l'argent en abondance et dès que je pouvais, d'une façon ou d'une autre je leur en faisais un peu profiter. À mon petit niveau, je pratiquais une sorte de mécénat et j'avoue que j'en retirais beaucoup de satisfaction. Je savais qu'un ou plusieurs des élèves deviendraient de grandes vedettes, mais aussi que la grande majorité chuterait bientôt de l'Himalaya de leurs espérances... tout comme moi d'ailleurs.

Rien dans mon passé ne m'avait préparé à cet univers de littérature et de la parole bien dite, mais j'avais une assez bonne mémoire. On appréciait aussi le type viril de ma voix. Les professeurs ne m'avaient pas pris en grippe comme je l'avais craint et semblaient plutôt enclins à me donner ma chance. Lorsque je rentrais le soir, Yves ne cachait pas son impatience de me faire répéter. Nos discussions devinrent vraiment intéressantes. Et lui, que faisait-il de ses journées ? Il travaillait à son studio. C'était vrai mais, les mois passant, plus j'aurais d'activités de mon côté, plus il en chercherait de son côté. Je ne le savais pas encore, mais je m'en apercevrais. Pour l'heure, il profitait souvent d'un dialogue à travailler pour inventer des répliques et les détourner en une scène de cul, trop content de réunir ainsi ses deux passions absolues, le théâtre et le sexe. Moi, je rentrais souvent épuisé d'avoir déjà baisé une partie de l'après-midi avec telle ou telle partenaire, et ces jeux ne m'émoustillaient pas beaucoup. Mais c'était ainsi.

À la fin de la session du premier trimestre, arriva fatalement l'examen de passage. Comme j'étais le plus vieux et que plusieurs des pièces choisies par mes camarades demandaient la réplique d'un partenaire plus âgé, j'avais accepté une bonne dizaine de rôles de soutien. Le jour J, je jouais Hippolyte, fils de Thésée, dans un extrait de l'acte 2 de Phèdre.

À peine avions-nous débuté que l'un des deux acteurs très célèbres qui constituaient le jury quitta d'un bond sa chaise, le bras dressé :

– Sacrilège ! s'écria-t-il en fonçant sur moi. Jamais vous ne serez comédien ! Qu'est-ce qui vous a pris de venir nous faire perdre notre temps ? Suivant !

Et de ponctuer son verdict sauvage en déchirant le texte que ma partenaire lui avait remis. Celle-ci, en pleurs, pensait bien que le couperet venait de s'abattre sur sa nuque. L'autre juge, ne voulant pas être en reste, me fusilla à son tour dans un silence entendu.

J'étais estomaqué. Je venais d'assister à mes propres funérailles devant toute l'école. Tous demeuraient abasourdis devant la violence de l'exécution publique. Je sentis monter les larmes, ramassai mes affaires et sortis le plus vite possible. La plupart de ceux qui devaient passer après nous m'avaient demandé de leur donner la réplique. Comment allaient-ils faire ? Une des élèves se leva et, courageusement, rouspéta auprès du juge qui m'avait renvoyé comme un malpropre. Je filai, quant à moi, sans demander mon reste.

Quelques jours plus tard, une de mes professeurs me téléphona et vint me visiter au 55, rue de Babylone, et par là même, comprit que j'habitais avec Yves Saint Laurent. Je ne sais si c'est ce qui l'impressionna, mais elle m'expliqua tout de go que depuis mon départ, le moral était au plus bas.

– Nous aimerions que tu reviennes. Tu ne passeras plus devant ces évaluateurs. Mais tu passeras, je te le garantis.

Mes deux professeurs du cours Florent avaient en effet dû plaider ma cause car, de fait, contrairement au premier verdict, je fus admis à poursuivre jusqu'à la fin de la session de juin 1991. Ce que je fis, non sans avoir accepté entre-temps la proposition de Jean-Claude Brialy de me pistonner pour entrer à la mythique école de théâtre Tania Balachova, avec Véra Gregh. Plusieurs échelons, en somme, au-dessus du cours Florent. Un soir, à *L'Orangerie*, Brialy me présenta Véra Gregh en personne. Après avoir discuté, elle m'expliqua que l'école croulait sous les demandes, mais m'assura de faire son possible, le plus vite possible. Elle tint parole puisque j'entrerais à l'école Balachova en janvier 1992. Quant à Yves, il se montra assez compréhensif devant ma peine d'avoir été maltraité, et c'est lui qui parla de l'affaire à son ami Brialy. Cette histoire de théâtre avait été son idée, après tout, il n'allait pas me laisser tomber. Je gardai quelques bons amis du cours Florent, dont quelques-uns que j'inviterais par la suite à Marrakech, avec l'approbation intéressée d'Yves.

Il n'y avait pas que le théâtre. Yves s'était mis en tête de me faire donner des leçons de piano. Un peu comme c'était l'usage pour les jeunes filles destinées à un riche mariage, il prétendait m'éduquer, me raffiner, me préparer à la grande vie que serait notre concubinage. Il y avait un Pleyel à la maison, et Yves demanda à une de ses amies de venir me donner des cours régulièrement. Il l'avait choisie pour son talent mais aussi, je le compris aussitôt, parce qu'elle était lesbienne. Pas folle la guêpe ! Il n'allait pas me précipiter lui-même dans l'adultère. Commença ainsi un jeu de surveillance qui me fit rire au début, mais finit par m'agacer. Ainsi, tandis que j'apprenais à égrener la gamme avec dextérité, Yves surgissait soudain sans bruit derrière nous, nous faisant sursauter. Malgré ces nombreuses interruptions ridicules, je finis par apprendre quelques morceaux. Mais me lassai vite. Fini les cours de piano. On verrait ça dans une prochaine vie.

Au mois d'avril suivant, nous débarquâmes à Marrakech. L'intendant, qui me haïssait, avait sans doute espéré que j'aurais disparu de la vie d'Yves avec les gelées hivernales ou les giboulées printanières. Il ne put dissimuler une figure longue de découragement. J'allais encore me mêler de leurs affaires, remettre de l'ordre, passer les maisons et les jardins au peigne fin et en rendre minutieusement compte à Yves. Je le fis d'autant plus que nous constatâmes à quel point mes interventions du séjour précédent avaient porté leurs fruits. Les jardins étaient luxuriants, la piscine propre, l'herbe tondue et non arrachée, le ménage fait et bien fait, et le petit musée-magasin du Jardin Majorelle encore fourni et pas pillé par d'autres mains que celles des touristes. Aucun jeune Marocain ne se présenta à la porte le soir de notre arrivée pour solliciter Yves. Nous passâmes quinze jours de repos bien appréciable. Yves insista pour faire une fête, voulant me présenter à tous ceux qu'il connaissait à Marrakech, et me mandata pour trouver des gens pour organiser une grande *walima*. Lorsque j'en parlai à mes copains antiquaires du souk, ils me regardèrent amusés en échangeant force sourires.

– *Al walima* ? finit par me dire l'un d'eux, en essayant de garder son sérieux. Un repas de mariage, c'est bien ce que tu dis ?

– Eh bien… non ! répondis-je. Juste une fête, quoi, une fête avec de la bouffe traditionnelle, de la musique, des danseuses…

– Ah ! Bien, mon ami, une belle fête ! On va t'organiser la plus belle fête que t'as jamais vue !

Et en effet, ils le firent. Une vraie fête des mille et une nuits, mais version marocaine. Des invités vinrent de Paris, mais ce furent surtout tous les invités marrakchis qu'Yves eut plaisir à me présenter. Je m'en souviens encore avec féerie, dans ce lieu tout aussi féerique qu'était la villa Oasis.

Mais je ne pouvais cesser de m'interroger. Yves s'était-il juste trompé de mot en disant *walima* ? Il ne parlait pas l'arabe, juste quelques phrases, mais il le comprenait forcément mieux qu'il ne le parlait, depuis l'enfance. Il avait ainsi remis sur le tapis la question du mariage, du moins du concubinage, puisque n'existaient en 1991 ni PACS ni évidemment de mariage pour les LGBT. Il avait fallu attendre l'arrivée au pouvoir de Mitterrand en 1981 pour que l'homosexualité fût retirée de la liste des maladies mentales, puis 1990 pour que l'ONU le fasse au niveau mondial, même si, dès 1789, le crime de sodomie avait été supprimé du Code de l'instruction criminelle et qu'en 1791, la France fut le premier pays à dépénaliser totalement l'homosexualité. C'était sans compter avec les régressions du XIXe siècle et surtout celles de la Seconde Guerre mondiale. Finalement, ce n'est qu'en 1982 que l'homosexualité fut vraiment dépénalisée en France. Yves était-il vraiment sérieux en revenant constamment sur cette idée de convoler, d'une manière ou d'une autre, allant jusqu'à m'offrir une bague de fiancailles ?

Difficile d'en parler avec lui. Il préférait la plupart du temps me peloter en public, s'afficher partout avec moi, me faire des grandes tirades, mais parler à cœur ouvert, très peu. Pourtant, dès le début de cette « histoire » qu'il avait voulue, et obtenue, avec moi, je revenais sur la nécessité que j'avais de savoir ce qu'il attendait vraiment de moi. Amant, compagnon de vie, fils adoptif, mari... En réalité, il me traitait en gigolo, en « sale gigolo » comme il aimait à me le répéter, plutôt qu'en véritable égal.

Malgré la fabuleuse pseudo-*walima*, et bien que tout allât bien, le mieux possible, entre nous, malgré son attachement à moi et que je fusse de mon côté véritablement de plus en plus attaché à lui, les questions envahissaient inexorablement mon esprit et mon cœur comme une nuée de papillons noirs.

À vivre avec lui, je me sentais trop souvent étouffer. Ce qui me rendait triste.

Chapitre 11
UN SAUVEUR SALARIÉ

Lorsque je dis que j'ai vécu presque trois ans avec Yves Saint Laurent, on me dit « ah, tu as fait de l'argent, alors ? », et même quand on ne me le dit pas, je sais parfaitement que l'on n'en pense pas moins. Alors, que ce soit dit ici : oui, j'ai fait de l'argent. Parce qu'Yves m'en donnait, que je vivais avec lui et n'encourais donc aucun frais. Parce qu'il me faisait des cadeaux somptueux et m'offrait tout ce dont j'avais besoin, et aussi ce dont je n'avais pas besoin. Et parce qu'en plus de tout cela, je percevais un confortable salaire que la société YSL me versa mensuellement de mars 1990 à janvier 1993. Un salaire, oui. Preuve s'il en est que la société considérait mon rôle auprès de celui sans lequel rien n'existait comme un service exceptionnel, voire une opération de sauvetage de la plus haute importance. Me sentir le sauveur d'Yves dans cette période charnière n'était donc pas qu'un sentiment intime que j'aurais nourri en secret. Sauveur, je l'étais officiellement, pour les centaines de personnes et les millions de capitaux qui dépendaient du fait qu'Yves continuât de créer. J'étais un sauveur salarié.

Lorsque Pierre Bergé m'avait convoqué en ce mémorable mois de mars 1990, alors que je pensais que ma vie s'était enfin apaisée et que j'allais pouvoir vivre un quotidien harmonieux auprès d'Élisa il m'avait donc confié un travail, bien plus important et donc beaucoup mieux rémunéré que l'emploi de chauffeur-livreur que j'avais exercé depuis 1984. « Ta mission, si tu l'acceptes... » aurait-il pu me dire, mais il me parla directement d'argent, en homme d'affaires aguerri qu'il était[45] :

– Il veut une histoire avec toi. Moi, je te propose le maximum, soit 36500[46] francs de salaire mensuel[47].

Comme à son habitude, Pierre avait évalué la situation et pensé à tout. Mais il ne l'avait pas fait de lui-même. Il avait répondu à ma demande. Lui pensait continuer à me verser mon salaire de chauffeur-livreur, même si je ne serais plus que celui d'Yves. Je trouvais cela insuffisant et avais demandé plus. Je voulais être certain d'avoir un minimum de liberté financière et de marge de manœuvre, pour pouvoir m'acheter ce que je voulais et aussi inviter Yves si ça me chantait, sans que ce soit systématiquement à sens unique. Pierre le comprit et me fit cette proposition, du reste fort honorable. Yves ne sut jamais que je continuais d'être salarié de la société YSL pendant

---

45 Voir article de Valentin Goux, *Valeurs Actuelles*, 15 juillet 2010.
46 Environ 5600 euros.
47 Voir article de *Vanity Fair*, 17 février 2015.

que nous vivions ensemble. S'il l'avait su, comment aurait-il réagi ? Aurait-il parlé de convoler, ne serait-ce qu'en rêve, ou bien de m'adopter pour faire de moi son héritier ? Franchement, je ne sais pas. À l'opposé de Pierre, jamais de sa vie Yves le grand bourgeois n'avait manqué d'argent. Il était généreux et dépensier, mais, surtout, il ne pensait jamais à l'argent. Comme si l'argent, en quelque sorte, n'existait pas. Compulsif avec l'achat hebdomadaire d'antiquités et d'œuvres hors de prix, il possédait cependant une conscience très aiguë de ce qu'il devait faire pour que nul ne manquât d'argent à cause de lui. Au bout du compte, comment aurait-il vécu de savoir que mon amour pour lui fût rémunéré ? Et moi, est-ce que je ne l'aimais que par intérêt ? C'était plus complexe. Je m'attachais à lui. D'une certaine façon, je l'aimais. Dans notre relation, l'amour, le sexe, l'amitié, la vie quotidienne, l'argent, toutes ces questions étaient indissociables. Comme dans un vrai couple en somme, mais à la dimension Saint Laurent, bien entendu.

Ainsi, 1991 fut l'année au cours de laquelle je me mis à l'abri. J'achetai une maison, puis une autre. Et lorsque je décidai de le faire, j'allai voir Pierre Bergé qui me consentit une avance sur salaire. Je n'avais jamais eu de vrai chez-moi, c'était important pour moi d'en posséder un. D'ailleurs, durant l'année 1991, il fut beaucoup question d'argent et aussi de maisons, de diverses façons.

Cela commença dès la fin janvier avec la visite inopinée de Francine Weisweiller, à l'époque septuagénaire.

Extraordinairement avant-gardiste dans ses pensées et sa façon de vivre, audacieuse et bienveillante mécène française, notamment de Jean Cocteau et d'Yves Saint Laurent à ses débuts, elle avait joué en 1960 dans le dernier film de Cocteau, *Le testament d'Orphée,* le rôle de « la dame qui s'est trompée d'époque », malicieux clin d'œil à une femme comme il n'en existait plus guère en cette fin de XXe siècle. Elle avait interprété son rôle, vêtue d'une robe Balenciaga demeurée aussi célèbre qu'elle. Sa fille, Carole Weisweiller, a raconté dans un documentaire[48] consacré à Cocteau comment sa mère avait laissé le peintre et poète recouvrir de fresques originales les murs de sa villa de Saint-Jean-Cap-Ferrat, avant de le faire dans plusieurs autres monuments de la région, notamment la chapelle Saint-Pierre de Villefranche : « Au printemps 1950, après le montage des *Enfants terribles,* maman l'invita ainsi que son fils adoptif Édouard Dermit (qui jouait Paul dans le film) à venir passer une petite semaine de vacances dans sa maison de Saint-Jean-Cap-Ferrat, au-dessus de la baie de Villefranche. Mes parents avaient acheté cette maison, la villa Santo Sospir, en 1946, et l'utilisaient juste comme maison de vacances. Les murs de la villa étaient restés vides. Quelques jours après son arrivée, Jean Cocteau demanda à ma mère s'il pouvait dessiner au fusain la tête d'Apollon au-dessus de la cheminée du salon. Évidemment, ma mère accepta. De fil en aiguille, Cocteau recouvrit

---

48 *Cocteau, Je reste avec vous,* Arnaud Xainte, 2013.

de fresques tous les murs de la maison. Durant tout l'été de 1950, Jean Cocteau a travaillé, juché sur des échelles, sans jamais faire aucune maquette préalable. Après avoir dessiné au fusain, il rehaussait ses dessins de poudres de couleurs délayées dans du lait cru, une technique italienne que l'on nomme *a tempera*. Cocteau a dit qu'il avait voulu dessiner sur la peau des murs. Santo Sospir devint donc une villa tatouée. Jean Cocteau y passa finalement les quinze dernières années de sa vie.

Si je raconte ceci, c'est qu'en ce mois de janvier 1991, Francine Weisweiller était venue proposer à Yves de racheter la villa Santo Sospir. Rien de moins. Ayant des soucis financiers, elle en demandait un prix très en dessous de sa valeur réelle, soit 4,5 millions de francs. Assis aux côtés d'Yves sur un canapé du salon, je me mis à rêver qu'il allait accepter l'offre. Je rêvais de soleil, de Méditerranée et, depuis peu, d'une maison à moi. Yves l'achèterait-il, pour moi, sinon pour lui-même ? Mais non, il refusa poliment, disant qu'il réfléchirait. J'entendis, Madame Weisweiller également, que c'était tout réfléchi. D'une part, Villefranche était trop loin de Paris, et d'autre part, la société YSL connaissait des tourments financiers qui éclateraient au grand jour en 1992. Ce n'était guère le moment de brasser ou de transférer des capitaux, ni professionnels ni privés. Quatre ans plus tard, en 1995, la Villa Santo Sospir sera inscrite à l'inventaire des Monuments historiques. Je considère encore aujourd'hui qu'Yves a raté une belle occasion.

Peu de temps après cette visite, et comme si Francine Weiswieller et lui s'étaient passé le mot, le compagnon et fils adoptif de Cocteau, Édouard Dermit, que nous appelions Doudou, vint à son tour nous rendre visite. Il passait nous dire bonjour en fait, après être allé proposer à Pierre Bergé de lui racheter le legs universel de Jean Cocteau. Opiomane, Doudou ne savait pas du tout gérer la fortune que lui avait léguée son père adoptif. Pierre Bergé acceptera l'offre. En 1991, Doudou vivait dans la maison de Jean Cocteau à Milly-la-Forêt dont il avait hérité, avec les œuvres et les objets du poète. Il y demeurera jusqu'à sa mort en 1995. En 2002, Pierre Bergé rachètera la demeure qui sera ouverte au public en 2010. Yves avait peu connu Cocteau, rencontré quelques mois avant la mort de celui-ci en 1963, mais Pierre les connaissait, Doudou et lui, depuis plus longtemps. Avant de devenir le compagnon de Cocteau, Doudou avait épousé un mannequin de chez Dior et avait eu avec elle deux fils. Pierre était le parrain du cadet, Stéphane, qui lui vendra la maison de Milly.

La discussion qui s'installa ce jour-là entre Yves et Édouard tourna autour du rôle de celui-ci dans la vie et dans l'œuvre de Jean Cocteau, la façon dont Doudou avait vécu tout cela. Yves annonça qu'il réfléchissait vraiment à m'adopter pour passer sa vie avec moi et faire de moi son héritier. Si Yves prenait ainsi exemple sur Cocteau, je m'identifiais facilement, quant à moi, à Doudou. Tout comme moi, il était bisexuel et père de deux fils, et avait accepté d'accompagner un grand artiste, alors même qu'il savait que Cocteau n'avait jamais vraiment aimé que Jean Marais et, avant lui, Raymond Radiguet. Malgré cela, il était fidèlement resté à ses côtés et ne pouvait l'évoquer sans avoir les yeux humides. Doudou me proposa de fumer de l'opium avec lui, ce que nous fîmes. Franchement, à le voir aussi dépendant et détruit, je me demandai si j'accepterais de le devenir moi aussi, pour vivre aux côtés d'Yves jusqu'à la fin de sa vie. La réponse se perdit dans les vapeurs opiacées. Mais, même drogué, je ne parvenais pas à faire taire la petite voix qui me disait que, malgré ses dires, Yves ne me verrait jamais comme un compagnon « à sa hauteur », d'égal à égal. Cette place-là était déjà prise par Pierre Bergé, je le savais. Yves n'avait-il pas découvert sa sexualité, coupable et honteuse, d'abord à Oran avec des Algériens de basse extraction, puis avec des immigrés de classes sociales inférieures à son arrivée à Paris ? Ne fuyait-il pas par la fenêtre de sa chambre, au grand dam de Pierre qui vivait officiellement avec lui, pour rejoindre des amants violents, mal élevés, plus ou moins prostitués ou repris de justice, afin qu'ils lui infligent les pires outrages ? Le mâle dominateur sinon bestial, plus en muscles qu'en cervelle, avait toujours été son fantasme. Avant de vivre avec lui, je l'avais moi-même conduit dans des lieux de perdition, glauques et puants, où il aurait mille fois pu se faire assassiner, à l'instar de Pier Paolo Pasolini, mort poignardé par des voyous sur une plage près de Rome. Yves écrivait tout. J'ai déjà évoqué tous les feuillets illustrés de ses dessins, dont j'ai lu des extraits. Il rêvait de publier son livre blanc autobiographique, comme l'avait fait Jean Cocteau. De fait, quelque chose en lui aspirait à détruire son propre mythe et à apparaître au grand jour, comme il l'avait en partie fait avec *La vilaine Lulu*.

Moi, en tout cas, je trouvais de moins en moins ma place. Je me mis à me dire que j'avais besoin d'un refuge qui m'appartiendrait en propre, où je puisse me retirer sporadiquement. Je me mis en quête d'une maison et en trouvai une à Yerres, dans l'Essonne. J'allai voir Pierre en cachette et lui demandai un prêt d'un million de francs pour l'acquérir. À ma grande surprise et alors même que je m'apprêtais à argumenter, Pierre sortit le chéquier de la société et me fit un chèque sur-le-champ. En y repensant, je compris que ce prêt était destiné à aider à assurer la pérennité de la maison Saint Laurent dont tant de personnes dépendaient. Yves ne fut jamais informé de cet arrangement financier.

J'acquis donc la maison en mars 1991. Sans prétention, entourée d'un petit verger, cette maison en pierre me procurait enfin l'abri, sinon la sécurité intérieure, dont j'avais toujours eu besoin. Je trouvai une femme de ménage et parvins même à faire embaucher la fille de celle-ci dans la société YSL, ce qui aura d'autres conséquences par la suite. Je meublais ma maison – j'aimais à dire *ma maison*, pour la première fois de ma vie – avec des meubles et des antiquités qu'Yves et moi avions achetés chez les antiquaires, à Paris et au Maroc, ainsi que d'objets que lui-même m'avait offerts. J'étais content. Et même fier.

Bien mal me prit d'inviter Yves à visiter le lieu. Il tourna en rond dans les pièces, puis sur le terrain, et finalement, la Kool Menthol à la main, il redressa ses lunettes en écaille pour me dire, avec au coin des lèvres ce rictus si caractéristique, que c'était « une maison de pauvre ». C'était une façon de voir les choses en effet. J'avais de fait préféré ce pavillon de banlieue sans luxe ni extravagance au manoir que, depuis des mois, il proposait de m'acheter sur ses propres deniers. Alors que je rétorquais que je n'étais pas riche et ne voulais donc pas d'une maison de riche qui ne serait pas à mon image, que je n'aurais pas acquise moi-même et dont, en plus, je n'aurais pas les moyens de payer les taxes foncières, il fit une moue dubitative accompagnée d'un geste las. Mon manque d'ambition semblait l'accabler. Il m'avait élevé dans les hautes sphères de la société et voici que je choisissais de retourner dans la « fange » d'où je venais ? Mais quelle idée biscornue et décevante ! Nous en restâmes là. Je refusai toujours le manoir, et lui ne remit plus les pieds chez moi. Néanmoins, il savait à présent que je pourrais m'échapper pour quelques heures ou quelques jours si notre vie commune au 55, rue de Babylone devenait encore plus étouffante ou déprimante.

Cette première acquisition immobilière personnelle constitua une première – grosse – pomme de discorde entre nous. Il y en aura une seconde, puisque j'acquerrai une maison à Tourrettes-sur-Loup quelques mois plus tard. Une maison ancienne, beaucoup plus ancienne, imposante et chère, pas une maison de pauvre cette fois-là. Deux maisons, deux lieux de fuite pour moi, deux pommes de discorde entre nous, dont l'une financée par Pierre. Lui avait sans doute déjà saisi les arcanes de ma pensée et de mon désarroi grandissant. Yves ne voyait pour sa part qu'un pavillon modeste, indigne de l'amant attitré du célébrissime Yves Saint Laurent. Malgré la belle vie que j'avais, je me sentais pris dans un piège. Ce sentiment récurrent n'allait plus me quitter. Un fossé social ne se comble pas si facilement, parfois même il se transforme en gouffre. L'occasion de le vérifier à nouveau me fut rapidement donnée.

Ma famille avait appris, non sans étonnement, que je vivais avec Yves Saint Laurent. Jusqu'alors convaincus de mon hétérosexualité, ils se posaient des questions, mais ne m'en posaient jamais directement. N'oublions pas que toute ma famille savait pertinemment que mon père était bisexuel. Mes frères et ma sœur ne se permettaient aucun commentaire sur ma liaison. Mon oncle Patrick, époux de la sœur de ma défunte mère, m'avait souvent pris avec lui quand j'étais gosse. Nous nous aimions bien. J'estimai donc un jour qu'il était temps de leur présenter Yves, ce que celui-ci accepta d'ailleurs immédiatement, avec entrain. Il aimait « le peuple », du moins l'affirmait-il en société pour être conforme à l'image qu'il voulait donner. Afin de préparer le terrain, je me rendis chez mon oncle quelques semaines avant les présentations officielles et offris un collage réalisé par Yves à ma tante Martine qui l'accrocha dans le salon, bien en vue.

Le jour dit, en grande pompe, le chauffeur nous y conduisit. J'étais heureux et anxieux, je tenais à leur prouver que j'avais réussi. Ma tante nous reçut avec égard, mais mon oncle afficha d'emblée une réserve dans laquelle je détectai vite du mépris. Il faut dire qu'Yves s'était habillé comme un banquier en costume trois-pièces, et se comportait comme un prince en visite chez l'un de ses sujets. En entrant dans le salon, il tomba en arrêt devant son collage : un assemblage de chiffres et de découpes de différentes couleurs. Flatté, il gratifia mes proches d'un de ses grands sourires officiels. Nous prîmes le thé au lieu de l'apéro que mon oncle aurait plutôt servi d'emblée. Mon oncle m'envoyait continuellement des piques et ma tante, mal à l'aise, ne cessa de se tortiller dans sa robe bon marché.

Sur la route du retour, Yves me dit que Patrick était un malotru de bas étage et qu'il ne le reverrait plus. Sous ses airs détachés, il ressentait les mauvaises vibrations et les intentions malveillantes. J'essayai de le convaincre qu'il se trompait, mais cela n'eut que l'effet de le renfrogner encore plus. Il était vexé. Je revis ma famille, seul, encore une fois après celle-ci. Objet de moqueries et de sous-entendus, je m'éloignerai complètement d'eux. J'ignore même si mon oncle et ma tante vivent encore à ce jour.

Ce souvenir demeure trouble et douloureux pour moi. Il me rappelle que j'ai beaucoup souffert pendant le temps passé aux côtés d'Yves Saint Laurent. La majorité de mes amis se sont éloignés, ainsi que ma famille. Je ne voyais plus mes fils et ne les reverrais plus pendant encore de longues années. Je savais que leur mère leur parlait en mal de moi et je me sentais impuissant devant cet état de fait, sans courage pour contre-attaquer. Yves n'était donc pas le seul à me considérer comme un gigolo et à me traiter comme tel. Lui au moins veillait sur moi, tandis que les autres ne m'accordaient que leur morgue condescendante. Dans le milieu d'Yves, parmi ses amis et partenaires professionnels, j'étais soit très bien accueilli soit au moins aimablement accepté. Nul en tout cas ne s'étonnait de ma présence, et de toute façon, ne s'en offusquait évidemment pas. C'était normal, pour ne pas dire banal. Question de milieu… Tout est question de milieu, surtout dans la société française si hermétiquement structurée autour des hiérarchies sociales dont de très rares, trop rares en vérité, ascenseurs permettent de s'affranchir. Je sais cela d'autant plus depuis que je vis en Amérique du Nord, en particulier au Québec. En France, à cette époque, la rigidité de la composition socioculturelle était encore plus infranchissable qu'elle l'est aujourd'hui. Je lisais clairement dans l'attitude de ma famille de pauvres un mélange délétère d'incompréhension, de jalousie et de dédain. Comment osais-je «péter plus haut que mon cul»? Bien sûr, j'emploie cette triviale expression à dessein.

Mon oncle avait admiré la Ford Thunderbird de collection que je m'étais offerte lors d'une vente aux enchères. En vérité, je convoitais une Porsche 550 Spyder identique à celle de James Dean, mais la montée des enchères l'avait mise hors de portée de mon budget de 120 000 francs, et j'avais dû me « contenter » de cette Thunderbird vert métallisé. Mon oncle, subjugué, se crut drôle en me disant : « Il faut dire que toi, tu t'y connais en pédales... » Tout était dit en effet. Nous ne faisions plus partie du même monde. En vérité, Yves ne m'a jamais offert de voiture, malgré les remarques de son ami Pinto qui lui donnait l'exemple de la Maserati cabriolet, ainsi que de la maison et du restaurant que lui-même n'avait pas hésité à offrir à son amant dans le Var. Alberto Pinto pensait qu'Yves devait en faire autant avec moi, mais moi je ne le voulais pas. Je ne voulais plus. Je me sentais déjà de plus en plus saucissonné dans cette histoire, et il en allait de mon équilibre que j'aie des choses à moi, mon salaire, mes maisons, ma voiture, ma boutique aux Puces, et même mes maîtresses. D'autant plus que la mésestime à mon encontre n'était pas moindre au sein de la société YSL. Le personnel m'avait connu tour à tour fils de Michel, chauffeur-livreur-tombeur-de-filles-cogneur-rouleur de mécaniques, amant sporadique du patron et, à présent, gigolo de la patronne. Qui pouvais-je donc être à leurs yeux, sinon un opportuniste tourneur de veste, et surtout de pantalon ? Chez certains, cette promotion forçait un respect louche, mais le verdict de la plupart s'avérait rude. De l'extérieur, ils n'avaient pas tort, je le conçois, même si la réalité de mon vécu intérieur se révélait tout autre et me faisait souffrir. J'avais de plus en plus l'impression de m'éloigner de moi. Mais qui était ce « moi » au juste ? Telle était la question. Une question qui a commencé à me préoccuper en 1991 mais à laquelle je continue de chercher la réponse. J'ai retenu d'Yves cette constatation, si juste : on met tant de temps à se rencontrer soi-même.

Pour en finir avec le chapitre des maisons, à l'automne 1991, je me mis en quête d'une maison dans le Midi, dépité qu'Yves ait décliné l'offre de Francine Weiswciller. Par diverses relations, je trouvai une demeure patrimoniale dans le sublime village historique de Tourrettes-sur-Loup. Quelqu'un m'aurait annoncé un jour que je vivrais dans un lieu d'une telle beauté et d'une telle harmonie, à un vol d'aigle de la Méditerranée, que de surcroît j'y vivrais dans une maison classée située sur les célèbres remparts de ce village classé, que j'y ouvrirais mon propre atelier d'horlogerie et ma propre boutique d'antiquités marocaines, je ne l'aurais jamais cru. Je lui aurais ri au nez. Mais, comme tant d'autres choses étonnantes de ma vie, c'est arrivé. La maison, sur deux étages, valait 1,2 million de francs. Cette fois, sachant que je possédais un substantiel apport initial, j'allais officiellement contracter un emprunt auprès de ma banque pour compléter la somme totale. Je me réfugierai dans cette maison après ma rupture avec Yves en août 1992. Je louerai alors mon pavillon de Yerres pour payer les mensualités de mon crédit, jusqu'au jour où les locataires me proposeront de racheter la maison. Je le leur vendrai et ainsi rembourserai complètement ma dette bancaire. En janvier 1993, j'aurai ainsi soldé tous mes comptes avec la société YSL qui ne me versera plus de salaire après cette date, et quelques mois plus tard, je réglerai aussi mes comptes avec la banque. Cette circulation d'argent qui avait accompagné ma relation avec Yves se tarit totalement. J'avais agi dans ce sens. C'est toujours ainsi. À la fin d'une histoire, on ne parle plus que de pognon.

De cette année 1991 me revient aussi le souvenir de la fête qu'organisa Yves pour mon trentième anniversaire. Conformément à nos habitudes, nous partîmes pour Marrakech dès qu'il eut fini de dessiner la collection du printemps-été 1992. Nous étions donc à la villa Oasis en ce 10 novembre 1991. Yves avait invité plusieurs amis : Catherine Deneuve et son amoureux du moment, François-Marie Banier, Pascal Greggory, Bill Willis, l'architecte qui avait restauré la villa Majorelle, un journaliste allemand dont j'ai oublié le nom, Dominique Laroque, Claude Montana et son amant, et aussi Emmanuel List, mon camarade du cours Florent même si je n'y allais plus, attendant que Véra Gregh tienne sa promesse de me faire intégrer l'École Balachova, ce qu'elle fera en janvier 1992. Mais, surprise, arriva aussi, sans y avoir été invitée, la psychiatre qui s'occupait nouvellement d'Yves, à la demande de Pierre, bien sûr. En fait, la majorité de mes invités étaient ceux d'Yves, et je ne pus inviter personne d'autre, pas même mes copains du souk de Marrakech. Mais je conviai Saida, une danseuse du ventre devenue une amie, une jeune femme indigente mais très cultivée qui arborait toujours des rouges à lèvres carmin pétant, ce qui fascina immédiatement Yves.

Yves avait prévu un grand brunch qui se déroula dans le salon vert, et partout ailleurs dans la villa. Le spectacle que donna Saida fut chaudement applaudi. Yves invita Saida à se joindre à nous pour le repas.

Celle-ci engagea une conversation à bâtons rompus avec Deneuve, mais Montana la toisa de haut, puis le journaliste allemand l'interviewa assez longuement. Bill la connaissait pour l'avoir déjà croisée et se montra affable. Emmanuel, mon ami, fut ébloui par ce qu'il nomma « un luxe démentiel », ajoutant qu'il le raconterait à ses enfants. Il faut dire qu'Yves ne connaissait pas de demi-mesure. Le cuisinier s'était surpassé et au moins la moitié de ce qui avait été préparé avait ensuite été redistribué parmi les employés ébaubis.

Abruti par le nouveau traitement de cheval que lui avait prescrit la psychiatre, Yves se retira à 19 heures. Yves haïssait cette femme, il savait qu'elle l'espionnait pour le compte de Pierre, mais il ne pouvait se passer des neuroleptiques et des somnifères surpuissants qu'elle lui prescrivait. Deneuve partit également, et Bill Willis nous convia alors à Dar Noujoum, le riad de quatre étages qu'il possédait dans la médina de Marrakech. C'est dans ce lieu magnifique, véritable temple du luxe autant que de la luxure, que nous avons passé la nuit à fumer de l'opium, captifs des volutes bleutées. Le lendemain et les jours suivants, Yves se moqua de moi. Il pouvait se montrer extrêmement railleur, drôle et vexant à la fois, envoyant des boutades mi-figue, mi-raisin qui avaient toujours, m'avait-on raconté, énervé Pierre jusqu'à le faire exploser et poursuivre Yves, ivre de rage. Vautré à l'ombre sur les sofas bas ou les nattes en vannerie, je l'entendais se moquer de moi, sans réagir.

Et puis, au matin du 24 novembre, il s'est planté fermement devant moi et m'a annoncé que nous devions partir à Paris, tout de suite :
– C'est les Catherinettes demain, m'expliqua-t-il, je ne peux pas ne pas être là.
Tous les ans, il fêtait la Sainte-Catherine, fête des « vieilles filles » de 25 ans, avec les ouvrières célibataires de son atelier de création. Pour rien au monde, il n'aurait raté cet anniversaire-là, très prisé dans le milieu des couturières à cause, évidemment, de la confection du fameux chapeau que les Catherinettes coiffent à l'occasion. Même l'année précédente, alors qu'il était encore vacillant, il ne s'était pas dérobé. Ses chefs d'atelier et autres petites mains, il les appelait ses anges et, bien sûr, elles l'étaient. Pour l'occasion, elles devenaient des anges à coiffe haute couture. Il prévint l'intendant de la villa Oasis que nous

partions pour quelques jours et l'envoya faire préparer nos bagages. Yves était fou de joie à l'idée de cette belle fête traditionnelle. Presque plus, me sembla-t-il, que le jour de mon anniversaire. Pour ma part, je refusai de me rendre à cette fête, parce que je savais que mon ancienne compagne, Élisa, faisait partie des Catherinettes. La situation nous aurait mis mal à l'aise tous les deux. Élisa, je n'avais jamais cessé de l'aimer. Mon cœur était déchiré, d'autant que je savais pertinemment qu'elle m'aimait aussi. Nous redeviendrons amants lorsque ma relation avec Yves sera achevée. Elle a été la première personne que je suis allé voir pour lui proposer de reprendre la vie commune. Elle a hésité, mais a refusé, disant que si elle acceptait, son père, qui m'avait adoré, ne me pardonnerait jamais. Ayant rencontré quelqu'un, elle l'épousera et ira vivre dans les Pyrénées. Élisa demeure le grand regret de ma vie. Je pense encore aujourd'hui qu'elle était la femme de ma vie. Je m'en veux de ne pas avoir été assez franc avec elle. Si je lui avais dit la vérité vraie, je crois qu'elle m'aurait attendu et que nous aurions pu faire notre vie ensemble. Je le crois, je veux le croire, ou bien alors, je me fais des illusions, comment savoir ? Aujourd'hui, même si je suis heureux avec mon épouse Natacha, Élisa reste inscrite dans ma mémoire au fer rouge. D'ailleurs, en travaillant sur ce livre, je me suis remis à rêver d'elle. Plusieurs fois, je me suis réveillé, le visage baigné des larmes qui avaient coulé à mon insu durant mon sommeil. Pas besoin d'épiloguer.

Saint Laurent et moi, une histoire intime

Pour mes trente ans, Yves m'avait offert une autre montre de grande marque. L'année suivante, en 1992, je me paierai des cours d'horlogerie que je mettrai à profit en pratiquant ce métier à Tourrettes-sur-Loup. C'était plus dans mes cordes, si j'ose dire, que le piano. Plus aussi que le théâtre. Je savais que j'étais un manuel, un artisan dans l'âme. Yves l'était aussi, je pense, même s'il jugeait cela dévalorisant et ne l'admettait pas.

D'ailleurs, en cette fin 1991, il déprimait de nouveau, son psychisme s'est détérioré, passant de l'euphorie à la violence latente, comme s'il était sans cesse rongé par une angoisse inextinguible. Dans ces moments-là, ses demandes de sévices sexuels décuplaient, mais sa libido hors-normes ressemblait de plus en plus au tonneau des Danaïdes. Outre la lourdeur de son état, la différence d'âge entre nous, vingt-cinq ans, manifestait ses effets pervers, sans doute inévitables. J'étais épuisé, physiquement et psychiquement. Ce mode de vie m'atteignait en profondeur et même si j'avais désormais un lieu à moi pour m'évader, je me sentais de plus en plus souvent ployer sous la responsabilité de maintenir Yves à flot. Ce n'était pas facile d'être un sauveur, même salarié. Je dirais même, d'autant plus que j'étais salarié et donc tacitement soumis à une obligation de résultat. C'est dans ce contexte qu'apparut la psychiatre mandatée par Pierre. Elle allait changer son traitement, pour le pire en vérité. Yves plongea dans un état quasi comateux permanent.

À Noël, nous vîmes sa mère dans le salon de thé du 16ᵉ arrondissement où elle avait ses habitudes, puis rentrâmes vite « chez nous ». Pour le Nouvel An, nous sortîmes dîner dans un restaurant, puis descendîmes rendre visite à Alberto Pinto qui séjournait chez son compagnon dans le Midi.

Mais le cœur n'y était pas. Où était-il, le cœur, d'ailleurs ? Je commençai à douter qu'il eût jamais été là.

Chapitre 12
LA RUPTURE

Les psychologues spécialisés dans les relations amoureuses disent que les histoires se terminent pour les raisons pour lesquelles elles ont commencé. On sait donc, dès le tout début, pour quelle raison l'histoire que l'on initie pourrait s'arrêter, mais on veut y croire, et les sentiments s'en mêlent, enveloppant le tout dans des couches d'illusions, de plaisirs, de désirs, de projections optimistes. Mais le jour où sonne le glas de la relation, on se souvient que l'on savait. Et la relation se finit pour les circonstances que l'on avait, d'une certaine façon, prévues. Notre histoire à Yves et moi ne fit pas exception à cette règle.

L'année commença tristement. Nous étions souvent mélancoliques et isolés comme un déjà vieux couple désagréable que les anciens amis fuient autant que la politesse le permet. Yves était sous l'effet des neuroleptiques surpuissants que lui prescrivait désormais sa nouvelle psychiatre, preuve qu'il n'était pas si bien non plus avec moi, même si de nous deux, il demeurait celui qui refuse encore le plus de se rendre à l'évidence. Je n'allais pas mieux. Je n'avais besoin de personne pour diagnostiquer que j'étais parfois au bord de la crise de nerfs et, le reste du temps, au bord d'une dépression grondante et menaçante. Yves me recommanda d'ailleurs de consulter moi aussi la fameuse psychiatre du boulevard Saint-Germain, ce que je finirais par faire. Quel tableau nous faisions ! Deux drogués aux médicaments momifiés dans une caverne d'Ali Baba pleine de trésors, mais sans vie. Il me semble de plus en plus que la mort veillait dans chacune des pièces luxueuses du duplex d'Yves. Dans ma chambre en particulier, froide, humide et sombre, je me sentais littéralement étouffer, perclus d'ennui. Certains soirs, sans exagérer, j'en arrivais à considérer sérieusement le suicide, après avoir passé la journée à boire du vieux scotch coupé au champagne millésimé, et à me gaver de foie gras.

Le soir, avant qu'Yves ne plonge dans un sommeil lourd – ce que je ferais aussi bientôt –, j'essayais d'engager une conversation pour constater que nous n'étions plus qu'un pseudo-couple qui n'avait rien à se dire. Nous avions eu de bons moments, absolument. Encore aujourd'hui, j'en garde un souvenir ému. Mais la frêle magie qui avait pu exister entre nous s'était évaporée. Désormais, après dîner, nous écoutions un opéra, chacun pour soi. Souvent le *Stabat Mater* de Pergolèse, une liturgie funèbre, tout à fait propice. Yves aimait le jazz, le music-hall et il avait essayé d'aimer les groupes célèbres des années 60 autant que les yé-yés, mais rien n'avait jamais supplanté la passion pour l'opéra que lui avait transmise son père. L'opéra, encore un point commun entre Yves et Pierre dont la mère était une soprano amateur et devait être bien fière que son fils fût devenu directeur des Opéras de Paris... Yves pensait-il à son père en écoutant ces grands airs ? Ce père mort en 1988 sans qu'ils se soient revus, ce père qui avait adoré son fils mais avec lequel la rencontre n'avait jamais véritablement eu lieu. La famille d'Yves avait soutenu l'OAS lorsque la guerre avait éclaté en Algérie, au grand dam de Pierre, choqué dans ses convictions politiques. À cette époque, Yves était déjà à Paris et ne s'en était personnellement jamais mêlé. Comme les autres pieds-noirs, la famille Mathieu Saint Laurent – Charles et Lucienne, les parents, ainsi que Brigitte, la plus jeune des sœurs, l'aînée, Michèle, s'étant mariée entre-temps – avait dû quitter l'Algérie en 1963 en abandonnant tout derrière elle. Peu après leur arrivée en France, Lucienne et Charles avaient divorcé d'un commun accord. Charles était parti vivre à Toulon avec Brigitte tandis qu'Yves restait près de Lucienne à Paris. Nul doute qu'il aurait préféré l'inverse. Son père et lui s'aimaient sans doute beaucoup, mais leur relation n'avait été qu'un long malentendu. De fait, elle n'avait jamais pu avoir lieu et avait fini par s'effilocher comme un tissu déchiré. Yves en gardait une culpabilité irréparable.

Entre nous, la relation s'était usée aussi. Après la cure de désintoxication, Yves avait recherché une planche de salut et espéré une histoire réparatrice. Moi, j'avais accepté d'emblée la proposition qui m'avait été faite comme une opportunité de vivre la vie de riche dont j'avais toujours rêvé. Et je l'avais eue, et j'avais aussi apporté à Yves, et du coup à la société YSL, la planche de salut escomptée. Mais le prix à payer pour cette vie de luxe m'était devenu trop cher et j'avais de plus en plus de mal à jouer le jeu du sauveur, même si, profondément, je souhaitais encore y arriver.

J'étais désormais écœuré lorsque, chaque matin, j'entrais dans la chambre d'Yves à huit heures, en lui lançant « Zouki ! » d'un air méchant pour l'entendre répondre « Zouk tarma ! » avant de lui mettre une première volée matinale avec le fouet court ou la badine pour ensuite lui faire une piqûre d'Equanyl prescrit par la psy. Yves en abusait, ses fesses présentaient des boursouflures à chaque endroit piqué, et je savais qu'il recherchait cela comme une nouvelle forme de torture.

L'Algérien, celui que je voyais lorsque j'allais rencontrer Pierre à l'hôtel, un bel Algérien dans la quarantaine – comme un ersatz du terrassier qui avait été son premier amant oranais –, se remit à tourner autour d'Yves, évidemment envoyé par Pierre Bergé. N'osant se présenter directement devant moi, il attendait que je sois parti, mais un soir, en rentrant du cours de théâtre, j'eus le temps de le voir sortir de l'appartement et disparaître d'un pas rapide dans la rue. Je compris aussitôt, et mon visage s'empourpra. Pierre avait d'abord envoyé la nouvelle psychiatre, puis maintenant cet homme. Ainsi Pierre reprenait-il le contrôle sur Yves, qui l'avait sans doute lui-même appelé à la rescousse.

Quelques mois plus tard, je ferais moi-même appel à Pierre pour lui avouer que je n'en pouvais plus, que j'avais besoin de soleil, raison pour laquelle j'avais acheté ma maison de Tourrettes-sur-Loup, mais aussi que j'avais beau me réfugier de plus en plus souvent dans mon autre maison de Yerres, je n'y arrivais plus. J'avais besoin de vacances. Pierre m'écouta et me répondit qu'il me comprenait très bien. Vivre avec Yves n'était pas une sinécure, il l'avait largement expérimenté lui-même de 1958 à 1976.

– Prends des vacances, oui, me recommanda-t-il. Explique-le à Yves et prends des vacances.

Il avait ajouté « bonne chance », et j'avais clairement entendu une sorte d'ironie satisfaite dans sa voix trop calme. Il avait accédé à l'exigence d'Yves de vivre une histoire avec moi, et maintenant il accédait à l'évidence d'une rupture annoncée entre nous. Il le savait. Peut-être l'avait-il toujours su. Pierre est un immense stratège et comme tel, il savait faire du temps son allié. Il ne lui restait guère plus que quelques mois à tirer. Malgré les problèmes financiers liés aux soupçons de délit d'initié dans la vente de la société YSL au groupe Sanofi, qui allaient émailler l'actualité pour plusieurs années et provoquer de violentes disputes entre Pierre et Yves qui ne supportait pas du tout de voir son nom sali par ce scandale, l'humeur de Pierre était plutôt au beau fixe. Il surfait sur la vague de succès de son premier livre[49], un essai où il parlait de ses engagements humanitaires, artistiques et socioculturels, avec une analyse sans concession et une profession de foi que ses parents libertaires n'auraient pas reniées. Je sais que Pierre a voulu être élu à l'Académie française, sans y parvenir. À défaut, il aura néanmoins publié une dizaine de livres.

L'année 1992 marqua également des festivités importantes. La société YSL avait présenté son premier défilé en février 1962 et, pour fêter avec panache ce flamboyant anniversaire, Pierre organisa en mars un gala d'exception à l'Opéra Bastille dont il était président depuis 1988. Trois mille invités se déplacèrent. Yves fut complètement bouffé d'anxiété, puis ravi par cette immense fête. Et s'il se sentait bien, il se lâchait comme on dit. Il l'avait sans doute fait grâce à l'alcool et aux drogues, mais même sobre, il pouvait se laisser finalement emporter par l'esprit de la fête. Trente ans tout de même, quel succès ! Pour souligner cet anniversaire, l'Exposition universelle qui se déroulait cette année-là à Séville en avait fait l'invité d'honneur de ses journées mode. Yves et toute l'équipe devaient s'y rendre en juillet. Je devais moi aussi l'accompagner en Espagne, bien sûr, après qu'il aurait travaillé d'arrache-pied sur les prochaines collections. L'été paraissait donc bien loin, il y avait tant de choses à faire dans l'intervalle.

---

49 *Liberté, j'écris ton nom*, Pierre Bergé, Grasset.

Était-ce le revers de cet anniversaire, mais Yves se mit à douter de son talent plus encore que d'habitude. Cet état d'insatisfaction obsessionnel était d'autant plus énigmatique qu'à la fin de janvier 1992 eut lieu la *fashion week* au cours de laquelle il présenta sa nouvelle collection printemps-été en hommage à Matisse, avec ses superbes assemblages de satins cirés bleu et vert, ses robes amples imprimées de fleurs et de fruits, et sa drôle de robe de mariée à ceinture verte. La précédente collection automne-hiver 1991 avait également fait sensation avec toute une série de cabans satinés et la fameuse robe guêpière. Je savais très bien, moi, d'où venait l'inspiration de cette robe audacieuse. En voyant apparaître la robe lors du défilé de juillet 1991, j'avais immédiatement revu le jour où Yves avait flashé sur la tenue d'un transsexuel du bois de Boulogne. Sa mère Lucienne tenant à voir son fils dans un salon de thé du Bois, nous passions la chercher chez elle et rejoignions le salon de thé en empruntant des allées le long desquelles se tenaient les prostituées, et surtout prostitués travelos et transsexuels. Nous connaissions l'une d'elles, qui se faisait appeler Jeannette. Un jour du printemps 1991, nous la vîmes surgir sur ses talons vertigineux, vêtue, si l'on pouvait dire, d'une guêpière de dentelle noire. Une apparition sublime, j'avoue, rehaussée par un boa *shocking pink* enroulé autour de son corps de femme plus parfait qu'un corps de femme. Yves en resta scotché, autant que moi. Il fit arrêter la voiture pour échanger quelques mots aimables avec Jeannette.

Lucienne détourna le regard, l'air courroucé, ce qui avait sans doute constitué la véritable motivation d'Yves de s'arrêter en pareil lieu et de converser avec des prostitués comme s'il s'agissait d'amis. De fait, il aurait pu avoir plus à leur dire à eux qu'à sa mère. La robe qu'Yves avait tirée de ce souvenir était certes beaucoup plus luxueuse et élégante tout de même – question de classe sociale –, mais l'audace y était. J'y vis une sorte d'hommage inattendu à Jeannette qui avait déserté le Bois pour se marier.

La fabuleuse fête d'anniversaire qui se préparait pour le début mars 1992 à Paris, la rétrospective 1958-1990 qui avait eu lieu au musée Sezon de Tokyo en 1990 – après toutes celles qui se succédaient partout sur la planète, la première ayant eu lieu en 1983 au Metropolitan Museum de New York, faisant d'Yves Saint Laurent le premier couturier à entrer au musée –, l'hommage qui allait célébrer son nom et son œuvre à Séville en juillet 1992, aucun de ces lauriers mérités ne semblait pouvoir le convaincre de sa véritable valeur. Il semblait plus que dubitatif et même égaré face à ces hommages, ces sanctifications orchestrées par Pierre Bergé qui l'avait muséifié de son vivant, à la mi-quarantaine. Plus Yves allait mal, plus Pierre le mythifiait, et plus la personne d'Yves Mathieu Saint Laurent disparaissait au profit exclusif de YSL, créateur unique et proue d'un empire commercial international qui les avait rendus tous deux multimillionnaires. Coulé dans le béton des musées qui présentaient la rétrospective de ses créations, Yves ne pouvait plus bouger, sa bataille pour exister était désormais perdue. Il était définitivement devenu une *persona*, au sens jungien, un masque qui avec les décennies était devenu sa peau. Yves n'était pas humble néanmoins, il avait bien conscience, fondamentalement, de son talent. Être célébrissime lui allait bien, car cela signait la farouche volonté de revanche qu'il avait appelée du plus profond des humiliations de sa jeunesse et qui a gouverné son énergie créatrice jusqu'au bout. Mais Yves n'était pas assez narcissique pour ne pas trouver excessif tout cet encensement, d'autant qu'il haïssait les foules et les cérémonies pompeuses. Le dard du doute, pourtant, la conscience aiguë que tout pouvait s'arrêter du jour au lendemain, qu'un autre pouvait à son tour devenir le « seul et l'unique », le taraudaient sans cesse. Avais-je un peu pacifié ce dragon intérieur ? Certainement. Mais pas longtemps. Pas lorsqu'il était question de création. Alors que 1992 était une année de succès et de reconnaissances annoncées, Yves la commençait, envahi par une sourde peur. Il se tenait constamment la dragée haute à lui-même, haussant la barre toujours un peu plus haut, sans répit, sans merci. Évidemment, l'image de Sisyphe et son rocher revient ici. Comment être chaque fois meilleur, cinq à sept fois par an, pendant quarante ans ?

Peut-être en prévision de cette année où il allait être abondamment félicité et célébré – ainsi qu'il aimait tant à l'être –, il avait dessiné une carte de vœux « Love » toute en fleurs. Fleurs de couleurs vives, aux pétales ronds, qui rappelaient le design des seventies, ses années préférées, et dégageaient comme une promesse de bonheur. Ah, les Love ! Tous les attendaient. En 1970, Yves avait commencé à dessiner ces cartes de vœux en forme d'affiches ou de posters, au centre desquelles il écrivait LOVE, message d'amour à ses amis et à certains membres de son personnel qu'il enverra jusqu'à l'année de sa mort, avec deux seules exceptions, en 1978 et en 1993. Il utilisait des techniques variées, gouache, crayons de couleur, feutres, collages… et il les dessinait lorsque nous étions à Marrakech, afin qu'elles fussent produites à Paris et envoyées pour le Nouvel An. C'était un geste touchant, très attendu par tous, un geste précieux aussi, parce que tiré à seulement trois cents exemplaires. Il m'a donné un poster en 1991 que j'ai revendu 3000 euros en salle de ventes, mais il m'a surtout donné beaucoup d'esquisses de ses Love. Au lieu de les jeter, il me les offrait. Aujourd'hui, ces cartes-posters font le bonheur des collectionneurs, et ont même été réunies dans un livre[50].

Je le trouvai un soir de février enfoncé dans un canapé du salon vert, englouti tel un fantôme derrière un épais nuage de fumée de Kool Menthol.

– Le temps est assassin, souffla-t-il, tandis que je m'asseyais à ses côtés pour le prendre dans mes bras. Tout est derrière moi. Maintenant, je ne fais que de la merde.

---

50 *Love*, Yves Saint Laurent, La Martinière, 2014.

Je l'ai dit, l'année 1992 représentait plusieurs anniversaires importants. On fêtait les trente ans de sa première collection présentée le 29 janvier 1962 dans les premiers locaux de la rue de Spontini, mais aussi le premier investisseur américain, J. Mack Robinson, qui permit de lancer la maison YSL, le premier logo aussi, autour de ses initiales mythiques, dessiné par Cassandre. On fêtait les vingt ans du rachat par Pierre et Yves de la société YSL à Charles of the Ritz qui en avait fait l'acquisition en 1965. En 1971, Coco Chanel était morte en le désignant comme son héritier, et sa collection Quarante avait créé un séisme de force 9 sur l'échelle de la mode internationale. Yves était nostalgique de cette époque merveilleuse. Il y pensait avec angoisse en ces temps de tractations avec Sanofi.

– C'était une époque folle, de talents fous, d'audace, d'innovation, tu ne peux pas imaginer ce que c'était !

En 1971, j'avais dix ans à peine et je vivais dans le trou du cul du monde, dans une ambiance fétide, alors non, je ne pouvais pas imaginer ce que c'était. Yves, lui, flamboyait de toute sa stupéfiante beauté, au mitan de sa trentaine, et il était le roi du monde. De 1965 à 1970, chacune de ses collections avait été plus stupéfiante, plus renversante, avec une modernité à laquelle il avait enfin accédé, lui le timide garçon de bonne famille complexé et moqué, dont le modèle demeurait encore les robes de Dior, et celles de sa mère. Il avait été infiniment moins moderne que Courrèges par exemple, mais il apprenait. La révolution lui était venue par l'influence de femmes extraordinaires, excentriques, mannequins ou amies – Danielle Luquet de Saint Germain, Talitha Getty, Betty Catroux, Loulou de la Falaise, Clara Saint, Marisa Berenson ou Paloma Picasso –, et puis énormément par Ossie Clark puis Andy Warhol et sa clique de filles qui chinaient des vêtements aux Puces de Saint-Ouen ou sur Portobello Road, sur fond de Rolling Stones, Pink Floyd, Jefferson Airplane... Le rock, le psychédélique, Yves aimait ça, danser, regarder les autres danser, mais pas quand il était seul. Seul, il revenait à l'opéra. En revanche, après avoir été d'une « effrayante sobriété » comme il disait, à la fin des sixties il avait commencé à fumer du shit au Maroc puis à boire, puis à prendre de tout, trop, partout... Et tout ce beau monde se retrouvait à Marrakech, New York, Paris, Londres. Un univers stellaire, sidéral et sidérant, sauvage et hors limites, qui avait littéralement métamorphosé les références d'Yves, sa mode et donc sa vie, ou le contraire, sa vie et donc sa mode. En puis, en 1971, l'explosion ! La collection Quarante[51], avec ses dégaines années 40, super-sexy, provocatrices, aux imprimés iconoclastes, qui a tellement choqué avant de passer à l'Histoire.

Du coup, pour fêter cela, en cette incroyable année 1971, le roi s'est mis à nu. Tout nu, à sa demande, devant l'objectif noir et blanc de son ami de longue date, le grand photographe Jeanloup Sieff, pour

---

[51] Yves Saint Laurent ne nommait jamais ses collections. D'autres l'ont fait pour lui, journalistes, acheteurs... en fonction des thématiques principales.

lancer son premier parfum pour homme, nommé *Pour Homme*, justement. Et qui de mieux pour incarner ce chypre à la fraîcheur proprette rehaussé d'une noirceur troublante, tellement à son image, et à sa beauté tellement évidente, tellement éclatante, tellement troublante ? Jusque-là, il portait *Eau Sauvage* de Dior, il aura désormais sa fragrance. Quel affranchissement en à peine douze ans ! Le jeune homme aux airs de curé a disparu derrière le jeune fauve aux cheveux longs, à la nudité magnétique. C'est ce que l'on croit, en tout cas. C'est ce qu'il veut montrer, imposer, avec sa volonté farouche.

Sans doute se souvient-il de cette époque bénie, mais il le fait avec douleur :

– J'ai tout fait trop tôt, me dit Yves ce soir-là. Célèbre trop jeune, trop de responsabilités trop tôt, le succès trop vite, et la consécration à 35 ans. Après, c'est long, tu sais...

Pourtant, 1992 soulignait également le dixième anniversaire de l'International Fashion Award of the Council of Fashion Designers of America qui lui avait été remis en 1982 à New York, pendant la soirée célébrant les vingt ans de la maison YSL. L'année suivante, sa première rétrospective au Metropolitan Museum qui avait attiré un million de visiteurs. C'était la toute première fois qu'un couturier entrait au musée, de surcroît de son vivant. On a accusé Diana Vreeland, organisatrice de la rétrospective à l'instigation de Pierre Bergé, d'offrir à la multinationale YSL une publicité fabuleuse. Vreeland, figure célébrissime elle aussi de la mode depuis quelque soixante ans, avait rétorqué que Saint Laurent, c'était une question d'art et non d'argent. C'est à partir de 1983 que l'on a commencé à parler d'Yves comme d'un artiste, alors que lui-même ne se voyait pas ainsi, revendiquant son talent de couturier, adepte des arts appliqués et non des beaux-arts. Alors, oui, bien sûr. Tout cela avait eu lieu, les hommages, les succès, la sanctification, mais tout cela avait contribué à isoler Yves de plus en plus. Jusqu'au début des années 1980, Yves sortait beaucoup et s'amusait, toujours en groupe, avec des amis célèbres et déjantés, mais même sous amphétamines, sous coke ou LSD, cela demeurait joyeux. D'un coup, ça avait changé. Au fil de la décennie 1980, il s'était enfoncé dans la solitude et les sorties de plus en plus glauques, sordides et destructrices. Tandis que, depuis 1983, son ancien ami Karl Lagerfeld révolutionnait Chanel, Yves, lui, signait de belles collections mais rien de comparable au génie qui avait marqué ses collections, grosso modo de 1966 à 1976. Alors, à la veille de toutes ces célébrations qui émailleraient l'année 1992, quelque chose en Yves, quelque chose de noir et de grouillant, disait que ce qui avait été n'était plus et ne serait plus. Il allait avoir 56 ans et ne semblait plus visualiser ce qu'il pourrait encore conquérir.

Les raisons d'être nostalgique des sixties et seventies étaient justifiées. En 1992, l'atmosphère française, et tout particulièrement parisienne, était à pleurer. Une vraie gueule d'atmosphère – comme aurait dit Arletty que Jean-Claude Brialy lui avait présentée peu de temps avant qu'elle ne décède, aveugle et pauvre –, sinon une vraie gueule de bois. Crise économique, chômage record, fracture sociale, ratification du traité de Maastricht qui, autant que la guerre qui commence à disloquer la Yougoslavie, n'en finira pas de diviser l'Union européenne qui compte alors douze pays membres. Parti socialiste toujours au gouvernement mais complètement en déroute, avec une valse de ministres mis en examen et de scandales financiers, alors même que l'idée de gauche sociale est atteinte. Restos du Cœur reconnus d'utilité publique tant ils sont fréquentés, vent de pessimisme général comme si la foi dans les valeurs françaises était vraiment partie ailleurs voir si elle y était, hécatombe du sida qui n'en finit pas de charrier ses victimes, aggravée par la honte d'État du sang contaminé. En cette année bissextile, la France recevait les jeux Olympiques d'hiver à Albertville, avec un fabuleux spectacle du chorégraphe de danse contemporaine Philippe Decouflé en ouverture et en fermeture, tandis que l'Espagne accueillait non seulement l'Exposition universelle à Séville mais aussi les jeux Olympiques d'été à Barcelone, boostant la ville sur la carte mondiale. Tout cela faisait que le fond de l'air de ce début des nineties était lourd, souvent même suffocant.

– Partons, osai-je alors dire à Yves. C'est possible. Bien sûr que c'est possible. Partons tous les deux.
– Je ne peux pas laisser tomber ma maison...

— Tu ne veux pas, tu veux dire ?

Cette discussion récurrente aboutissait toujours au même point. Depuis trop longtemps, plus de trente ans en l'occurrence, perclus de responsabilités, soumis à une obligation de production stakhanoviste, Yves ne voulait pas lâcher. Il ne voulait pas laisser tomber ses ouvrières, c'était vrai, mais je ne lui proposai pas de fermer la société. Pierre engagerait un autre styliste, après tout. Il avait déjà cédé la collection Homme, alors le reste suivrait. Mais Yves n'était pas encore prêt.

— Personne ne me remplacera, me répondit-il, l'orgueil soudain ragaillardi.

À voir comment les choses s'étaient passées avec Robert Merloz, je préférai m'abstenir.

Au jujet de remplacement, j'avais assisté peu de temps auparavant à une très violente dispute entre Pierre Bergé et lui, à propos de la vente de la société à Sanofi. On a beaucoup écrit sur cette affaire, et notamment sur les conséquences de l'inculpation de Pierre pour délit d'initié[52]. Je n'en sais pas plus que ce qui a été officiellement écrit, mais je sais en revanche combien cela a envenimé l'humeur d'Yves et, conséquemment, les relations avec Pierre. Et ce, pas mal de temps avant que l'affaire n'éclate au grand jour. Dès le début de ma vie avec Yves, j'avais entendu parler de la vente de la société ainsi que de la crainte d'accusation pour délit d'initié.

---

52 Voir l'article de Gilles Gaetner, *L'Express*, 16 décembre 1993.

Et là, la situation atteignait un certain paroxysme. Peu de temps auparavant, nous nous étions rendus dans le bureau de Pierre.

Yves était extrêmement en colère.

– J'en ai assez que mon nom soit traîné dans la boue à cause de tes actes, dit-il vertement à Pierre.

– Quels actes ? rétorqua Pierre. Il n'y a pas d'autre choix que de vendre, au mieux et au plus vite.

Yves n'était pas d'humeur, ni en état, de discuter calmement et rationnellement de tous ces aspects que Pierre gérait depuis toujours. Yves, pour sa part, n'avait jamais pris de décision que dans l'enceinte feutrée de son studio de création pour choisir une couleur ou discuter d'une forme de manche. Il s'emporta.

– Si ça continue, dit-il, avec cette violence soupe au lait qui pouvait être si incontrôlée et dévastatrice, je vais te virer ! C'est moi qui décide et je vais te virer et nommer Fabrice à ta place !

Je restai interloqué, mais Pierre ne releva même pas ces propos.

– Si quelqu'un doit partir, dit-il en haussant lui aussi le ton, ce sera toi. C'est moi le boss ici, et tu le sais très bien de toute façon.

Bataille de coqs inexorablement liés l'un à l'autre. Je me fis tout petit dans mon fauteuil, désireux de quitter les lieux au plus vite. Yves se leva et tourna les talons, fulminant, Moujik et moi lui emboîtant le pas. Bien sûr, les choses se passèrent comme Pierre l'avait prévu, et comment aurait-il pu en être autrement ?

Je savais donc, je l'avais bien compris, qu'Yves ne souhaiterait jamais quitter vraiment sa société, sa notoriété, sa création, son équipe. Du moins pas tant que sa santé le lui permettrait.

J'essayai néanmoins :

– On pourrait partir dans le Sud tous les deux. Je vais acheter une maison dans le Midi.

– Encore une maison de pauvre ? me dit-il avec le cynisme cinglant dont il était capable.

– Non, une maison ancienne, répondis-je, accusant le coup.

– J'ai déjà Marrakech, me dit-il, le Midi de la France, c'est nul.

– Alberto [Pinto] y a pourtant acquis une maison pour son jules ?

– Alberto c'est Alberto, moi c'est moi.

Il n'avait pas ajouté, « et toi c'est toi ». Il n'avait pas eu besoin. Je l'avais entendu. Mon cœur aussi. C'était peut-être moi qui, au fond, m'imaginais « avoir une histoire » avec Yves Saint Laurent. Lui, il voulait juste un jeune beau mec à sa botte.

Le théâtre m'apparut comme une porte de salut. En janvier 1992, Jean-Claude Brialy m'avait annoncé que Véra Gregh me cherchait. Une place s'était libérée à l'École Balachova et elle m'était réservée.

J'ignorais si j'avais du talent, mais j'espérais monter sur les planches un jour, conformément, en vérité, au souhait d'Yves. Il avait décidé que sous sa tutelle, je deviendrais un grand du monde de la scène et du théâtre, comme ce fut le cas pour Brando avec Tennessee Williams, James Dean avec Elia Kazan, Alain Delon et Helmut Berger avec Luchino Visconti. Il aurait voulu être l'artisan de mon succès comme Pierre Bergé avait été le sien. Or, je me savais peu doué, et en vérité peu intéressé, et devais travailler d'arrache-pied. Ma mémoire était sollicitée au-delà de ce que je croyais possible. J'étais peut-être un peu trop âgé pour percer, mais l'espoir me motivait, bien que j'eusse réalisé depuis longtemps qu'il faut plus qu'une belle gueule pour y parvenir.

Je finis par m'ennuyer au cours de théâtre et laissai définitivement tomber après la fin de la session de juin 1992. De toute façon, avec nos déplacements, je finissais par cumuler trop d'absences. Ça m'avait changé les idées, d'autant que j'y rencontrai des filles, tout comme au cours Florent. J'eus plusieurs aventures agréables et pas compliquées. Je revis Élisa aussi, et là, c'était plus complexe et déstabilisant, et je sais très bien que le fait de l'avoir perdue contribua largement à la dépression dans laquelle je me voyais m'enfoncer jour après jour, malgré les cachets prescrits par la psychiatre qu'Yves et moi avions désormais en commun, comme un couple malade de lui-même. Lorsque je rentrais le soir après mes escapades, Yves me lorgnait d'un œil plus que suspicieux.

— Tu te fais des femelles ? me disait-il. Comment oses-tu ? Je ne te donne pas tout ce que tu veux ?

Une phrase classique, pas dans le théâtre de Racine ni de Tennessee Williams, plutôt dans le vaudeville.

Je me réfugiais de plus en plus souvent dans mon « pavillon de pauvre » de Yerres et plantai de nouveaux arbres fruitiers dans le verger. Cerisiers, abricotiers, pruniers, ainsi se nommait mon vrai bonheur. Et horlogerie aussi. Je possédais une petite boutique aux Puces de Saint-Ouen et en avais cédé une partie à un voisin horloger qui, en contrepartie, me proposa de me donner des cours. J'étais aux anges. C'était un rêve qui se réalisait enfin. Je fus extrêmement assidu à ses cours, et véritablement passionné. Yves ne comprenait pas que je préfère ces mécanismes aux siens. Ou peut-être pensait-il que je couchais avec mon ami horloger. Dans tous les cas, ni sur Yerres ni sur l'horlogerie je ne cédai. Ça m'était vraiment vital. Lorsque je rentrais dormir chez Yves, il était la plupart du temps déjà endormi. Je savais que le fouetteur en chef de Pierre lui rendait désormais visite.

Dans ma chambre du rez-de-jardin, je dormais mal. Je me réveillais à cette heure fatidique de trois heures du matin sans retrouver le sommeil, regrettant ma liberté. Les murs de cet endroit fabuleux dont j'avais tellement rêvé se refermaient sur moi. Asphyxié de l'intérieur, je sortais dans le jardin pour fumer.

En mai, nous séjournâmes à Marrakech et, pour la première fois, je m'y ennuyai, preuve absolue que je n'allais vraiment pas bien. Une scène très parlante me revient pourtant.

Yves avait tenu à remercier un ami de longue date, antiquaire réputé officiant à la Mamounia, pour lui avoir présenté les jeunes princes marocains. Nous l'avions donc invité à dîner avant de repartir pour Paris. Cet homme très cultivé pratiquait son métier avec compétence et classe depuis les sixties, inutile donc de dire qu'il connaissait Yves très bien, ayant suivi tous les épisodes de son parcours et de celui de Pierre à Marrakech. Il avait fait de très bonnes affaires avec la villa Oasis et sans doute leur devait-il une partie de sa fortune. Et, on craint pour la vie de ses bons clients... L'antiquaire m'avait avoué avoir craint pour la vie d'Yves lors de sa période Darius.

– Tout Marrakech assistait, impuissant, à cette immolation, m'avait-il déjà confié.

La semaine précédente, je m'étais acheté une montre Swatch Arabesque, simplement parce que je la trouvais belle et peut-être aussi pour indisposer Yves qui ne manquerait pas de la voir. Effectivement, ce soir-là, il posa les yeux sur mon poignet, et ses traits se figèrent.

– Où as-tu pris cette montre ? me dit-il violemment devant son ami. Pourquoi ne mets-tu pas l'une de celles que je t'ai offertes ? Enlève-moi ça tout de suite !

Il n'en croyait pas ses yeux, profondément vexé. J'avais atteint mon but. Plus ou moins consciemment, je crois que je ne voulais pas que cet antiquaire réputé me considérât comme un gigolo à la solde de son client, même si je l'étais.

– Je la garde et je t'emmerde, répliquai-je. Ton comportement va finir par me faire fuir.

– Tu vas partir ?

— Ton attitude va m'y contraindre.
— Si tu pars, je te ferai rechercher par Interpol.
Et c'est là qu'il ajouta ce qu'il n'aurait jamais dû ajouter :
— Tu es à moi.
Le regard embué d'une réelle tristesse, je fixai l'antiquaire, manifestement mal à l'aise. Yves tremblait de colère et mit plusieurs minutes à retrouver son calme. Je me levai lentement et une fois dans ma chambre, je fermai la porte à clé. Les dés étaient jetés.

Après le défilé automne-hiver début juillet, Yves devait donc partir à Séville. Je devais y aller et avais décidé que je n'irais pas. J'étais allé voir Pierre quelques semaines auparavant pour le lui expliquer. Il était mon employeur après tout… C'était bien à lui que je devais demander des congés payés, sans qu'Yves le sache. Et puisque mon employeur m'y autorisait, mieux, me comprenait, il ne me restait plus qu'à prévenir Yves.

Un soir, deux jours avant son départ pour l'Espagne, je pris mon courage à deux mains. Convaincre Yves que je voulais prendre des vacances de ce qu'il croyait être une situation de rêve ne serait pas simple. Je lui annonçai ma décision en y mettant autant de douceur que possible. Prostré dans le canapé, il leva vers moi un regard désespéré qui me troua le cœur.

— Tu n'es pas bien ici avec moi ? Je ne te traite pas bien ?
— Si, je suis bien, j'ai juste besoin de prendre du recul.
— Tu veux juste rencontrer des « fumelles ». J'aurais dû m'en douter quand je t'ai recueilli.

Évidemment, ça ne pouvait pas se passer civilement.
— C'est moi qui t'ai sorti de la merde, lui dis-je. Autrement, tu crevais, tu ne te souviens plus ? Darius t'avait démoli, et moi je t'ai ramassé à la petite cuillère.

Il portait un kimono dont il a rajusté la ceinture, puis s'est redressé, le regard noir.

— Tu m'accuses d'être malhonnête, de te mentir ? Je t'ai pourtant donné tout ce que tu voulais.

— Tu es incapable d'être généreux autrement que pour te faire plaisir… Et tu le sais très bien.

Il a fondu en larmes. Mais je savais que je ne devais pas plier. Je devais prendre des vacances, sinon je le tuerais lors de la prochaine séance de fouettage. Je me suis assis près de lui, l'ai serré contre moi et ai essayé de le consoler en lui répétant qu'il devait me comprendre et ne pas s'inquiéter.

— Pas plus de deux semaines, me fit-il alors promettre.

Il exigea aussi que je lui fasse une provision de sperme en éjaculant dans quelques préservatifs. Les chevaliers collectionnaient les mouchoirs de leur bien-aimée, Yves voulait quelque chose de beaucoup plus personnel. Il voulait de l'*huile bénite*, comme il l'appelait.

C'étaient mes premières vraies vacances depuis mars 1990. Me réfugier à Yerres pour ces deux semaines ne me semblait pas suffisamment éloigné de la rue de Babylone. J'avais donc réservé un appartement dans une petite station familiale à Aussois, dans les Alpes franco-italiennes. C'était l'été et « que la montagne était belle » ainsi que le chantait Jean Ferrat… Dès mon arrivée, je me pris néanmoins à être inquiet et téléphonai à Yves pour prendre de ses nouvelles. Je me sentais responsable de lui. Il répondit, heureux que je pense à lui et me disant qu'il était prêt à décoller le lendemain pour Séville. Nous nous dîmes de gentilles choses finalement, affectueuses à défaut d'être vraiment amoureuses.

Il partit donc en Espagne, et moi je me reposai avec des copains rencontrés sur place. Pas de rencontres sexuelles, aucune. Juste de la bonne bouffe et du bon vin tous les soirs, et du sport durant la journée. Le charme de cette station d'Aussois venait du mélange de culture italienne et française. Je pensais à Yves tous les jours.

Au début du mois d'août 1992 arriva le jour du retour. Une boule d'angoisse, que je croyais disparue, se reforma aussitôt. J'avais réfléchi. Je voulais reprendre notre vie commune, après avoir eu une bonne discussion franche et constructive qui nous permettrait de repartir sur de nouvelles bases. J'y croyais. Oui, je croyais que c'était possible. Mais, au soir du retour, nous nous disputâmes.

Les dernières disputes n'ont guère d'importance, en vérité, car l'hallali a déjà été sonné, bien avant. L'ultime dispute ne fit que manifester un désastre déjà consommé. Ainsi, ce que nous nous sommes dit ce soir-là revêtait moins d'importance que la lente désagrégation qui perdurait depuis plusieurs mois. Yves n'avait même pas semblé heureux de me revoir en vérité, et puis il m'avait reluqué sans arrêt, avec l'air suspicieux de celui qui est certain que sa chose, son objet, n'a pas la valeur qu'il lui attribuait au départ. Comme s'il avait été roulé sur la marchandise. Et lui, qu'avait-il fait à Séville ? Il ne me répondit pas. Il avait dû se trouver des distractions, c'était certain.

Il se mit à me faire des reproches :

— Tu es à moi et tu m'as abandonné. Moi, j'ai tout fait pour te rendre heureux ici, avec moi.

— Tu m'étouffes, lui reprochai-je.

Nous nous étions déjà dit tout ça. La dispute tournait en rond. Il me lança un regard mauvais avant de partir se coucher. Seul dans le grand salon saturé des ombres des objets de collection qui montaient la garde comme des fantômes convoqués à mon procès, je me sentais vraiment mal. Je descendis me coucher à mon tour. Dans la moiteur de ma chambre, j'étouffais pour de vrai. Et j'avais peur. Yves possédait une telle force physique, et il était tellement imprévisible. Et s'il cherchait à me tuer, moi aussi ? Je savais que ses neuroleptiques le réduisaient à l'état de légume, surtout durant la nuit, mais je ne parvenais pas à me calmer. Incapable de trouver le sommeil, je me levai et fermai la porte à clé. Puis je sortis fumer dans le jardin. Dans la nuit douce, la silhouette du minotaure de marbre blanc luisait sous les rayons de la lune, au milieu des touffeurs de feuilles sombres. Une vision fantasmagorique qui me fit tressaillir de nouveau. Yves jetait-il ses amants au minotaure comme le mythique roi Égée livrait des jeunes gens et des jeunes filles pour calmer les instincts du monstre ? Je décidai de m'inspirer de Thésée. À défaut de tuer le minotaure, j'allais au moins sortir du labyrinthe dans lequel je m'étais précipité moi-même. Pour tout fil d'Ariane, j'avais mon instinct de survie. Allongé sur mon magnifique lit Art déco, j'attendis l'aube et, les premières lueurs venues, je partis. Je ne voulais pas partir pour toujours, je voulais me calmer, réfléchir dans mon verger en cueillant les cerises et en soignant les fleurs. Je voulais réfléchir à une manière de parler calmement et constructivement avec Yves.

Je revins une semaine plus tard, bien déterminé à garder mon calme et à recoller les morceaux. Le maître d'hôtel m'ouvrit et me dit, comme s'il ne m'avait jamais vu auparavant, que « Monsieur ne recevait pas ». Et il me demanda de lui remettre les clés.

Yves n'a plus jamais voulu me revoir ni me parler, jusqu'à sa mort. Il a coupé avec moi comme il l'avait fait avec tant d'autres, sans se retourner. Ou alors on l'aura empêché de me revoir. Je ne sais pas. Ça ne change rien.

Une amie, qui a lu des extraits de ce livre en cours d'écriture a dit une chose terrible de vérité : « Ça me fait penser au film *Le droit du plus fort*[53]. À la fin, les choses retournent à leur ordre social "naturel". Le plus fort, in fine, demeure nécessairement Yves Saint Laurent. Du jour au lendemain, rien n'existe plus et, à la limite, rien n'a jamais existé. Il faut que tu le racontes comme une étape de survie, aux autres ou à toi-même. »

---

53 *Faustrecht der Freiheit* est un film allemand de Rainer Werner Fassbinder, sorti en 1975.

Chapitre 13
SE RECONSTRUIRE

Il faut d'abord tomber. C'est ce que j'ai fait, avec méthode et application.

Après la rupture, j'ai immédiatement pensé à Élisa. Je l'avais laissée pour vivre cette histoire avec Yves Saint Laurent, et me retrouvais à présent libre de reprendre la nôtre. Je suis donc allé la voir dans son petit appartement d'Issy-les-Moulineaux, dans la banlieue Ouest de Paris. Nous avons refait l'amour, comme nous en avions repris le goût depuis quelques mois. Je lui ai dit que la relation avec Yves était achevée, lui proposant de reprendre notre vie commune là où nous l'avions laissée. Elle m'a répondu que son père ne serait pas vraiment d'accord. Ainsi, nous n'aurions pas d'avenir commun, elle et moi, subissant le veto d'une sorte de figure de Commandeur que représentait son père pour elle. Peut-être était-ce un prétexte ? Dès le début, Élisa avait tellement hésité à s'engager dans une relation avec moi, tellement retardé le moment de notre première nuit. Elle avait tellement souffert de mes infidélités, puis de ma défection brusque et violente, par téléphone, au moment où j'avais dû choisir entre elle et Yves et que j'avais choisi Yves. Je savais bien qu'elle avait avalé des couleuvres avec moi, mes inconstances, mes inconsistances, mes turpitudes, mes ambiguïtés, mes mensonges, mes zones d'ombre. Mais je l'aimais sincèrement, et je pense qu'elle le savait très bien et qu'elle partageait mes sentiments et mon désir. Elle avait néanmoins largement eu le temps de réfléchir, d'évaluer, de soupeser. L'amour ne suffit pas, et la balance avait fini par pencher en ma défaveur. Alors, il se pouvait que l'interdit du père n'ait été qu'un prétexte. J'avais brûlé tout mon crédit de confiance auprès d'elle. Je la reverrais encore plusieurs fois jusqu'en 1993. Puis, un jour, plus de nouvelles. Elle était partie vivre à la frontière espagnole avec son futur mari. En écrivant ce livre, parfois je fantasmais. Je me disais qu'elle le lirait, qu'elle viendrait me voir, que nous allions nous revoir, en tout bien tout honneur, mais nous revoir enfin, près de vingt-cinq ans après. Je le souhaite.

L'automne de 1992 s'étendait donc sur Paris. Même le verger plein de fruits mûrs de ma petite maison de Yerres ne me consolait plus. Je décidai de louer le lieu et de m'installer dans ma maison de Tourrettes-sur-Loup. Peut-être l'âme millénaire de ce village haut perché sur les Alpilles allait-elle me soigner, du moins l'espérais-je. La maison était magnifique, surplombant les remparts de sa verticalité spacieuse. Je traînais ma double peine d'amour d'un étage à l'autre, traînais mes espadrilles le long des rues en escaliers, traînais le regard d'un habitant à l'autre, d'une boutique et d'un café pittoresque à l'autre, puis me traînais de nouveau chez moi, dans l'antre de ma chambre trop déserte à mon goût. Élisa me manquait, mais Yves aussi. J'avais essayé de le recontacter à plusieurs reprises, sans réponse. Après une rupture, il y a toujours cette période où l'on n'y croit pas, où l'on préfère se blottir dans le déni, cultiver l'espoir, voire l'illusion, que ce n'est pas fini pour toujours. Même si l'on a vécu le pire, on voudrait juste que ce pire recommence.

Je ne savais pas par où commencer ma réflexion, comment ranger mes pensées et mes émotions, dans quelle catégorie les classer ni dans quel ordre, ni quelle étiquette coller dessus. Le chagrin se présentait en vrac, comme un magma glauque et douloureux dans lequel je me vautrais par complaisance, mais surtout par nécessité. J'avais besoin de couler au fond. Le fond de quoi, ça… je n'aurais pas su le nommer. La peine d'amour est une force tellurique qui vous tire par les pieds, vingt mille lieues sous les mers, vers des tréfonds inconnus. Les anciens chagrins se mêlent aux récents et remontent, vous assaillent à nouveau, jour et nuit. Les meurtrissures de mon enfance, les traumatismes de mon adolescence, le malheur de ma mère, sa mort innommable, mon impuissance à la sauver. Mon père cruel, macabre et haïssable, mes relations familiales délétères, mes fils que je ne voyais plus, tout cela venait s'ajouter à la perte d'Élisa et au sentiment d'échec de ma relation avec Yves. J'avais tellement fait pour entrer dans la société YSL, j'avais tellement aspiré au luxe, à la beauté, à la sécurité, à l'insouciance, au bonheur enfin accessible. J'avais vécu des milliers de choses fortes et inoubliables, j'avais accepté de payer le prix fort pour accéder à une parcelle de félicité. Et tout ça pour quoi ? J'en voulais au monde entier. Esseulé à Tourrettes-sur-Loup, je traînais ma peau de chagrin et ma rancune. Je m'apitoyais sur mon sort, me calfeutrant comme un fœtus dans une position de victime. Et pourtant, je savais bien que ce n'était pas tout à fait le cas. Rien n'est manichéen dans les relations humaines, tout est toujours kaléidoscopique, abracadabrantesque.

Je sentais confusément que je devrais tout mettre à plat, analyser les choses une par une, mais ne parvenais pas à attraper le fil sur lequel j'aurais pu tirer pour défaire petit à petit la pelote compacte qui m'oppressait. Qu'avais-je donc vécu au juste ? Qu'avais-je voulu, pas voulu ? Obtenu, pas obtenu, réussi ou raté ? Avais-je convoité quelque chose de précis, ou m'étais-je plutôt laissé tanguer au fil des événements ? Avais-je été le jouet de ma vie, de ma naissance, de mon enfance, de mon milieu ? Le jouet de mon père, le jouet de Pierre indissociable de mon père, le jouet d'Yves indissociable de Pierre ? N'avais-je pas plutôt été le jouet de moi-même, de mon ambition matérielle et sociale, de mes désirs conscients et inconscients, la marionnette de ma convoitise ? Avais-je aveuglément suivi mon narcissisme blessé, prêt à tout dans l'espoir d'une réparation ? Sans répit, la ritournelle de ces questions tournait dans ma tête, dans un sens puis dans l'autre, insensée et vaine. Je me retrouvais là, à 31 ans, après sept ans passés officiellement au service de la société YSL et officieusement au service des deux figures fondatrices de la boîte, Pierre Bergé et Yves Saint Laurent. Dans ce triste triangle, qui avait utilisé qui, en vérité ? Et dans quel but ?

Dans le courant de l'année 1993, les locataires de Yerres me proposèrent de racheter ma maison, ce que j'acceptai. Je remboursai ainsi mon prêt bancaire, au mieux pour moi. En janvier, j'avais rendu visite à Pierre pour solder nos comptes, car il n'était pas question que je reprenne un autre travail salarié au sein de la société, ainsi que me le suggérait Pierre. Ce n'était plus possible. Bon an mal an, et sans du tout être capable d'analyser comment cela s'était fait, je savais que j'avais vécu, au cours de ces années, une sorte de rituel initiatique, une forme personnelle d'exorcisme et d'affranchissement. Je savais que j'étais libéré, ou du moins que je le serais bientôt. Ça me fichait une trouille épouvantable et je n'imaginais pas du tout quoi faire de cette liberté inconnue jusqu'alors, mais libre, oui, je le devenais enfin, j'en étais confusément conscient. J'étais entré, guilleret et insouciant, bille en tête et queue bandée, dans une sorte d'athanor où j'avais cuit et recuit pendant un cycle magique de sept ans. Avais-je transformé mon plomb en or ? Mais étais-je du plomb, au fait, ou de l'or ? Aucune idée. J'avais besoin d'être seul, de m'adonner à la déliquescence. Pendant six mois, je me suis laissé engloutir dans mes grottes les plus obscures. Drogues et alcools, insomnie puis hypersomnie, larmes puis sidération, auto-apitoiement puis jugement autodépréciateur, colère puis désespérance. J'ai bu sans arrêt, fumé sans discontinuer, bu de tout tout le temps, fumé du shit tout le temps, pris des drogues diverses, fréquenté des lieux et des gens pas nets, tout, trop, tout le temps. Je me suis en quelque sorte transformé en Yves. Comme si, en faisant cela, je perpétuais un ultime lien avec lui. J'allais à la mer, dans les restaurants, dans les cafés, je rencontrais des femmes sans envie réelle, puis je rentrais chez moi, je me couchais ou plutôt je m'évanouissais, mais jamais je ne me sentais être là où je me trouvais, errant dans un ailleurs halluciné. Une épave humaine sur la côte d'Azur. Il faut un beau décor pour sombrer, ça fait chic, mais ça n'empêche pas de toucher le fond. J'ai touché le fond.

Comment me suis-je relevé ? C'est toujours assez mystérieux. Le déclic salvateur est arrivé avec l'été 1993, dans cette explosion de couleurs, de fragrances entêtantes, de vent vivifiant, ce soleil qui rappelle sa toute-puissance, dans ce retour spectaculaire de la vie à elle-même. C'était une invitation. J'ai fini par y répondre. Depuis toujours, j'avais rêvé du sud de la France. Je savais peut-être déjà que c'était là le lieu de ma renaissance. Ça paraît cucul comme ça, mais c'est réel. Ça s'est passé ainsi : un jour, mon cœur et mon corps sont sortis de leur nuit. Le soleil du Midi a vaincu une partie de mes ténèbres, assez pour que je me relève.

J'ai quand même pris les moyens patentés. Je me suis rendu chez une psychothérapeute. J'y ai mis tous mes espoirs et ils ont vite été déçus, après seulement un mois et trois séances. Dès que je déballais ma vie, je fondais en larmes, en particulier lorsque j'abordais, pour m'en libérer, les séances de soumission à Pierre, puis ma vie de dominant qui soumettait Yves. La psy m'écoutait, très visiblement effarée. Elle m'a dit que j'avais fait un transfert de dépression d'Yves à moi. Puis elle m'a avoué se sentir totalement submergée. Ce que je racontais dépassait complètement ses compétences, elle s'avouait perdue. Elle m'a conseillé d'entrer quelque temps dans un monastère. « Votre âme est broyée » m'a-t-elle dit sans compassion perceptible. Inutile de dire à quel point je me suis senti broyé pour le coup. Personne sur cette terre ne pouvait donc m'aider, je devais m'en remettre au Ciel ? Je devais à nouveau ramasser mes morceaux tout seul, me relever tout seul, me démerder tout seul, tenter de me soigner seul. Pourtant quand je repense à cette psychologue aujourd'hui, je me dis qu'elle avait raison. J'aurais dû faire une retraite dans un monastère, c'est certain. Il y en a beaucoup dans le Midi, je n'aurais eu que l'embarras du choix, mais je ne m'aimais pas assez pour m'autoriser à trouver la foi en moi-même.

Je dois dire que les plaies de cette période ne seront jamais refermées. Elles resteront à jamais indélébiles, prêtes à se rouvrir à chaque seconde. Aujourd'hui encore, il m'arrive par moments d'être pris de convulsions avant de faire l'amour. C'est difficile pour moi, et ça l'est certainement encore plus pour ma femme. Mais je n'y peux rien.

Survivre seul, alors ? Chiche ! J'ai survécu et tenté de me reconstruire. Pied de nez à tous. À tous. Bien sûr, ce n'est qu'a posteriori que je peux dire cela et l'affirmer comme une évidence simple, basée non pas sur une évaluation cérébrale mais sur une constatation. Ma vie d'aujourd'hui prouve dans les faits que je suis un survivant, émergeant de ses cendres tel un phénix. En ce sens, j'ai été à bonne école car Yves, selon moi, n'a cessé de renaître de ses cendres, de revenir sans cesse à une vie qu'il a passé beaucoup de temps à mépriser et à détruire.

Tout un livre serait nécessaire pour raconter tout ce que j'ai vécu après Yves, entre notre rupture en 1992 et mon installation au Québec fin 2007. Il y aurait encore autant à dire à propos de ma vie au Québec, dans la banlieue de Montréal, entre 2007 et aujourd'hui. Sans entrer dans les détails, je préfère égrener ici les étapes essentielles qui ont été les cailloux blancs sur le chemin pour quitter mes grottes sous-marines et remonter vers l'air pur et la lumière, puis réapprendre à marcher sur la terre ferme. C'est important pour moi de mettre tout cela en ordre ici, après avoir passé tant de temps dans la confusion la plus totale.

À l'automne 1993, j'ai soudain réalisé que je me trouvais dans un village très touristique avec une effervescence permanente, en dehors même des périodes de fréquentation. En fait, Tourrettes-sur-Loup est un lieu incomparable par sa beauté, son énergie particulière, sa situation historique et géographique et, donc, par les possibilités infinies que tout cela permet. On dirait que j'en ai d'un coup pris conscience, avec la décision logique d'en profiter à mon tour. Pas n'importe comment. En étant exactement ce que j'étais, en respectant mes goûts, mes compétences et en particulier mes forces principales : premièrement, mon habileté manuelle, deuxièmement, ma connaissance des arts anciens, d'ailleurs certainement ravivées par ma vie auprès d'Yves, mon goût pour l'histoire de l'art, et par extension pour les antiquités et la brocante de haut niveau. J'avais revendu ma boutique des Puces de Saint-Ouen, je possédais beaucoup d'antiquités marocaines et gardais encore les coordonnées de mes amis et antiquaires de Marrakech. Je me mis à potasser très sérieusement tout ce que je pouvais à propos des antiquités françaises depuis le XVIIIe siècle, en particulier les meubles en bois, région française par région française. C'étaient là mes passions, jamais démenties, jamais épuisées jusqu'à ce jour. Le point de jonction entre horlogerie et antiquités se révélait dans ma connaissance des mécanismes horlogers anciens, compétence peu courante acquise auprès de mon ami horloger à Paris. C'était donc simple, j'avais la passion, les compétences, le lieu, les objets :

j'ai donc ouvert, assez simplement d'ailleurs, un atelier d'horlogerie ainsi qu'un magasin d'antiquités, marocaines et françaises, au rez-de-chaussée de ma maison de Tourrettes-sur-Loup. Fabuleux moment, reconstruction de moi-même par moi-même. Après m'être démonté comme un mécanisme horloger ancien et grippé, je commençais ainsi à me nettoyer et à me remonter pièce par pièce afin de remettre, en tout cas d'essayer de le faire, mes pendules à l'heure. Revenu en quelque sorte à mes fondamentaux qui d'un coup m'apparurent comme tels, je commençai à remonter la pente. Ce furent des années magnifiques. Mon horlogerie ainsi que mon magasin d'antiquités marchaient fort bien.

En 1994, j'avais commencé, en parallèle de ma psychothérapie et de ma remontée intérieure, à lire des livres de psychologie populaire et beaucoup d'ouvrages de philosophie de vie tirée des spiritualités orientales, principalement bouddhistes et taoïstes. Je découvris tout un univers au travers de ces ouvrages sur les traditions chrétiennes et plus globalement monothéistes, ainsi que dans ces livres de développement et d'accomplissement personnel. Je m'intéressai aussi à des textes qui parlaient de grands mystères ésotériques, en lien avec des civilisations anciennes, égyptiennes, incas, celtes entre autres… Ce fut ma manière à moi de partir à la reconquête de moi-même, en poursuivant une exaltante quête intérieure pour tenter de me comprendre à l'aune de l'expérience humaine. Je n'avais jamais vraiment lu, et j'eus l'impression soudain d'avoir des siècles à rattraper. Un jour, dans un bar lors d'une beuverie, une amie journaliste suisse me présenta un homme, un éditeur allemand. Il se faisait appeler Félix. À cette époque, il faisait des affaires à Monaco mais possédait en parallèle une petite maison d'édition qui ne fonctionnait pas très bien. Il m'a proposé de me lancer en édition avec lui. Cette maison publiait des titres de développement personnel, santé, spiritualité, ésotérisme auxquels je m'intéressais. C'est ainsi qu'en 1995, je suis devenu éditeur. Qui l'eût cru ? J'étais antiquaire et horloger, pas éditeur mais, et alors… pourquoi pas ? Je me lançai dans l'aventure avec ferveur et enthousiasme. Nous installâmes les locaux de notre nouvelle entreprise dans ma maison à Tourrettes-sur-Loup. Un vrai bonheur, totalement insoupçonné jusqu'alors. Lire les manuscrits, en susciter, rencontrer des auteurs, des traducteurs, initier des traductions, suivre la fabrication puis la mise en vente, faire des livres de la première étape, invisible, à leur vie auprès du public, m'a beaucoup occupé en m'apportant une joie profonde. J'avais remis mes pendules à l'heure et là, avec l'édition, je me réécrivais, en quelque sorte. Cette aventure éditoriale m'a tenu durant toutes les années 1990, et m'a apporté encore plus que le seul succès de notre maison d'édition. Elle m'a permis d'aller à Montréal en 1997 pour mettre en place un réseau de distribution au Québec. C'est là que j'ai rencontré Natacha qui deviendra, des années plus tard, mon épouse, avant que nous nous installions au Québec, devenu ma patrie d'élection. J'y reviendrai.

Néanmoins, je me lassai vers le début des années 2000 de la répétitivité de la maison d'édition, sans raison autre que le besoin d'aller voir ailleurs qui m'assaillit soudain comme une obsession. En Corse, près de Bastia, je tombai un jour de vacances sur un restaurant de plage en aplomb d'une plage nudiste. Superbe, la plage, l'ambiance et la patronne qui devint ma maîtresse. Une de plus, dirai-je, mais c'était ainsi, je ne me privais pas de vivre la magnificence de mon corps et de ma virilité dans la fleur de l'âge. Au tournant 2000, elle me proposa de reprendre la gérance, ce que je fis avec joie, quelques mois. Natacha, qui jusqu'alors était une amie, vint me rejoindre en Corse et devint ma petite amie. Elle le restera de manière sporadique jusqu'à ce que nous nous mettions véritablement en couple en 2005. Les affaires marchaient très bien sur la plage, mais l'envie d'aller beaucoup plus loin, faire ces voyages dont j'avais rêvé et que d'autres font à vingt ans, sac au dos, revint me titiller. Je vendis mes parts de la maison d'édition, abandonnai la gérance du restaurant de plage et larguai les amarres, direction la Thaïlande. À cette époque, Phuket n'était pas encore Phuket, mais le devenait. Le tourisme sexuel battait déjà son plein et me mettait mal à l'aise. Je décidai d'aller sur une des îles au large et y montai un restaurant pendant près de huit mois. J'ai adoré l'expérience, me suis vraiment éclaté la tête et le corps, le pays est merveilleux, les Thaïs adorables. Mais voir tellement de types qui devenaient fous, d'alcool, de fumette, de sexe à gogo, a fini par me déprimer. Au bout de huit mois, j'ai fait une overdose de ce retour du glauque et de l'indigeste. Quand même, bien que j'aie quitté la Thaïlande comme on sauve sa peau, l'expérience, au tournant de ma quarantaine, a été phénoménale. Je suis rentré en France, profondément métamorphosé.

De retour de Thaïlande, sonné, j'ai senti que mon temps dans le Midi était épuisé. J'avais vécu mon rêve méditerranéen à fond, comme je vis tout, à fond, sans demi-mesures ni compromis. C'est ma manière d'être de toute façon, en toutes circonstances. J'avais toujours aimé la Normandie alors, une fois épuisé mon rêve du Sud, je décidai de réaliser mon rêve normand. Me cherchant une maison, je tombai sur une splendeur. Encore aujourd'hui, j'aime me souvenir de la façon dont je l'ai découverte, qui m'attendait là, à Essay, charmant village de la Basse-Normandie près d'Alençon. Coup de foudre pour une millénaire, ce n'est pas banal! Millénaire, oui, cette maison avait mille ans, j'en étais fou. Je l'achetai cash, moins que sa valeur, car elle nécessitait des travaux importants, et cela aussi me ravissait. Je voulais ça, des travaux à faire, des rénovations, des transformations, à mon image, à mon inspiration, de mes mains. Ayant vendu la maison de Tourrettes-sur-Loup, je rapatriai tout à Essay et entrepris de reconstruire. C'était fabuleux, certaines parties dataient du XIe, du XIIe, d'autres du XVe, du XVIIe, du XVIIIe et ainsi de suite, un véritable livre d'histoire française en pierre, avec des escaliers insensés, des styles mélangés mais harmonieux. Au moment de partir au Québec, je revendrai cette maison avec une belle plus-value.

À Essay, je repris mon activité d'antiquaire. Nous étions en 2004, je n'avais pas rompu mes liens avec Félix ni avec Natacha mais, surtout, j'avais renoué avec moi-même. Enfin, disons que j'étais un peu plus près de moi-même, à la moitié de la quarantaine. Je ne me doutais pas, je ne savais pas encore, que j'allais quitter cette maison et cette région que j'adorais pour aller loin, beaucoup plus loin, suivre ma femme jusqu'aux rives du Saint Laurent que tant de Normands avaient peuplées à partir du début du XVIIe siècle. Mais je me souviens que lorsque j'avais découvert Montréal la première fois, j'avais souhaité venir y vivre quelque temps. Il faut se méfier de ce que l'on souhaite, je savais cela, surtout après la force et la détermination avec lesquelles j'avais voulu entrer dans la société YSL, pour le meilleur et pour le pire. Mais cette fois-là, ce fut juste pour le meilleur.

On vit une seule vraie histoire d'amour dans sa vie, je le crois. Pour moi, ma mère avait été celle-là, longtemps. J'en étais très proche et elle me manquait chaque jour depuis sa mort parce que tellement absurde, horrible et injuste. Combien de bras de femme m'avait-il donc fallu pour me consoler de la relation fusionnelle avortée que nous avions vécue, maman et moi, moi qui avais failli à ma tâche de la sauver ? Lorsque j'avais rencontré Élisa, j'avais bien pensé que mon errance affective et sexuelle serait finie, mais c'est moi qui ai tout fichu en l'air, j'étais trop jeune et trop blessé encore, et j'avais besoin de régler mon passé avec mon père, ce que j'ai fait en étant au service très spécial de Pierre Bergé, puis d'Yves Saint Laurent. Élisa, c'était l'amour, oui, absolument, mais raté. Alors est venue Natacha, beaucoup plus tard, à un moment où j'ai été capable de m'accepter, moi, de l'accepter, elle, de l'aimer et de me laisser aimer. Je ne me suis marié qu'une seule fois, avec elle, et c'est parfait ainsi. Natacha est ma femme, mon amie, ma petite sœur, mon amante, ma maîtresse, ma partenaire, mon associée, ma conscience, mon quotidien et ma terre, car elle m'a donné une terre. Elle, l'enfant orpheline adoptée par des Québécois mais métèque, issue des amours vraies mais impossibles d'une Italienne et d'un Égyptien, qui d'autre pour comprendre mon cœur orphelin ? Elle n'est pas la mère de mes enfants, car quand je l'ai rencontrée, je n'en voulais plus. C'est un gros sacrifice qu'elle aura fait pour être avec moi. En revanche, et je lui en suis éternellement reconnaissant car c'est aussi important que si elle m'avait donné des enfants, elle m'a fait renouer avec mes fils que leur mère m'empêchait de voir depuis leur enfance. Natacha n'a pas mis mes fils au monde, elle les a remis dans mon monde, elle me les a redonnés. Elle l'a fait par amour, alors que rien ne l'y obligeait. Je n'ai pas de mots pour dire ma gratitude.

Nous nous étions rencontrés lors d'une soirée à Montréal, en juin 1997, la première fois que j'y étais allé pour les besoins de notre maison d'édition. Rencontre courtoise et amicale, échange de cartes de visite. Je lui avais dit de venir me voir si elle venait en France. De fait, c'est ce qu'elle fit deux mois plus tard, mais pas pour me voir. Elle avait un jules français et était venue le rejoindre. Sans succès. Le type n'était pas là. Un lâche. Du coup, elle avait retrouvé ma carte de visite et m'avait appelé au secours, dans le Sud. J'étais en Corse. Je lui avais envoyé un billet et elle m'avait rejoint. L'histoire a commencé ainsi, par un hasard improbable comme seul le destin sait les concocter. Nous avons commencé à entretenir une relation « sexo-amicale » sporadique, entre allers et retours en avion, séparations, retrouvailles, conversations au téléphone, bref, tout le vocabulaire, si difficile et périlleux, de l'amour à distance. En 2003, lorsque je partis en Normandie, elle vint me voir et resta plus longtemps, assez pour se rendre compte qu'elle ne supporterait pas cette vie, ma vie. Avec mon rythme épique, mes sorties, mes maîtresses, plusieurs belles femmes riches prêtes à payer pour partager de bons moments avec moi, et plus si affinités, mais c'était sans compter sur le fait que je ne voulais pas d'affinités supplémentaires, je ne voulais pas m'attacher. Elle l'a bien compris. Ça ne lui plaisait pas, elle ne voulait pas me partager ni accepter cet état de fait. Elle est repartie chez elle, à Montréal. Notre relation fut suspendue quelque temps, mise en jachère.

Nous avons repris nos vies respectives. Elle a rencontré un homme et a entretenu une relation suivie. Néanmoins, nous ne nous oubliions pas totalement, nous parlant, intensément, deux ou trois fois par an. Et puis, un jour, j'ai craqué. C'était une nouvelle lame de fond, moins grave que celle d'après la rupture avec Yves, mais une crise assez profonde pour qu'une fois de plus, je remette toute ma vie en question. Qui ai-je rappelé, pensez-vous ?

Elle avait rompu avec son amoureux et vivait seule. Je me suis confié à elle, lui proposant d'essayer de nouveau. Elle a accepté. Elle a pris l'avion, traversé « la mare », comme disent les Québécois à propos de l'Atlantique, pour me rejoindre dans ma maison d'Essay. Nous nous sommes retrouvés, pour repartir sur de nouvelles bases, plus nettes et plus solides. Jusque-là, la relation semblait tenir sur des pilotis vermoulus, là elle allait véritablement prendre racine. Je lui ai parlé de tout, lui racontant toute ma vie en détail. Le meilleur, le pire, surtout le pire. Toute mon histoire dans la société YSL, avec Pierre Bergé, avec Yves Saint Laurent aussi, complètement. La personne dont j'ai eu beaucoup de mal à parler, que j'ai gardée pour la fin, comme si parler d'elle revenait à la laisser partir, ça a été Élisa. Mais j'ai fini par le faire, et Natacha a tout compris, sans naïveté ni illusion mais avec une bienveillante écoute.

Un jour que nous nous promenions dans la jolie ville d'Alençon, elle me fit remarquer qu'il n'y avait pas de sex-shop. Tiens ! Je ne l'avais jamais remarqué, mais elle avait raison. Aussitôt, nous décidâmes d'en ouvrir un. À la Chambre de commerce locale où je suivis un stage d'entreprenariat, le formateur trouva que c'était une très bonne idée, peut-être le meilleur projet parmi tous ceux présentés. La boutique se mit à fonctionner très vite et très bien. Alors, nous décidâmes d'ouvrir des soirées de discussion, des réunions de partage et de confidences avec des conseils en sexologie. Nous avons beaucoup aimé faire ça, et ces rencontres, qui avaient lieu dans notre boutique, au centre de cette petite ville assez repliée sur elle-même, jouissaient d'une belle réputation. On venait de loin pour y participer. Bientôt, on nous proposa des soirées échangistes, une sorte de mise en pratique de ce que nous vendions et des conseils que nous donnions. Nous y avons participé ensemble, dans une complicité sans faille. Ça aurait pu tuer la relation, mais ça l'a au contraire renforcée. Je ne voulais pas la tromper, elle. Cela lui a aussi permis de mieux comprendre certaines situations que j'avais vécues avec Pierre ou avec Yves, de mieux me comprendre en général, et sous tous les aspects. Car pour me comprendre, il faut aller par-delà les apparences, les idées reçues et les premiers degrés.

Légalement, Natacha n'avait pas de papiers et pour vivre ensemble, nous avons décidé de nous marier, le 22 avril 2006. Dès lors que nous savions tout l'un de l'autre, c'était l'étape naturelle. Mais une fois mariés, l'idée de partir faire notre vie au Québec a fait son chemin. Elle avait 35 ans, j'avais dépassé largement la quarantaine. C'était le bel âge pour nous réinventer une vie ensemble, dans un monde nouveau. À Noël 2007, nous nous sommes installés dans un appartement situé sur le plateau Mont-Royal à Montréal, puis l'année suivante, avons acheté une maison centenaire à Lachute, à une cinquantaine de kilomètres de la métropole, entre les montagnes des Laurentides et la rivière du Nord. Nous y vivons toujours.

C'est également elle qui m'a suggéré de raconter mon histoire, comme l'ultime étape de ma reconstruction. D'autres personnes, depuis, m'y ont également encouragé. En réalité, j'ai eu besoin de vider mon sac pour récupérer, autant que faire se peut, ce contrôle qui m'a manqué durant la grande majorité de ma vie. Certains apprennent très tôt à diriger leur existence. Moi, je me suis contenté de suivre la mienne là où elle me menait.

Chapitre 14
UN CADEAU EMPOISONNÉ

Mon histoire avec Yves Saint Laurent, cette histoire qu'il a souhaitée comme une planche de salut et qu'il a imposée comme telle à Pierre Bergé et à tous, aura finalement duré de mars 1990 à août 1992. Deux ans et demi. Ses conséquences sur ma vie quotidienne, et surtout sur ma vie intérieure, sur mon équilibre spirituel, émotionnel et moral, demeurent cependant indélébiles. Ça c'est l'essentiel. Mais demeure le contingent.

Au fil de notre vie commune, Yves m'a donné des œuvres. Au début de la relation, il m'a offert plusieurs dessins de théâtre, croquis de scénographies et de costumes, qui reflétaient sa passion irréductible pour cet art. Lorsque j'ai fréquenté le cours Florent puis l'École Balachova, il m'a fait cadeau d'une série de quelque quatre-vingts à cent dessins de théâtre, une manière de m'encourager et de m'exprimer sa fierté de me voir faire cet effort, là où lui avait renoncé à faire du théâtre comme il l'avait souhaité dans sa prime jeunesse. Et puis, le jour où il a refait sa bibliothèque avec Jacques Grange, il m'a donné dans la foulée des livres dont il voulait se séparer, mais aussi le petit théâtre offert par son père lorsqu'il était enfant, à Oran, ainsi qu'une série de dessins qui dataient de son enfance et de son adolescence, d'une beauté déjà frappante, trace vivante de l'enfance de son art. Par la suite, il m'a offert des tableaux de maître d'une valeur certaine même si elle m'est inconnue, et surtout, surtout, une bonne centaine d'autres croquis, pour la plupart dédicacés et signés. Des croquis de modèles de couture et de cartes Love qu'il avait dessinés et qu'il ne gardait pas, qu'il m'a donnés au lieu de les jeter. C'était un geste spontané, qui témoignait profondément de sa manière d'être. Et puis, à Marrakech, tous ces dessins érotiques qu'il créa à mon intention. Des dessins fascinants, d'une force hypnotique, où son style autant que ses obsessions sexuelles, notamment pour les très gros pénis, sont parfaitement évidentes. Je n'ai plus revu Yves, mais j'ai conservé soigneusement cette collection unique et exceptionnelle. Elle m'appartient, mais si elle m'appartient, c'est que j'ai dû me battre pour la faire légalement reconnaître comme telle. Moi, je n'ai jamais souhaité, ni même imaginé, me retrouver devant la justice pour devoir défendre ma probité et mon honneur, mais Pierre Bergé m'y a obligé. Voici comment.

En 2002, je pensais déjà à aller vivre à l'étranger, au Québec ou ailleurs, et je voulais donc pouvoir emporter ma collection avec moi. Mais comment la faire sortir du territoire français sans avoir un document qui dise qu'elle m'appartenait ? Je pris donc rendez-vous avec Pierre et allai le voir à son bureau de l'avenue Marceau. Mon idée était qu'il signe le catalogue qui répertoriait les pièces de la collection afin de légaliser son expatriation. Je n'imaginai pas du tout qu'il pût y avoir un problème. Pourquoi diable y aurait-il eu un problème ?

Comme j'étais en avance, je suis allé boire un café à la brasserie *La Mascotte* située en face de l'immeuble YSL et où j'avais jadis eu mes habitudes. Je n'étais pas revenu sur les lieux depuis 1992. Mon père avait également fréquenté l'endroit, beaucoup plus longtemps que moi. Au comptoir, un serveur m'a reconnu et est venu me demander si j'étais bien le fils de Michel, ce que je lui ai confirmé. Et là, tout de go, ce serveur m'annonça le décès de mon père, l'année précédente. Tétanisé devant ma tasse, je me suis tu, incapable de formuler le moindre mot. Je n'avais pas revu mon père depuis presque dix ans. Nous nous étions rapprochés au milieu des années 90. Fort de mes lectures de psychologie et de spiritualité, j'avais amorcé une démarche de pardon qui était demeurée en suspens. Je savais qu'il vivait en banlieue avec la dernière femme de sa vie dont, ironiquement, il élevait les filles, apparemment avec bienveillance. Puis j'avais vécu ma vie, dans le Sud et à l'étranger, et ne l'avais plus contacté. Et là, patatras, trop tard, c'était fini ! Cette relation, glauque, toxique et pernicieuse s'il en était, s'achevait ainsi sans retour, en queue de poisson. Une grosse boule dans le ventre et dans la gorge, je quittai le bistrot pour me diriger vers le bureau de Pierre Bergé, comme un automate.

— Salut, Fabrice, comment vas-tu ? me demanda Pierre, l'air affable.

— Je me sens bizarre, répondis-je sans mentir, je viens d'apprendre que mon père est mort il y a un an.

— Ah, tu ne le savais pas ? Je me suis étonné de ton absence à son enterrement. Ta sœur est venue à la chapelle ardente, mais ni elle ni tes frères n'étaient présents lors des funérailles. Il y avait du monde, mais pas la famille, sauf sa dernière femme, qui pleurait à fendre l'âme...

J'apprenais ainsi que Pierre avait assisté à la cérémonie et compris que la société YSL avait assumé une partie des frais. Ultime geste de remerciement à un homme qui avait travaillé pour lui pendant quarante ans et avait été un employé plus que modèle, ne serait-ce que parce qu'il avait fermé sa gueule. Je ne pus retenir un rictus ironique. Décidément, Pierre et Michel avaient fait la paire jusqu'au bout, sans égard pour l'immensité des innombrables dommages collatéraux...

Je ne sais pas pourquoi mais c'est le moment que j'ai choisi pour dévoiler à Pierre que mon père s'était livré à des attouchements sur moi dans mon adolescence.

— Je sais, m'a-t-il aussitôt répondu, sans même un frémissement de sourcil.

Pierre demeurait impassible. J'ai eu le plus grand mal à contenir ma rage, ou mes larmes, ou les deux.

J'étais dégoûté. En dix minutes, je venais de retomber dans l'ambiance délétère et saumâtre dans laquelle je n'avais que trop trempé et dont je me croyais enfin guéri. Illusion ! Je venais de retrouver la brûlure corrosive bien connue, dégueulasse et intacte. Je me jurai d'aller sur la tombe de mon père pour pisser et cracher dessus.

– Tu voulais me voir ? embraya-t-il, impassible.

– Je suis venu te parler de ma collection de dessins d'Yves.

Immédiatement, son visage s'est décomposé. Il s'est redressé sur son fauteuil, le regard dur.

– Quels dessins ? De quelle collection parles-tu ? Tu sais que tu as signé une clause de confidentialité.

– Oui, répondis-je, alarmé par le changement de ton. Ça n'a rien à voir. Yves m'a donné toute une collection d'objets et de croquis, et comme je veux déménager à l'étranger, j'ai besoin que tu signes mon catalogue pour légaliser le tout.

– Combien de croquis ?

– Trois cent quatre-vingt, dis-je lentement, en savourant l'effet de mes révélations.

Je croyais qu'il savait, mais non, apparemment pas.

– Quel genre de croquis ? dit-il, de plus en plus inquiet.

– De tout... dis-je, restant vague à dessein. Vraiment de tout...

– Fais-moi voir ça...

Je lui tendis le catalogue qu'il commença à feuilleter. Je vis nettement ses yeux s'arrondir et la commissure de ses lèvres tressaillir. Les dessins érotiques, avec ces hommes superbes à très grosse bite, mis en scène et habillés à la Léon Bakst, étaient particulièrement impressionnants.

— Où as-tu eu ça ? siffla-t-il entre ses dents.

— Yves me les a offerts.

— Mais non ! me dit-il, énervé. Tu es sûr que tu ne les as pas pris, plutôt ?

— Pris où ? ai-je dit, interloqué. Il me les a donnés. Certains ont été dessinés spécialement pour moi, tu vois bien les dédicaces ! Téléphone-lui, il te le dira lui-même.

Pierre se leva pour faire quelques pas, pensif.

— Yves ne veut pas te revoir, tu le sais. Il ne veut pas entendre parler de toi. Il est souffrant de toute façon, il n'a pas le temps pour ça.

Comme le monde entier, je savais qu'Yves avait présenté sa dernière collection hommage en janvier de cette année-là, et qu'il avait fait ses adieux. Je l'avais écouté à la télévision et en avais pleuré. Il avait l'air tellement saccagé...

Assis de nouveau à son bureau, Pierre reprit vite contenance pour poursuivre la conversation.

— Pourquoi veux-tu que je signe ce catalogue ?

— Je veux partir à l'étranger. Je veux pouvoir les sortir du pays légalement. Et puis, j'ai l'intention de les vendre. Je ne veux pas les garder.

— Tu as toujours été un voyou de la pire espèce, me dit-il, phrase qu'il aimait à me répéter jadis. Combien en veux-tu ?

– Trois millions.
– D'euros ?

L'euro venait de remplacer le franc français. On parlait donc bien d'euros.

Pierre en resta bouche bée.

– C'est l'estimation des experts… avançai-je.

Que n'avais-je pas dit ! Il explosa.

– Quels experts ? Il n'y a qu'un seul expert pour Yves, c'est moi !

Je ne le contestai pas. Mais ma collection avait bien été expertisée et l'estimation était bien celle-là.

– Laisse-moi ton catalogue quelques jours, me dit-il, un peu calmé, je vais te faire une offre.

Je m'exécutai, lui laissai le catalogue et sortis. Confiant. Ou stupide, c'est selon.

Trois mois plus tard, sans nouvelles, je me suis décidé à rappeler. Au téléphone, Pierre est resté très flou, prétextant qu'il n'avait pas encore eu le temps de se pencher sur mon cas. Il me menait en bateau. C'était à mon tour de m'énerver.

– Tu me signes ce catalogue, Pierre, ou bien je serai dans l'obligation de relater toute mon histoire aux journalistes.

– De quels journalistes parles-tu à présent ? Et quelle histoire as-tu à raconter ?

– Je pourrais leur raconter quelques épisodes croustillants. Ils pourraient être intéressés.

Pierre a bafouillé avant de crier carrément dans le combiné. Disons que nous n'avons pas raccroché en bons termes.

Avait-il parlé avec Yves ? Je pense que non, parce qu'il cachait la plupart des choses à Yves, mais sans certitude. Je savais que je n'étais certainement pas le seul à qui Yves avait donné des œuvres, pas plus, sans doute, que je n'étais le seul à avoir signé une clause de confidentialité. La Fondation Pierre Bergé-Yves Saint Laurent venait d'être inaugurée, et c'était Yves qui allait s'en occuper, disait-on. Un des objectifs de la Fondation était justement de réunir toutes ses œuvres afin d'éviter de les voir éparpillées entre divers collectionneurs privés, comme c'est le problème avec tant d'œuvres d'artistes internationaux. Je pensais sincèrement que la place naturelle de ma collection était au sein de la Fondation. J'imaginais que Pierre allait l'acheter à son juste prix.

Quelques jours après notre conversation houleuse, je reçus un chèque de vingt mille euros. Sur le bristol joint, Pierre avait écrit *Pour te faire patienter*. J'étais furieux mais encaissai le chèque, pensant que l'affaire s'arrêterait là. Je ne comptais pas y donner suite.

En l'état, je ne pouvais donc pas partir avec ma collection sous le bras. C'est alors que Félix, mon associé éditeur, m'a proposé de la déposer à son nom dans un coffre qu'il possédait en Suisse. De nationalité allemande et titulaire d'un compte suisse, il échappait aux lois françaises. Il me proposa de lui faire une lettre de donation afin qu'il puisse déposer la collection dans son coffre, puis de signer un contrat par lequel je le chargeais de vendre la collection et de partager le produit de la vente à parts égales, 50-50. J'acceptai. Ainsi Félix me proposait-il de m'aider avec ma collection, tout comme je l'avais aidé avec sa maison d'édition. Que pouvais-je faire d'autre, de toute manière ? Je voulais pouvoir partir à l'étranger et emporter ma collection, j'étais donc coincé. La collection se trouve toujours en Suisse.

À ce stade, il faut comprendre un aspect fondamental de ma personnalité. Toute ma vie, j'ai recherché un ami. Un ami véritable, un frère d'âme. Une fois, dans mon adolescence, j'ai trouvé l'objet de cette quête essentielle. Au pensionnat, je me suis lié avec un garçon de mon âge, qui me ressemblait beaucoup. J'avais perdu ma mère, il avait perdu son père, coureur automobile, dans un accident sur circuit. Nous avions des revanches à prendre sur la vie. Seul, chacun de nous était fragile, friable, blessé et ténébreux. À deux, nous devenions d'un coup forts, invincibles, de vrais caïds qui en imposaient et réussissaient tout. La fin des études secondaires nous a séparés. Je me suis mis en couple avec Karina, la première femme de ma vie, je me suis laissé faire deux enfants, puis mon couple s'est défait. Un jour, à une petite fête organisée par le pensionnat pour les anciens, nous nous sommes retrouvés, dans une explosion de joie. Comment avions-nous pu laisser la vie nous séparer ? Croix de bois croix de fer, nous ne nous séparerions plus, jamais plus. Nous étions en juin. Il me dit qu'il partait en vacances avec sa copine mais qu'à son retour, en août, nous allions nous retrouver, et on allait voir ce qu'on allait voir ! Il n'a jamais rappelé. Il est mort dans un accident de la route durant ses vacances. Je l'ai appris par sa mère au téléphone. « Chauchaune est mort, me disait-elle en larmes, Chauchaune est mort… » Il s'appelait Painchaux, d'où son surnom de Chauchaune, et moi Thomas, mon surnom était Totoche. Chauchaune et Totoche n'étaient plus. La vie recèle d'horribles tours dans son sac. J'avais perdu ma mère cinq ans auparavant et là, je perdais mon frère d'âme et d'armes. J'étais anéanti. À partir de ce moment-là, ma vie s'est délitée. Un an plus tard, je rentrais dans la société YSL.

J'ai cru retrouver Chauchaune dans ma relation avec Yves, et je pense même que c'est exactement ce que je recherchais, que de tout mon cœur j'espérais, inconsciemment. Et ça a été le cas. Absolument. Au début de notre relation, ça a été le cas, et puis, une fois encore, tout s'est désagrégé, beaucoup à cause de la dimension sexuelle dont je me serais en vérité bien passé. Dans ma quête d'un ami fraternel, il n'y avait pas de perspective sexuelle, je n'ai pas couché avec Chauchaune et la question ne se posait pas entre nous. La question ne s'est pas posée non plus avec Félix. De trois ans mon aîné, il y a tout de suite eu une très grande connivence tacite entre nous. Une forme de lien cosmique, dirai-je. Ce sont des choses que l'on sent plus qu'on ne les explique. Mais si notre maison d'édition a si bien fonctionné, c'est que cette connexion existait. Je crois encore que lorsqu'il m'a proposé de protéger ma collection dans son coffre, il l'a fait par pure amitié. Je veux continuer de croire que la vente se fera dans de bonnes conditions, et que nous en serons tous deux satisfaits. À vrai dire, je veux vendre cette collection, et pas que pour des raisons financières, même si elles sont conséquentes. La collection est l'ultime lien qui me rattache au passé encore écrasant et sulfureux qui m'a uni à Yves Saint Laurent et Pierre Bergé, et je veux vraiment m'en libérer, enfin, une fois pour toutes.

Mais on dirait que ce passé, lui, veut encore me coller aux basques et au cœur.
En décembre 2007, je me suis installé au Québec. La collection est demeurée en Suisse. Je savais que Félix s'activait pour trouver acheteur, mais n'y pensais plus trop. Quand, le 20 octobre 2011, coup de tonnerre dans le ciel généralement très bleu du Québec ! Pierre Bergé, qui depuis notre entrevue de 2002 ne m'avait jamais restitué mon catalogue, avait déposé plainte pour vol, recel d'œuvres d'art, faux et usage de faux. Il m'accusait donc d'avoir volé ces œuvres, de les détenir contre mon droit, d'avoir imité l'écriture et la signature d'Yves Saint Laurent. Rien que ça ! En cette fin 2011, Yves était mort depuis trois ans et demi, et Pierre avait décidé, seul, de frapper fort. J'ai été convoqué devant la justice française le 18 septembre 2013 à dix heures, puis à treize heures, pour une confrontation avec le plaignant. En entrant dans la salle, je me suis volontairement dirigé vers lui et lui ai fait la bise, le laissant décontenancé. Lors de cette confrontation, Pierre Bergé, l'as des tribunaux

qui semble presque multiplier les procès comme autant de tests de virilité, a été mauvais. Et pour tout dire, presque naïf de présomption. Il a voulu mentir à la juge qui lui demandait s'il avait eu des relations sexuelles avec moi. Il a hésité trop longtemps, évaluant sans doute ce qu'il devait dire, avant de confirmer que oui, nous avions eu des relations sexuelles. La juge n'a pas apprécié du tout, ça s'est lu sur son visage. Mon avocat, Maître Fedida, n'a pas tiqué, mais j'ai perçu qu'il savait avoir marqué un gros point. Pour ma part, j'ai dû relater les circonstances dans lesquelles j'avais reçu ces trois cent quatre-vingts œuvres en cadeau. Suite à cette audience, un premier non-lieu a été prononcé le 23 juillet 2015. Pierre Bergé a fait appel dans le courant du mois d'août 2015 et, finalement, un second non-lieu définitif a été prononcé le 8 décembre 2016[54]. Pierre Bergé est déjà parvenu à éviter des enquêtes pour des présomptions graves contre lui[55]. Il a très rarement perdu ses procès, mais là, ce fut le cas. Ce jugement stipule que la collection m'appartient. Néanmoins, je ne peux en faire ce que je veux sur les territoires français et québécois, car la Fondation Pierre Bergé-Yves Saint Laurent demeure à plusieurs titres le légataire d'Yves Saint Laurent. Par exemple, en juillet 2017, Félix a fait exposer une vingtaine de ces dessins érotiques dans une galerie à Bâle, en Suisse, dans le but de motiver d'éventuels acheteurs. Lui et moi avons le droit de faire cela,

---

54 Voir l'article de David Fontaine dans *Le Canard Enchaîné*, 18 janvier 2017.
55 Voir l'Affaire du pasteur Doucé.

puisque Félix est allemand et la galerie suisse. Mais nous ne pourrions faire la même chose en France.

Je ne suis pas le seul à avoir subi l'ire de Pierre. La lourdeur et la longueur de cette procédure, pour tout dire abusive, Félix, en tant qu'associé, l'a subie également et a dû prendre un avocat très onéreux pour se défendre. À présent que nous avons gagné, j'espère que les choses vont s'aplanir, enfin. Je le souhaite vraiment. Félix a repris les démarches pour vendre la collection par le biais d'une galerie d'art suisse. Combien vaut-elle aujourd'hui ? Je ne sais plus. À vrai dire, plus que jamais je ne souhaite qu'une chose : m'en débarrasser, mais cela ne signifie pas que je sois prêt à me faire avoir pour autant.

Cadeau empoisonné, alors ? Le don d'Yves ne l'était pas. Il était tout au contraire spontané et généreux, mais tellement d'enjeux se sont toujours joués autour de sa création, et par-delà sa mort même. C'est en pensant à tout cela que je me suis aperçu qu'Yves m'avait fait un cadeau beaucoup plus fondamental au cours de la courte mais intense histoire que nous avons vécue. Un cadeau philosophique, je dirais, sous forme de réflexion métaphysique.

Ma mère n'avait rien pour elle et qu'elle se soit détruite m'a profondément attristé, mais ne m'a pas étonné. Mais avoir vu de très près un être tel qu'Yves Saint Laurent, qui avait tellement tout pour lui, se détruire aussi systématiquement et aussi radicalement m'a marqué à jamais. Je sais bien qu'il n'est pas le seul dans ce cas, mais je ne m'en remets pas quand même. J'ai écrit ce livre pour lui rendre hommage, en vérité, pour le montrer un peu tel qu'il était de l'intérieur, par-delà son personnage, dans le meilleur et le pire de lui-même.

Un regret me reste, comme une morsure lancinante. Je n'aurai pas réussi à le sauver, comme je le lui avais promis. Je suis certain d'avoir permis qu'il continue de créer à un moment crucial de sa vie où la maison YSL aurait pu basculer et sombrer à sa suite, et je ne veux pas que l'on oublie mon rôle à cette époque-là. Mais le sauver lui, vraiment, je n'y suis pas parvenu.

Peut-être d'autres y sont-ils arrivés après moi. Je l'espère pour lui.

Mais j'en doute.

ÉPILOGUE

*Lachute, Québec,
Juin 2017*

Dans la région de Montréal, au Québec, le mois de juin correspond au mois d'avril dans le sud de la France. Vingt-trois degrés de ciel clair et de vent caressant, alternance de fraîcheur et de pics de chaleur, giboulées intempestives, sauf lorsque s'abat une poisseuse canicule, qu'une queue d'ouragan remontée des Caraïbes inonde soudain les routes, fait déborder les rivières, arrache les arbres, histoire de vous rappeler que vous êtes bien en Amérique. La France et son climat généralement tempéré sont loin. Beaucoup plus loin, en vérité, dans l'esprit, l'énergie et la vision du monde, que ne le laisseraient croire les six petites heures d'avion. Et la langue française constitue à peine un pont entre ces deux territoires de la francophonie. Si proche, si lointain… un concept bien étrange, bien périlleux à évaluer, qui aura rythmé mon existence, surtout de l'intérieur.

Sans cesse, la vie m'a imposé ce rythme d'éloignement et de rapprochement, de moi-même autant que des autres, ceux que j'aimais et dont j'aurais eu besoin de m'approcher, mais ceux aussi, qui étaient mauvais pour moi et que j'aurais dû tenir à distance. Peut-être… car en vérité, je suis un être d'apprentissage empirique et non de théorisation conceptuelle. Je préfère avoir vécu tout ce que j'ai vécu plutôt que de l'avoir évité. Je ne sais ni économiser ni m'économiser et si je devais recommencer, je referais tout exactement pareil. S'il avait été possible d'éviter que je perde ma mère, mon meilleur ami, ma fiancée, j'aurais préféré, oui c'est sûr, j'aurais préféré… Mais même cela, je l'ai intégré et accepté à présent. Ces trois deuils mis à part, je revivrais le reste de la même façon, tout le reste. « Quelle aventure ! » comme disait mon père, mais je ne regrette pas de l'avoir vécue. Me voici ici et maintenant, enfin proche de moi-même.

Cela fait vingt ans que Natacha et moi nous connaissons, qu'au fil d'une danse pas toujours accordée, mais qui a fini par trouver son rythme de croisière sur les ondes apaisées de la confiance, des projets, de l'amitié amoureuse et de braises de désir jamais éteintes. J'ai posé mon cœur sur le sien, avec confiance, et offert le mien. J'ai posé mes valises dans son pays qui est devenu le mien, et mes espoirs dans des sillons communs. Il suffit que quelqu'un vous reconnaisse pleinement tel que vous êtes pour que vous renaissiez, c'est vrai dans les deux sens. Chaque jour, je me dis que nous vivons un miracle. Des miracles, la vie m'en a offert tellement, il n'est pas question pour moi de l'oublier. Ce livre, les diverses étapes qui ont conduit à ce qu'il existe, m'apparaissent comme autant de miracles sur mon chemin, pour poser mon sac de pierres, reprendre mon souffle et ma respiration, parachever quelque cinquante-six ans d'existence intense. Écrire, me réécrire, et puis tout envoyer au vent. Ce livre ne m'appartient plus, il est. Il est, c'est tout. Il s'en va, lui aussi, si proche, si lointain…

Je regarde David, mon fils aîné. Il a planté une bande de fleurs en forme de « s » sur le côté droit de la maison centenaire. Ensemble, nous avons refait le potager, taillé les pruniers et les cerisiers. Jardinier, paysagiste, spécialiste de permaculture et de plantes comestibles sur murs végétaux, il est venu ancrer son avenir au Québec, lui aussi, tout à côté de moi. Mes fils et moi avons été séparés, durement, par leur mère et le discours qu'elle a tenu, mais aussi bien sûr, séparés par l'homme que j'étais, la vie que je menais, les houles émotionnelles et libidinales au gré desquelles je voguais… Natacha m'a aidé à les retrouver lorsqu'ils avaient dans les vingt ans, et maintenant qu'ils ont dépassé la trentaine, le temps nous est enfin donné de nous retrouver pleinement. Par leur choix. David a déjà franchi le pas, il vit chez moi et a bâti sa vie au Québec, pour lui-même et pour ses fils qui vivront entre leur mère en France et leur père au

Québec. Jeremy parle lui aussi de venir, avec sa petite famille également, ce que j'espère de tout mon cœur. Me voici devenu un patriarche, moi… Qui l'eût cru ? Ça, c'est un sacré miracle, et il a eu lieu. J'ai aussi voulu écrire ce livre pour tout dire à mes fils qui savent peu de choses de moi et disent avoir hâte de le lire. Yves et Pierre décédés, je suis désormais libre de raconter ma véritable histoire, et prêt à répondre à toutes les questions de mes enfants.

J'aime me lever très tôt. Dans le silence qui accompagne mon premier café, j'aime faire le tour du jardin, pieds nus sur la pelouse. J'ai acheté cette maison qui appartenait au maréchal-ferrant de la ville de Lachute où je vis maintenant, à une cinquantaine de kilomètres au nord de Montréal. Peu à peu, je la reconstruis de mes mains, comme j'ai toujours tellement aimé le faire. En ce moment, je pose des tuiles ouvragées en fer forgé, que je restaure une à une avant de les fixer sur l'extérieur, et aussi à l'intérieur, dans la salle de bains du premier étage. Je déteste les lieux, les meubles, les choses déjà finies. J'aime les reconstruire à mon image, afin de les rendre uniques. Je respire avant d'aller travailler. Pour la mairie de Lachute, je suis devenu le spécialiste des œuvres et réparations délicates et particulières. Un muret, une fontaine, une sculpture, c'est pour moi. Mon job repose sur mon savoir-faire artisanal, et je me sens ainsi à ma place sur le plan professionnel aussi.

Le matin, j'aime faire le tour du jardin et des granges. Dans la première, j'ai installé mon atelier de sculpture sur bois. J'effectue d'abord un croquis puis je sculpte, des heures durant, dans un état quasi méditatif qui me ressource. Dans la seconde se trouve le poulailler où je sais que Bibi Fricotin, notre jeune chat roux, se faufilera bientôt pour aller taquiner les poules. L'autre partie de cette grange sert d'entrepôt pour les antiquités que je restaure au fur et à mesure, certaines que j'ai fait transporter de France, d'autres que j'ai chinées dans les brocantes du Québec et de l'Ontario. J'adore les meubles anglais des XVIIIe et XIXe siècles, et j'ai la chance que mon épouse partage mes goûts.

Je pars travailler à pied aujourd'hui. Le ciel est d'un bleu poudré incomparable, et une petite brise joue sur ma peau hâlée. Je marche le long de la rivière du Nord en regardant les reflets mouvants dans le courant. Ce soir, avant le dîner, j'irais volontiers à la pêche. Peut-être que mon fils viendra avec moi.

Montréal, 15 mars – 30 août 2017

BIBLIOGRAPHIE

Livres

BENAÏM Laurence, *Yves Saint Laurent : biographie*,
    Paris, Grasset, 2002
BENAMOU Georges-Marc, *Dites-leur que je ne suis pas le diable*,
    Paris, Plon, 2016
BERGÉ Pierre, *Liberté, j'écris ton nom*,
    Paris, Grasset, 1991
BERGÉ Pierre, *Les jours s'en vont, je demeure*,
    Paris, Gallimard, 2003
BERGÉ Pierre, *Lettres à Yves*,
    Paris, Gallimard, 2010
BERGÉ Pierre, *Yves Saint Laurent, une passion marocaine*,
    Paris, La Martinière, 2010
BONDIL Nathalie, BUCHANAN John E.,
BOWLES Hamish, *Yves Saint Laurent, style, style, style*,
    Paris, La Martinière, 2008
BOWLES Paul, *Réveillon à Tanger*,
    Paris, Gallimard (L'Imaginaire), 2007
BOWLES Paul, *Un thé au Sahara*,
    Paris, Gallimard (L'Imaginaire), 1980
BRIATTE Robert, *Paul Bowles*, Biographie,
    Paris, Plon (Terre Humaine), 1993
COLLECTIF sur Loulou de la Falaise,
    Paris, Rizzoli, 2014
DIOR Christian, *Christian Dior et moi*,
    Paris, Vuibert, 2011
DOLLFUS Ariane, *Noureev l'insoumis*,
    Paris, Flammarion, 2007
DOUTRELEAU Victoire, *Et Dior créa Victoire*,
    Paris, Robert Laffont, 1997
GLOBE, *Les Années Tournantes, le meilleur du journal 1985-1992*,
    Paris, Seuil, 1992
KLOSSOWSKI DE ROLA Thadée, *Vie rêvée*,
    Paris, Grasset, 2013
LASCH Christopher, *La culture du narcissisme*,
    Paris, Flammarion, 2006

LELIÈVRE Marie-Dominique, *Saint Laurent, Mauvais garçon*,
   Paris, Flammarion, 2010
LELIÈVRE Marie-Dominique, *Sagan à toute allure*,
   Paris, Denoël, 2008
LELIÈVRE Marie-Dominique, *Chanel & Co, Les amies de Coco*, Paris, Denoël, 2013
NURIDSANY Michel, *Andy Warhol*,
   Paris, Flammarion, 2001
OTTAVI, Marie, *Jacques de Bascher, dandy de l'ombre*,
   Paris, Séguier, 2017
PAQUIN Paquita, *Vingt ans sans dormir, 1968-1983*,
   Paris, Denoël, 2005
PATINIER Jeremy, *Moi Karl Lagerfeld, une autobiographie imaginaire*,
   Paris, L'Opportun, 2013
SAINT LAURENT Yves, *La vilaine Lulu*,
   Paris, Tchou, 2003
TEBOUL David, *Yves Saint Laurent 5, avenue Marceau 75116, Paris, France*,
   Paris, La Martinière/Atalante, 2002

Films, documentaires et magazines télévisés

Magazines télévisés

LE DIVAN (France 3)
 • Pierre Bergé, 23 février 2016
 • Karl Lagerfeld, 24 février 2015
 • Jack Lang, 20 juin 2017

STUPÉFIANT ! (France 2)
 • Pierre Bergé à Marrakech, 23 novembre 2016
 • Agnès b., 20 mars 2017
 • Marcel Proust, 9 mai 2017
 • L'amour secret de Françoise Sagan, 13 février 2017
 • La succession de Picasso, 10 avril 2017

UN JOUR, UN DESTIN (France 2)
- François Mitterrand, secrets de famille, 10 mai 2011
- Rudolf Noureev, le prix de la liberté, 26 décembre 2012
- Karl Lagerfeld, être et paraître, 19 février 2017

Documentaires

Série UNE MAISON, UN ARTISTE (France 5)
- Yves Saint Laurent, son oasis à Marrakech (2015)
- Christian Dior. L'ombre des jardins en fleurs (2013)
- Françoise Sagan, Manoir de Breuil à Équemauville
- Marguerite Duras, Les lieux de l'imaginaire

Série DUELS (France 5)
- *Pinault-Arnault, les frères ennemis du luxe*, d'Antoine Coursat et Claire Fournier, 2013
- *Yves Saint Laurent/Karl Lagerfeld, une guerre en dentelles*, de Stephan Kopecky, 2014
- *Yves Saint Laurent, 5, avenue Marceau, 75116 Paris*, de David Teboul. 2002
- *L'amour fou, Yves Saint Laurent et Pierre Bergé*, de Pierre Thoretton, 2010
- *Célébration*, d'Olivier Meyrou, 2010
- *Dior et moi*, de Frédéric Tcheng, 2012
- *The eye has to travel*, de Lisa Immordino Vreeland, 2012

Films

- *Yves Saint Laurent*, de Jalil Lespert, 2014
- *Saint Laurent*, de Bertrand Bonello, 2014

Les articles et les sites consultés sont mentionnés en note de bas de page.

Remerciements

Merci à Aline Apostolska qui a écrit ce livre avec moi, à Denis Messier, pour son travail préliminaire, ce livre est notre projet, à Lothar Gallinat et Marie Christine pour toutes les épreuves que nous avons supportées, à Olivier Bouchara et Éva Lamarca, à Maître Jean-Marc Fédida et son assistant Christophe, à Gilbert Castonguay, l'ami sans faille, et merci, immensément à Natacha Dumoulin Thomas, mon épouse.

Merci aussi à ceux qui m'ont permis de tenir pendant cette période de ma vie avec Yves Saint Laurent : Zizi Jeanmaire, Roland Petit, Gustave Zumsteg, Jean-Claude Brialy, Alberto Pinto, Peggy Roche, Françoise Sagan, Joël Le Bon, Christophe Girard, Charlotte Aillaud, Régine, Pascal Greggory, Claude et François-Xavier Lalanne, l'infirmier Bernard, Marc Rocher. Et merci, merci à Zouki… En souvenir du passé, vous restez gravés pour toujours dans ma mémoire.

BIBLIOGRAPHIE
d'Aline Apostolska

Romans et récits

Les larmes de Lumir, Paris, Mots d'Homme, 1986
Lettre à mes fils qui ne verront jamais la Yougoslavie, Paris, Isoète, 1997 ; Montréal, Leméac, 2000
Tourmente, Montréal, Leméac 2000
L'homme de ma vie, Montréal, Québec Amérique, 2003
Neretva, Montréal, Québec Amérique, 2005 ; Paris, Isoète, 2008
Ailleurs si j'y suis, Montréal, Leméac, 2007
Fleur de cerisier, Montréal, VLB, 2014
Quand Marie relevait son jupon (recueil collectif), Montréal, VLB, 2015
Le cœur bleu, Montréal, Recto Verso, 2016
Les aventures de Joséphine Watson-Finn, Montréal, Édito (série de thrillers historiques, avec Raphaël Weyland, conseiller historique) :
L'île noire de Marco Polo – tome 1 – avril 2015
Les Steppes de Gengis Khan – tome 2 – mai 2016

Jeunesse & jeunes adultes

La treizième lune, avec Raphaël Weyland, Paris, Bastberg, 1996. *Maître du Jeu*, Montréal, Québec Amérique, 2004
Les voisins Pourquoi, avec Louis Weyland, Montréal, Québec Amérique, 2006
Les Jeux olympiques de la ruelle, avec Louis Weyland, Montréal, Québec Amérique, 2008
Un été d'amour et de cendres, Montréal, Leméac, 2012 (Prix Littéraire du Gouverneur Général 2012), publié en France. Traduit en macédonien et en espagnol.
Neuf bonnes nouvelles d'ici et Une bonne nouvelle d'ailleurs (recueil de nouvelles, collectif), Montréal, Éditions de la Bagnole, 2014
C'est quoi l'rapport, Montréal, Éditions de l'Homme (avec Marie-Josée Mercier) 6 tomes parus entre 2013 et 2016

Essais

Étoile-moi, Paris, Calmann-Lévy, 1987
Sous le signe des étoiles, Paris, Balland, 1989
Mille et mille lunes, Paris, Mercure de France, 1992
Le zodiaque ou le cheminement vers soi-même, Saint-Jean-de-Braye, Dangles, 1994 (série de 12)
Les grandes aventurières, Montréal, Stanké/Radio-Canada 2000
Jacques Languirand, Le cinquième chemin, Biographie. Montréal, Éditions de l'Homme. oct. 2014

Poésie

Au joli mois de mai, Montréal, VLB, 2001